| 光明社科文库 |

农村义务教育
资源配置合理性研究

慕彦瑾 ◎著

光明日报出版社

图书在版编目（CIP）数据

农村义务教育资源配置合理性研究 / 慕彦瑾著 .--

北京：光明日报出版社，2019.12

ISBN 978-7-5194-5254-4

Ⅰ.①农… Ⅱ.①慕… Ⅲ.①乡村教育—义务教育—

教育资源—资源配置—研究—中国 Ⅳ.① G522.3

中国版本图书馆 CIP 数据核字（2020）第 013124 号

农村义务教育资源配置合理性研究

NONGCUN YIWUJIAOYU ZIYUAN PEIZHI HELIXING YANJIU

著　　者：慕彦瑾				
责任编辑：曹美娜　黄　莺		责任校对：李　荣		
封面设计：中联学林		特约编辑：田　军		
责任印制：曹　净				

出版发行：光明日报出版社

地　　址：北京市西城区永安路 106 号，100050

电　　话：010-63139890（咨询），010-63131930（邮购）

传　　真：010-63131930

网　　址：http://book.gmw.cn

E－mail：caomeina@gmw.cn

法律顾问：北京德恒律师事务所龚柳方律师

印　　刷：三河市华东印刷有限公司

装　　订：三河市华东印刷有限公司

本书如有破损、缺页、装订错误，请与本社联系调换，电话：010-63131930

开　　本：170mm×240mm

字　　数：250 千字　　　　　　印　　张：16

版　　次：2020 年 5 月第 1 版　　印　　次：2020 年 5 月第 1 次印刷

书　　号：ISBN 978-7-5194-5254-4

定　　价：95.00 元

前言

　　义务教育资源的合理配置，是义务教育均衡发展和我国义务教育城乡一体化的基本保证。我国义务教育均衡发展的"短板"和"瓶颈"在农村边远地区，而西北贫困地区则是义务教育均衡发展的重点和难点。因此，西北地区通过教育部义务教育均衡发展评估验收的县区，其农村义务教育均衡发展状况成为本研究的重点。本研究选择甘肃省国家级贫困县W县为样本，分层抽取31所农村中小学和6所城区中小学为样本校，实地调研W县义务教育发展基本均衡评估达标后的农村义务教育资源配置的现状。调研发现，W县在2016年6月通过教育部县域义务教育基本均衡评估达标验收，但是，样本学校的义务教育资源配置和使用现状堪忧，无论在人力资源、物力资源还是财力资源的配置和使用方面，仍然存在城乡和校际差距；既存在个别农村学校义务教育资源配置不足的情况（尤其是音乐、美术和信息技术专业教师以及信息技术设备等配备不足），也存在已经配备的教育资源闲置浪费的现象。W县农村义务教育资源配置仍然存在一定的不合理性。

　　义务教育资源配置的合理与否，取决于事实判断和价值判断的是否统一。W县农村义务教育资源配置的城乡差异、校际差异等现状的存在，是一种事实认定和表象呈现。同时，这种事实和表象背后隐含着各利益相关者的主体观念、需要、动机和利益标准及行为逻辑的价值判断。由此看来，义务教育资源配置的合理性取决于各利益相关者利益追求是否具有合理性，取决于评价的标准和尺度是否具有合理性。因此，义务教育资源配置的不合理性表现为事实的或表象的不合理性和内在的或价值的不合理性。以合理性理论分析发现，该县义务教育资源配置陷入了实质合理性偏移、形式合理性无助和实践合理性低效的合理性困境。W县地处西北贫困地区，农村的自然条件、历史文化和社会经济发展等不利因素，对其义务教育资源配置及均衡发展的影响不可否认。但是，从公共选择理论视角的分析发现，农村义务教育资源配置的片面的合理性和利益相关者的自利行为，如相关者利益最大化、政府机构间的利益博弈、教育寻租和腐败、政府官员行为和政策低效，以及地方不合理的教育制度等，是造成W县农村义务教育资源配置的不合理性普遍存在的重要原因。

要改变W县乃至西北地区农村义务教育资源配置的不合理性，必须正确理解义务教育资源配置和均衡发展的价值，明确促进人的全面自由发展是义务教育资源配置和均衡发展的核心价值，有质量的教育均衡是义务教育均衡发展的本质要求。必须立足于对合理性本质的认识及对利益相关者行为的规范，促进农村义务教育资源配置的合理性。首先，必须规范和约束政府及其官员的行为，切实落实教育问责制。同时，建立由离退休等爱心人士组成的义务教育投资的各级非政府监督组织，监督政府的义务教育投资行为。其次，通过制度创新，完善"公费师范生"政策，设立"国家教师"制度，建立"偏远贫困地区教师基金和荣誉证书"制度。再次，科学规划，力求使义务教育资源配置体现合目的性与合规律性统一、合价值性与合工具性的统一、合主体需要与合客体效应的统一、合情与合理统一，以推进县域内义务教育均衡发展。

义务教育均衡发展，是承认差距、尊重差异基础上的长期的、系统的和动态的成长性均衡，是以发展带动的均衡，不能急功近利和急于求成，不能"一刀切"。要充分考虑不同地区和不同学校的发展实际，在确保教育资源配置的"底线"——公平的基础上，追求教育质量均衡，避免"大跃进"式的"虚假均衡"。

目 录
CONTENTS

第一章 绪论

一、研究背景

问题是研究的起点和基础，解决问题是研究的目的。研究问题是通过采用一定的研究方法，并在研究过程中寻求解决问题的思路或具体的方式或措施的过程；而问题的聚焦则决定了研究者是否找准了真正需要研究的问题或研究对象。教育问题的研究也一样，选择研究什么教育问题，既与该问题产生的背景和社会需要相关，也与研究者的研究旨趣相关，当这两个层面达成一致的时候，选择的问题才能成为"真"问题，这也是吴康宁教授所倡导的"互通的问题"——即教育理论的发展或教育实践的改善迫切需要去解释与解决、且研究者本人也有研究欲望与研究热情的问题。[①]本研究选题正是基于其产生的社会背景、政策背景、现实背景与研究者的长期研究旨趣而生成的。

（一）社会背景：全球共同关注教育公平与质量

教育均衡发展，即要求公平、合理地配置教育资源，确保教育公平，以提高教育质量和促进受教育者的全面发展。故此，教育公平与质量提升成为当代教育发展的共同价值取向和主题。

教育公平是社会公平的重要组成部分，也属于社会公平的范畴，是一种全民性、基础性、全面性的社会公平。一个国家和社会的"公平""正义""和谐"和"持续"发展的程度究竟如何，教育公平是一个重要的评判标准。教

---

① 吴康宁.教育研究应研究什么样的"问题"——兼谈"真"问题的判断标准[J].教育研究,2002(11)：8.

育是民生事业，是每一个公民的基本权利与义务。如果每个公民连最基本的受教育权利都得不到保障，就会对国家和社会产生消极情绪，甚至引发一些消极行为，进而引起社会秩序和人际关系的不和谐。另外，尽管教育公平的实现与发展受社会政治公平和经济公平的影响，但是，教育公平自身的发展，可以有力地推进社会公平的实现与发展。① 在教育公平发展的制度背景下，"教育能给人提供公平竞争、向上流动的机会，帮助弱势者摆脱其出身的阶层和经济地位的局限，能够显著改善人的生存状况，减少社会性的不公平"②。此外，教育公平也可以促进就业公平，为人力资源开发和人才选聘提供公平的成长基础和运行机制，有利于社会经济公平发展。不仅如此，教育还可以通过培养学生的民主、平等意识，提升学生的政治素养，为政治公平的发展和实现创造条件。概括而言，平等、公平的教育能够对社会现有的不公平状况起到某种矫正作用。一个国家、一个社会如果基础教育不平等、不公平，就会导致整个社会原有的不公平状况进一步加剧和恶化。因此，促进教育公平已成为全球共识。

1948年12月10日联合国《世界人权宣言》第二十六条指出："人人都有受教育的权利，教育应当免费，至少在初级和基本阶段应如此。初级教育应属义务性质。"③ 以上思想极大地推动了世界各国推进教育公平的进程。进入21世纪以来，随着社会经济的发展和人力资本理论影响的日益深入，世界各国均已认识到，教育在本国人力资源开发和社会经济发展中的重要作用。关注教育公平，创建保护贫困与弱势群体平等接受教育的体制和机制，成为各国教育改革与发展的共同的价值取向。

正如美国学者菲利普·库姆斯（Philip H.Coombs）所言：对于所有国家而言，"大力发展教育和促进教育公平是一项奋斗目标，是战斗的号角，是推动经济发展的重要因素，是消除顽固的社会不平等的手段"。所有政府都把实

---

① 朱银辉.上海市薄弱学校委托管理实践探索 [D].上海：上海师范大学，2012；褚宏启.关于教育公平的几个基本理论问题 [J].中国教育学刊，2006（12）:3.

② 李雪岩，龙耀.论教育均衡与教育差异的平衡 [J].中国成人教育，2010（11）：98；杨东平.走向公共生活的教育理论 [M].北京：北京师范大学出版社，2009：135.

③ 联合国.世界人权宣言 [DB/OL].联合国门户网站，2017–10–02.

现教育机会平等作为改善人民生活的基本措施。①

联合国前秘书长潘基文和联合国教科文组织总干事伊莲娜·博科娃（Irina Bokova）2011年1月19日共同发布了主题为"向边缘群体提供教育"的《2010年全民教育全球监测报告》。该报告首次使用了一套新的测量工具对"边缘化的尺度"进行测量，以达到识别弱势个体和群体的目标。这一测量工具被称为"教育权利缺失及教育边缘化数据"，其主要关注三个核心内容。一是对"教育贫困"的界定。报告将四年视为获取基本识字和计算能力的最低年限，接受四年以下学校教育的17~22岁人口被界定为"教育贫困"，两年以下被界定为"极度教育贫困"。二是对受教育最少的20%人口的确认。此数据用以体现各国人口教育权利缺失的整体水平，并可用于衡量家庭收入、语言、民族、性别、地区等因素对教育的影响。三是通过评估学习成绩来衡量教育质量的高低。报告指出，边缘化的个人与群体不仅接受的教育年限较短，接受教育的质量水平也较低，这最终导致学习成绩较差。有证据表明，家庭经济状况、父母文化水平以及家庭语言均对学习成绩产生广泛的影响。②

2015年5月21日，联合国教科文组织在韩国仁川主办的"2015年全球教育论坛"上发布的《教育2030行动框架》中指出：全球应关注全纳教育与教育公平，即给予每一个受教育者平等的机会，不让一个人掉队，尤其是那些处境不利或处于其他状况下的人们，都应该有机会获得全纳、公平、有质量的教育和终身学习机会；教育是一种公共产品，主要由国家负责，同时需要社会共同承担；针对社会经济地位处于优势和劣势的不同学校，应根据需要更为公平地分配资源，确保教育足够优质；应重点聚焦教育体系的效率、效能和平等，使所有层级和背景下的学习结果都具有相关性、公平性和有效性。③

从世界各国近年来教育发展的状况来看，通过各国政府的积极努力，在改善办学条件、增加入学机会等方面取得了很大成功。然而，大多数国家，尤其是发展中国家仍然面临教育公平、教育效率和教育质量危机，大部分发达国家也未能为所有学习者提供公平与高质量的教育。换言之，教育的公平

---

① 菲利普·库姆斯.世界教育危机[M].赵宝恒，李环，等译.北京：人民教育出版社，2001：1.

② 网易教育.2010年全民教育全球监测报告发布[EB/OL].2017-10-02.

③ 教育2030行动框架[EB/OL].联合国教科文组织门户网站，2017-10-02.

与质量问题成为全世界教育发展的共同挑战。

（二）政策背景：中央和各级政府政策指向教育均衡发展与质量提升

实现义务教育均衡发展和推进教育公平是党和国家教育发展的战略决策。均衡发展义务教育，是义务教育本质属性的要求，是国家和政府公共服务的法定职责，更是促进教育公平、构建社会主义和谐社会的重要举措。21世纪以来，教育均衡发展逐步成为我国义务教育发展的基本政策，历来备受党和国家领导人的重视，多次被写进党的重要决定之中，并不断深化和发展。

2002年，《教育部关于加强基础教育办学管理若干问题的通知》中首次提出"积极推进义务教育阶段学校均衡发展"[1]。2005年，《教育部关于进一步推进义务教育均衡发展的若干意见》中首次指出："把推进义务教育均衡发展放在重要位置"[2]。2006年6月29日《义务教育法》（修订）从法律上明确规定："促进义务教育均衡发展"，第一次明确了"义务教育是国家必须予以保障的公益性事业"，"国务院和县级以上地方人民政府应当合理配置教育资源，促进义务教育均衡发展。改善薄弱学校的办学条件，保障农村地区、民族地区实施义务教育，保障家庭经济困难的和残疾的适龄儿童、少年接受义务教育"[3]。2006年10月8日十六届六中全会通过了《中共中央关于构建社会主义和谐社会若干重大问题的决定》，其中指出："坚持教育优先发展，促进教育公平。"2007年10月，"教育公平是社会公平的重要基础"，"促进义务教育均衡发展"首次被明确写入党的十七大报告。2008年，在《中共中央关于推进农村改革发展若干重大问题的决定》中，首次提出了实现"农村人人享有接受良好教育的机会"的历史任务。2009年11月，在河北邯郸召开的全国推进义务教育均衡发展现场会上，中共中央原政治局委员、国务委员刘延东提出："要把义务教育作为教育改革和发展的重中之重，把均衡发展作为义务教育的重中之重。"2010年1月教育部《关于贯彻落实科学发展观，进一步推进义务教育均衡发展的意见》分析了我国义务教育发展的新形势，明确把均衡

---

[1] 教育部关于加强基础教育办学管理若干问题的通知（教基〔2002〕1号）[DB/OL]. 教育部门户网站，2017-10-12.

[2] 教育部关于进一步推进义务教育均衡发展的若干意见（教基〔2005〕9号）[DB/OL]. 教育部门户网站，2017-10-12.

[3] 中华人民共和国义务教育法 [DB/OL]. 教育部政府门户网站,2017-10-12.

发展作为义务教育的重中之重，指出"我国义务教育已经全面普及，进入了巩固普及成果、着力提高质量、促进内涵发展的新阶段"[①]。2010年7月29日颁布的《国家中长期教育改革和发展规划纲要（2010—2020年）》中，明确提出"把促进公平作为国家基本教育政策"的同时，还明确指出"教育公平的关键是机会公平"，旨在实现均衡与质量的统一，即实现有质量的教育均衡[②]。2012年9月发布的《国务院关于深入推进义务教育均衡发展的意见》规定："各级政府要充分认识推进义务教育均衡发展的重要性、长期性和艰巨性，积极推进义务教育学校标准化建设，均衡合理配置教师、设备、图书、校舍等资源……每一所学校符合国家办学标准，办学经费得到保障……开齐国家规定课程……学校班额符合国家规定标准，消除'大班额'现象。率先在县域内实现义务教育基本均衡发展，县域内学校之间差距明显缩小。到2015年，全国义务教育巩固率达到93%，实现基本均衡的县（市、区）比例达到65%；到2020年，全国义务教育巩固率达到95%，实现基本均衡的县（市、区）比例达到95%。"[③]2012年11月8日党的十八大报告再次强调"促进义务教育均衡发展，大力促进教育公平，合理配置教育资源，重点向农村、边远、贫困、民族地区倾斜"。"公平"一词在十八大报告中频频出现，并指出资源分配"初次分配和再分配都要兼顾效率和公平，再分配更加注重公平；以增强公平性、适应流动性、保证可持续性为重点，全面建成覆盖城乡居民的社会保障体系"[④]。

2013年9月25日习近平总书记在联合国"教育第一"全球倡议行动一周年纪念活动视频贺词中强调："中国将始终把教育摆在优先发展的战略位置，不断扩大投入，努力发展全民教育、终身教育，建设学习型社会，努力让每个孩子享有受教育的机会，努力让13亿人民享有更好更公平的教育。"十八

① 教育部关于贯彻落实科学发展观，进一步推进义务教育均衡发展的意见（教基一〔2010〕1号）[DB/OL]. 中国政府网，2017-10-13.

② 国家中长期教育改革和发展规划纲要（2010-2020年）[DB/OL]. 中国政府网，2017-10-23.

③ 国务院关于深入推进义务教育均衡发展的意见（国发〔2012〕48号）[DB/OL]. 中国政府网，2017-10-14.

④ 中国共产党第十八次全国代表大会报告 [DB/OL]. 人民网，2017-10-14.

届五中全会会议公报中提出"提高教育质量，推动义务教育均衡发展"①。2016年5月11日《国务院办公厅关于加快中西部教育发展的指导意见（国办发〔2016〕37号）》强调："坚持教育的公益性和普惠性，着力从中西部最困难的地方和最薄弱的环节做起，扩大优质教育资源覆盖面，缩小城乡差距、校际差距，实现县域内义务教育均衡发展，到2018年，中西部地区75%的县实现义务教育均衡发展；到2020年，中西部地区95%的县实现义务教育均衡发展。"②2016年7月2日《国务院关于统筹推进县域内城乡义务教育一体化改革发展的若干意见（国发〔2016〕40号）》重申了义务教育是国家必须保障和必须优先发展的公益性、公共性和基础性事业，提出"适应全面建成小康社会需要，合理规划城乡义务教育学校布局建设，完善城乡义务教育经费保障机制，统筹城乡教育资源配置，向乡村和城乡接合部倾斜，大力提高乡村教育质量，统筹推进县域内城乡义务教育一体化改革发展。把均衡发展和品质提升作为重要抓手，促进教育公平，使城乡学生共享有质量的教育"③。2017年1月10日《国务院关于印发国家教育事业发展"十三五"规划的通知（国发〔2017〕4号）》又提出"加快推进县域内城乡义务教育学校建设标准统一、教师编制标准统一、生均公用经费基准定额统一、基本装备配置标准统一和'两免一补'政策城乡全覆盖，基本实现县域校际资源均衡配置。加速扩大优质教育资源覆盖面，大力提升乡村及薄弱地区义务教育质量。在确保2020年全国基本实现县域内义务教育均衡发展的基础上，推动有条件的地区实现市域内均衡发展"的发展战略④。2017年10月18日党的十九大报告中再一次提出："推进教育公平，推动城乡义务教育一体化发展，高度重视农村义务教育，努力让每个孩子都能享有公平而有质量的教育"⑤。

---

① 中国共产党第十八届中央委员会第五次全体会议公报 [DB/OL]. 人民网 ,2017-10-14.

② 国务院办公厅关于加快中西部教育发展的指导意见（国办发〔2016〕37号）[DB/OL]. 中国政府网，2017-10-12.

③ 国务院关于统筹推进县域内城乡义务教育一体化改革发展的若干意见（国发〔2016〕40号）[DB/OL]. 中国政府网，2017-10-12.

④ 国务院关于印发国家教育事业发展"十三五"规划的通知（国发〔2017〕4号）[DB/OL]. 中国政府网，2017-10-12.

⑤ 习近平在中国共产党第十九次全国代表大会上的报告 [DB/OL]. 人民网，2017-11-04.

为了响应和贯彻国家义务教育均衡发展政策，甘肃省也出台了系列保障义务教育均衡发展的政策措施。2010年颁发的《甘肃省中长期教育改革和发展规划纲要（2010-2020年）（甘发〔2010〕21号）》明确指出："积极推进义务教育均衡发展，建立健全义务教育均衡发展保障机制，把实现义务教育均衡发展作为全省教育工作的重要战略任务。到2020年，城乡义务教育实现均衡发展，义务教育普及水平和教育质量全面提高。"①2011年9月29日通过的《甘肃省义务教育条例》也明确指出："为了保障适龄儿童、少年享有平等接受义务教育的权利，促进义务教育均衡发展，保证义务教育的实施，根据《中华中华人民共和国义务教育法》和其他相关法律、行政法规，结合本省实际，制定条例。"②2012年10月22日，《甘肃省推进县域义务教育均衡发展规划（2012—2020年）（甘政办发〔2012〕232号）》进一步明确了"推进全省义务教育均衡发展，按照'省市统筹、以县为主、突出重点、分步推进、整体提高'的总体思路，缩小县域内义务教育学校城乡和学校间的差距，全面提高义务教育办学质量"③。2012年10月24日，《甘肃省人民政府关于大力推进义务教育均衡发展的意见（甘政发〔2012〕120号）》重申了"大力推进义务教育均衡发展，对于促进人的全面发展，解决义务教育深层次矛盾，促进教育公平、构建社会主义和谐社会"④的重要意义。2013年6月9日，《甘肃省县域义务教育均衡发展督导评估实施办法（试行）（甘政办发〔2013〕102号）》明确了甘肃省义务教育发展基本均衡县的评估认定具体程序和办法。⑤2014年7月《甘肃省教育厅关于进一步推进县域义务教育均衡发展的通知（甘教基一〔2014〕21号）》进一步强调："把县域内义务教育均衡发展工作作为实现'两基'之后义务教育发展的一项战略性任务，是县域教育工作重中之重，纳入

---

① 甘肃省人民政府关于印发《甘肃省中长期教育改革和发展规划纲要（2010-2020年）》的通知（甘发〔2010〕21号）[DB/OL]. 甘肃省政府网,2017-12-10.

② 甘肃省义务教育条例 [DB/OL]. 甘肃省教育厅,2017-12-10.

③ 甘肃省人民政府办公厅关于转发省教育厅《甘肃省推进县域义务教育均衡发展规划（2012—2020年）》的通知（甘政办发〔2012〕232号）[DB/OL]. 甘肃省政府网, 2017-12-10.

④ 甘肃省人民政府关于大力推进义务教育均衡发展的意见（甘政发〔2012〕120号）[DB/OL]. 甘肃省政府网，2017-12-15.

⑤ 甘肃省人民政府办公厅关于印发《甘肃省县域义务教育均衡发展督导评估实施办法（试行）》的通知（甘政办发〔2013〕102号）[DB/OL]. 甘肃省政府网，2017-12-15.

经济社会发展和教育改革与发展的总体规划之中。"①2016年12月，样本县所在的 L 市也明确规定："在义务教育发展的新起点，把推进义务教育均衡发展纳入本地经济社会发展总体规划。"②2017年，《甘肃省人民政府关于统筹推进县域内城乡义务教育一体化改革发展的实施意见（甘政发〔2017〕11号）》再次强调："注重均衡发展和品质提升，使城乡学生共享有质量的教育，推动城乡教育一体化发展。"③

党中央、教育部和地方政府关于优先均衡配置义务教育资源、统筹推进县域内义务教育城乡一体化、使每个儿童享有公平而有质量的教育的一系列规定，尤其是强调从中西部贫困地区抓起，说明农村义务教育资源均衡配置和公平而有质量的发展始终是社会和教育问题的重点、难点。

（三）现实背景：西部农村义务教育均衡发展现状堪忧

九年义务教育的普及与发展，可谓是国之大事，从1985年全国教育工作会议通过的《中共中央关于教育体制改革的决定》中首次提出"普及九年义务教育"④到2000年的"基本普及"再到进入21世纪的"完全普及"（2011年）经历了25年之久⑤。随着我国全面义务教育的普及，党中央高瞻远瞩，把义务教育均衡发展确立为新时期教育工作的战略重点和任务。

经过党中央和各级政府的努力，义务教育公平和均衡发展总体状况有了明显改善。据统计，"截至2017年底，全国实现义务教育发展基本均衡的县累计达到2379个，占全国总数的81%。上海、北京、安徽、山东、湖北等11个省（市）整体通过评估认定。山西、内蒙古、辽宁、江西、重庆、陕西、宁夏7省（区、市）通过认定县的比例均超过80%。中、西部地区分别有16.3%、29.1%

---

① 甘肃省教育厅关于进一步推进县域义务教育均衡发展的通知（甘教基一〔2014〕21号）[DB/OL].甘肃省教育厅，2017–12–15.

② L市人民政府关于大力推进义务教育均衡发展的意见（陇政发〔2012〕91号）[DB/OL].陇南政府网，2017–11–12.

③ 甘肃省人民政府关于统筹推进县域内城乡义务教育一体化改革发展的实施意见（甘政发〔2017〕11号）[DB/OL].甘肃省政府网，2018–06–22.

④ 中共中央关于教育体制改革的决定 [DB/OL].教育部门户网站，2018–01–12.

⑤ 翟博，刘华蓉等.中国普及九年义务教育和扫除青壮年文盲的报告 [DB/OL].教育部门户网站，2017–10–13.

的县尚未认定"①。实现义务教育基本均衡目标的压力和难点在中、西部。

《中国农村教育发展报告2017》研究表明，全国有10033所"空校"，比上年增加366个，增长率为3.69%；2.58万个1~10人的农村教学点，比上年减少0.81万个，教育资源浪费严重。就学生的语文、数学和外语成绩而言，由农村转入城市的小学生的成绩高于农村学校学生；由农村转入城市的初中生成绩低于县城和农村学校学生。近80%的学生家长表示，如果城市学校和农村学校的教育质量没有差别，他们不会送子女进城读书。② 城乡义务教育不均衡的现象仍然很严重。

我国义务教育均衡发展的重点在农村，难点在西部农村，最大难点在西部农村贫困地区，而西北农村贫困地区更是最大难点中的难点。2014年9月9日习近平总书记在北京师范大学考察，与来自贵州的50位"国培计划"小学骨干语文教师在课堂交流时强调："目前，教育短板在西部地区、农村地区、老少边穷岛地区，尤其要加大扶持力度。少年强则中国强，中西部强则中国强。"③ 现阶段，尽管我国义务教育资源配置及其整体发展不均衡的矛盾及其表现具有多类型性、多方位性、多层次性。但是西北贫困地区农村义务教育发展水平的严重失衡状态几乎涵盖了所有的不均衡"症状"，是最典型、最根本、最主要的矛盾，是当前我国义务教育发展不均衡的突出症结所在。

其一，西北地区面积较大、经济发展水平较低。西北五省区，总面积约占全国面积的30%，人口约占全国的4%，是地广人稀的地区。西北地区是中国少数民族聚居地区之一，少数民族人口约占全国的三分之一。经济社会结构的基本成分以"农村、农业和农民"为主，其工业化、城镇化和信息化的程度低于中东部地区。西北地区的农业人口约有6000万，占西北地区总人口的62%。这在一定程度上说明，在西北地区义务教育阶段的学生中，农村学生是主体，相应地，农村学生约占西北地区义务教育阶段学生总数的60%以上，因此，西北农村义务教育资源的合理配置及义务教育均衡发展，成为我

---

① 国务院教育督导委员会办公室.2017年全国义务教育均衡发展督导评估工作报告（摘编）[N].人民日报,2018-03-02.

② 邬志辉.中国农村教育发展报告2017[R/OL].2017-12-23.

③ 习总记谈教育优先发展：教育强则国家强[DB/OL].中国政府网，2017-10-12.

国实现义务教育均衡发展必须关注和尽力解决的首要问题。[①]

其二，西北地区农村义务教育，是我国整个义务教育事业发展中最基础、最关键而又最薄弱、最落后的部分，是我国义务教育的最大"短板"所在。我国义务教育发展目前仍然存在着区域差异、城乡差异、校际差异、学生群体和个体差异等，而西北地区农村义务教育几乎涵盖了我国义务教育的所有问题，而且问题最突出。对本研究中的样本省甘肃省而言，农村义务教育发展中存在的问题也几乎涵盖了西北地区农村义务教育存在的所有问题。随着2012年10月22日《甘肃省推进县域义务教育均衡发展规划（2012—2020年）》（甘政办发〔2012〕232号）的颁布，甘肃省全面推进县域内义务教育均衡发展，并取得了很大成绩。截至2017年年底，甘肃省58个县（区）义务教育基本均衡发展通过了教育部的评估验收，实现了义务教育县域内基本均衡目标，占全省县市区总数的66.6%。[②]但是，义务教育均衡发展仍然存在很多问题，如城乡资源配置不均衡情况依然存在，生均教学和实验用房面积及体育场地不足、音体美和心理健康及小学科学、信息技术等专业教师仍存在结构性短缺问题等（在本书第三章详细分析论述）。另外，甘肃省农村义务教育均衡发展中的问题具有一定的典型性。就义务教育经费投入而言，甘肃省2015年和2016年义务教育生均经费投入不仅低于全国平均值（除小学生均事业费略高于全国均值），而且是西北各省区中最低的省份。

表1.1 甘肃省2015年和2016年义务教育经费投入与西北及全国部分省区比较（单位：元）

	生均公用经费				生均事业费			
	小学		初中		小学		初中	
	2015年	2016年	2015年	2016年	2015年	2016年	2015年	2016年
全国	2434.26	2610.80	3361.11	3562.05	8838.44	9557.89	12105.08	13415.99
北京	9753.38	10308.69	15945.08	16707.86	23757.49	25793.55	40443.73	45516.37
西藏	8728.22	7600.47	5751.01	5980.63	25750.22	24237.46	23845.23	24605.62

---

① 西北地区 – 区域地理 [DB/OL]. 中国政府网，2017–10–12. 本论文从行政区划上的西北五省区包括甘肃省、青海省、宁夏回族自治区、新疆维吾尔自治区、内蒙古自治区。

② 甘肃省14个县市区达到国家义务教育发展基本均衡县标准 [DB/OL]. 中国政府网，2017–10–16.

	生均公用经费				生均事业费			
	小学		初中		小学		初中	
	2015年	2016年	2015年	2016年	2015年	2016年	2015年	2016年
内蒙古	2885.38	3352.30	4011.43	4545.55	11972.33	13109.32	14362.59	16301.67
宁夏	3158.89	3140.41	4534.91	4359.20	8034.85	8719.91	11047.18	11929.40
青海	3260.35	3028.22	4343.68	3906.87	10472.79	11948.81	13295.04	14915.34
新疆	2389.88	2528.65	4166.55	4252.55	12929.81	12133.41	16999.84	17410.13
甘肃	2116.95	2588.47	2499.15	2828.00	9118.26	10321.93	10187.13	11721.46
西北均值	2762.29	2927.61	3911.14	3978.43	10505.61	11246.68	13178.36	14455.6

资料来源：教育部、国家统计局、财政部关于2016年全国教育经费执行情况统计公告（教财〔2017〕6号）[EB/OL] 中华人民共和国教育部政府门户网站，2017-10-15.

如上表1.1，下图1.1和图1.2所示，甘肃省2015年小学生均公用经费和生均事业费分别为2116.95元和9118.26元，生均公用经费在西北五省区中最低，比西北五省区的均值（2762.29元）低645.34元，比青海省（3260.35元）低1143.40元，同时也低于全国均值317.31元，生均公用经费最高的北京市（9753.38元）是甘肃省的4.61倍；甘肃省生均事业费在西北五省区中仅高于宁夏，比西北五省区均值（10505.61元）低1387.35元，比新疆（12929.81元）低3811.55元，西北五省中生均事业费最高的西藏（25750.22元）是甘肃省的2.82倍。2016年甘肃省小学生均公用经费和生均事业费分别为2588.47元和10321.93元，生均公用经费在西北五省区中仅比新疆高59.82元，比西北五省区均值（2927.61元）低339.14元，比内蒙古（3352.30元）低763.83元，同时也比全国均值低22.33元，生均公用经费最高的北京市（10308.69元）是甘肃省的3.98倍；生均事业费在西北五省区中仅高于宁夏，比西北五省区均值（11246.68元）低924.75元，比内蒙古（13109.32元）低2787.39元，生均事业费最高的北京市（25793.55元）是甘肃省的2.5倍。就初中而言，甘肃省2015年初中生均公用经费和生均公事业费分别为2499.15元和10187.13元，在西北五省区中均为最低，其中生均公用经费比宁夏（4534.91元）低2035.76元，宁夏是甘肃的1.82倍，比西北五省区均值（3911.14元）低1411.99元，同时也低于全国均值861.96元，全国最高的北京市（15945.08元）是甘肃省的6.38倍；生均公共财政预算教育事业费比最高的新疆（16999.84元）低6812.71元，新疆是甘肃的1.67倍，比西北五省区均值（13178.36元）低2991.23元，同时也低于全国均值1917.95元，生均事业费最高的北京（40443.73元）是甘肃省的3.97倍。2016年甘肃省初中生均公用经费和生均事业费分别为2828.00元和11721.46元，在西北五省区中均为最低，其中生均公用经费在西北五省区中比最高的内蒙古（4545.55元）低1717.55元，内蒙古是甘肃的1.61倍，比西北五省区均值（3978.43元）低1150.43元，同时也低于全国均值734.05元，全国初中生均公用经费最高的北京市（16707.86元）是甘肃省的5.91倍；生均事业费在西北五省区中比最高的新疆（17410.13元）低5688.67元，新疆是甘肃的1.49倍，比西北五省区均值（14455.6元）低2734.14元，同时也低于全国均值1694.53元，全国生均事业费最高的北京（45516.37元）是甘肃省的3.88倍。[①]

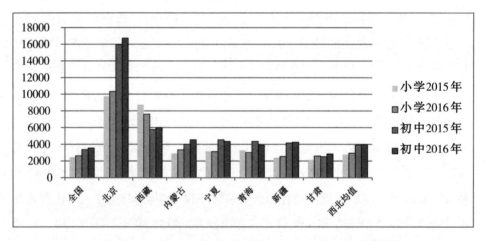

图1.1　西北五省及全国平均和最高生均公共财政预算公用经费统计图

[①] 本数据是本人根据"2016年全国教育经费执行情况统计公告"数据计算的结果。教育部、国家统计局、财政部关于2016年全国教育经费执行情况统计公告（教财〔2017〕6号）[DB/OL]. 教育部政府门户网站，2017–10–15.

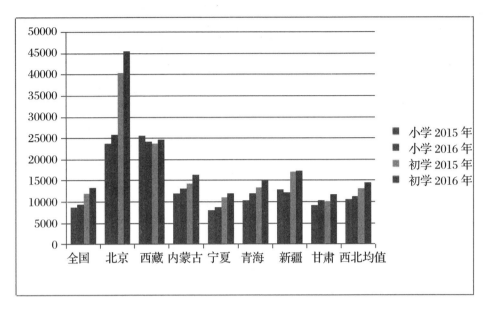

图 1.2 西北五省及全国平均和最高生均公共财政预算教育事业费统计图

甘肃省自 2013 年正式启动义务教育均衡发展督导评估工作以来，各级政府不断加大教育经费投入，拓宽经费来源渠道，多方筹集财政性教育经费，确保教育经费"三个增长"和"两个比例"落实到位。即便再努力，"穷省"办教育的压力始终是义务教育均衡发展的一个制约因素。如表 1.2 和图 1.3 所示，就 2016 年人均 GDP 而言，甘肃省人均 GDP 为 27458 元，在全国垫底，比全国人均 GDP 值 53980 元低 26522 元，全国人均 GDP 是甘肃的 1.97 倍；全国人均 GDP 最高的是天津市，人均 GDP 为 115613 元，是甘肃的 4.21 倍；西北地区人均 GDP 最高省（区）是内蒙古，人均 GDP 为 74204 元，是甘肃的 2.70 倍。

表 1.2 2016 甘肃省人均 GDP 与西部及全国部分省区比较

排名	省（直辖市）	人均 GDP（元）
1	天津	115613
7	内蒙古	74204
10	重庆	58199
13	陕西	50528
15	宁夏	47157

排名	省（直辖市）	人均 GDP（元）
18	青海	43750
21	新疆	40466
24	四川	39835
26	广西	38042
27	西藏	35496
29	贵州	33242
30	云南	31358
31	甘肃	27458
全国		53980

数据来源：根据国家统计局《2016年国民经济和社会发展统计公报》及各地"2016年国民经济和社会发展统计公报"相关数据整理。

另外，截至2018年上半年，W县所在市义务教育基本均衡达标县只有4个，占全市县区总数的44.4%（全市9个县区），W县在2016年6月通过了义务教育基本均衡发展督导评估验收。

在国家大力发展义务教育、推进教育公平和提高教育质量之际，义务教育资源配置不均和资源浪费问题仍然存在的深层次原因何在？这是亟需研究的问题。西北地区农村义务教育资源配置不均问题的解决，不仅有助于缩小西北地区义务教育均衡发展的城乡、校际、个体和群体差距，而且对全国义务教育的均衡发展的程度提升有很大的意义。因此，大力提升西北地区农村义务教育资源的合理配置及其均衡发展程度，缩小其与全国乃至中东部地区义务教育均衡发展水平的差距，促进西北地区农村义务教育发展的整体均衡与协调，是当下全国义务教育均衡发展及其质量提升的应有之义，也是解决全国范围内义务教育整体均衡和协调发展的核心问题。

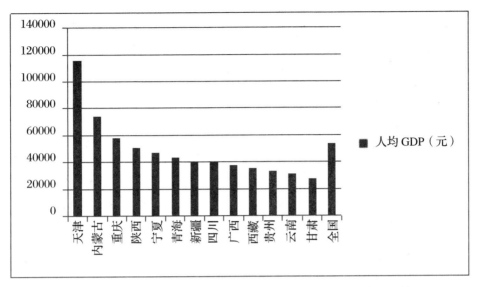

图 1.3　2016 甘肃省人均 GDP 与西部省区及全国部分省区比较

　　此外，本研究之所以聚焦西北地区农村，除了上述理论缘由之外，因为有笔者深深植根于内心的、挥之不去的农村基础教育情结。作为一个生长在西北贫困地区的农民子女，笔者在西北的生活和工作经历以及笔者前期研究的关注点也主要在西部农村教育。笔者亲历、目睹了西北地区农村义务教育长期存在的问题，不时反问自己，在当下我国义务教育全面普及，举国进入以巩固普及成果、着力提高质量、促进义务教育从基础均衡向内涵均衡发展的新阶段，县域内义务教育基本均衡发展的达标评估验收也取得了初步成效和实现了阶段性目标。但是，根据笔者的调研以及见之于各种研究和媒体的报道，义务教育资源配置的不均衡问题依然存在，尤其是在西北农村。例如，根据笔者的调研，本研究的样本县一方面仍然存在义务教育资源配置失衡和部分教育资源严重浪费的矛盾，另一方面也存在学校、家长及其子女的教育需求和教育供给之间的矛盾。为什么西北地区农村义务教育还存在那么多的问题？笔者将带着这样的疑惑和关切，用一个研究者的情怀去感受、去捕捉这些教育现象背后的学理，求得对疑问的些许解答。

　　诚然，从选题的立意而言，这是一个并不容易做出创新的选题，因为农村义务教育资源配置和教育均衡是一个倍受广泛关注的话题，可以说已经到了白热化的程度，许多学者已从不同角度进行了研究，且成果颇丰。但是，有关义务教育（尤其是农村义务教育）资源均衡配置和均衡发展的讨论，依然成为历届乃至当前党和国家重要会议（如"两会"、十八届五中全会、党的十九大等）的重要议题之一。农村义务教育资源的合理配置问题，也是一个历久弥新的话题，因为城乡义务教育均衡发展是一个系统的、长期的和动态变化的过程。因此，该问题仍然没有得到解决。从教育研究的价值追求来看，如果问题没有得到解决，那么就有研究的必要。与其盲目追求所谓的"创新"，还不如关注实实在在的研究和解决问题，这也是笔者对该选题进行研究的原因之一。

基于以上认识和思考，本研究以西北地区农村义务教育资源配置的合理性为选题，重点分析县域内义务教育均衡发展评估认定达标之后，农村义务教育资源配置的合理性问题。

二、研究意义

本研究从选题本身的现实性和必要性，到其对涵盖的理论研究和实际工作的指导而言，都有着比较重要的意义。

（一）理论意义

义务教育作为一种公共性和公益性事业，对每一位公民都是公平的，推动义务教育资源合理配置和均衡发展，关系到教育公平、社会公平及和谐社会的建设。因此，义务教育资源配置和均衡发展问题是当前教育领域研究的热点、重点和难点问题。

目前，义务教育资源配置和均衡发展成为许多研究者的研究焦点，并且形成了相当丰富的研究成果，但是，相关研究大多侧重于义务教育资源配置和均衡发展的内涵、意义、基本特征、评价标准、政策法规、发展模式、发展现状及成因、发展路径及策略等方面进行分析，多从一般性、原则性、战略性等宏观视角，以及区域性和教育资源内部构成的某方面等微观层面予以分析。而关于西北地区农村义务教育资源配置标准制定的理念和价值取向、配置主体的动机和行为方式等问题的理论研究还相对薄弱，亦即对义务教育资源配置和均衡发展进程中政府及利益相关者的理念、动机、行为方式及其限度的合理性问题的系统研究还相对欠缺，尤其是对义务教育均衡发展评估达标验收后的教育资源配置和均衡发展的相关研究相对薄弱。且现有的研究在一定程度上不能很好地解决西北地区农村义务教育资源配置不均衡和现有资源浪费的矛盾问题，这就需要做出新的理论探索与阐释。

因此，从理论意义上讲，本研究以教育公平理论、合理性理论和公共选择理论为分析的理论基础，以促进人的全面发展为目标，从理论上对义务教育资源配置相关问题进行较系统的审视和探究，明确在义务教育均衡发展背景下，教育资源配置标准制定的理念和价值取向、配置主体的动机和行为方式的合理性，同时，分析义务教育均衡发展督导评估过程中，督导评估政策及其执行、相关主体的行为理念及其方式的合理性，进一步丰富和完善教育资源配置方面的理论。教育资源配置是教育管理、教育学原理和教育经济学等学科研究的问题之一，而区域性资源配置的合理性也是诸学科关注的问题。本研究基于对县域义务教育均衡发展评估达标后的情况调研，以西北农村义务教育资源配置的合理性为研究重点，探讨农村义务教育均衡发展的可持续性和实效性问题，将有助于丰富和发展我国农村义务教育资源均衡配置理论及区域教育发展理论。

（二）实践意义

随着国家"普九"目标的实现，尤其是随着1995年国家贫困地区义务教育工程、2001年全国中小学危房改造工程、2001年世界银行贷款/英国政府赠款西部地区基础教育发展项目（支持四川、云南、广西、宁夏、甘肃五省区）、2003年农村中小学现代远程教育工程、2004年国家西部地区"两基"攻坚计划（2004—2007年）和"西部地区农村寄宿制学校建设工程"等一系列惠及西部义务教育的工程和项目的实施，西北地区农村义务教育发展取得了很大成绩。但受县域内城乡二元社会结构和经济发展不均衡等矛盾与问题的影响和制约，县域内城乡之间、偏远山区和平原之间的学校在教育理念、信息化程度、管理水平、师资力量、生源质量、教学设施设备以及教育资源的利用效率等方面仍存在着显著差距。本研究拟对西北地区农村义务教育资源配置和均衡发展进程中的政策及其执行以及各利益相关者的理念、行为的合理性、有效性等进行考察与论证，以期为各级政府指导和评估该地区实现义务教育资源均衡配置和有效利用提供实践借鉴。本研究的开展，可以为西北（尤其是甘肃省）乃至全国在义务教育全面免费和推动均衡发展背景下，各级政府对农村义务教育资源配置的合理性，提高农村义务教育资源的使用效率，并最终为实现农村义务教育有质量地均衡发展提供决策参考和理论借鉴，具有一定的现实意义和实践价值。

三、文献综述

对已有研究的梳理和分析，有助于聚焦和把握研究问题的现状和研究前景，为研究的逻辑起点的确立和理论框架建构提供借鉴。义务教育均衡发展及教育资源配置和使用的相关研究，国内外研究诸多。但由于不同国家历史、政治、经济文化和国情不同，研究的具体内容和侧重点也各有不同。

（一）国外的相关研究

"义务教育资源配置"和"义务教育均衡发展"在国外的教育政策、法规等文本及学术研究中并未直接明确提出，但对与义务教育资源配置相关问题的研究比较多，且大多是从教育公平和教育机会均等、教育效率与质量、义务教育资源配置中的政府与市场的关系等方面进行研究，且取得了不少成果。

1. 教育公平或教育机会均等的相关研究

公平是一个相对性概念，既是一种价值判断和原则、准则，也是一种理想及其实现的过程。公平是古希腊政治观念中的一个核心的观念。在古希腊，最初的公平观念来自古雅典城邦首席执政官梭伦（Solon）于公元前594年改革时对不公平的社会关系的调节，他认为，公平就是一视同仁，不偏不倚，人人各得其所。

18世纪法国启蒙思想家卢梭以"天赋人权"的思想论述教育平等和教育公平。马克思关于人的全面发展学说，将教育作为每一个人充分、自由发展的基本条件和权益。19世纪美国公立学校运动的组织和领导者、"美国公共教育之父"贺拉斯·曼（Horace Mann，1796年—1859年）认为教育是实现国家民主和社会平等的重要手段，不分性别、民族、教派和贫富，都应该享有平等的教育机会，主张公立学校制度必须是平等、自由、普及、免费、非教派的，其观点为美国公共教育体制的建立提供了理论基础。

1966年，美国约翰霍布金斯大学（Johns Hopkins University）教授詹姆斯·科尔曼（James S.Coleman）领导的研究团队，根据1964年民权法案（*the civil rights act of* 1964）的要求而开展调查，调查对象主要为黑人及波多黎各裔、墨西哥裔、亚裔和印第安人等少数族裔学生，调查范围涉及美国各地4000所公立学校，近20000名老师和三年级、六年级、九年级和十二年级及部分学校一年级的645000名学生。在《教育机会平等》（*Equality of Educational Opportunity*）（1966）调研报告中分析指出，造成少数族裔学生学业水平低下的主要原因不是学校的硬件条件问题，而是学校学生的家庭经济条件及社会阶层背景的影响。受族裔、肤色等因素的影响，有色族裔、移民和收入低下等弱势家庭社会地位低下，导致这些来自少数族裔及弱势家庭的学生，不仅自我评估相对比较低，而且学业成绩欠佳，并且与其他学生的成绩逐渐加大。科尔曼报告从生源的社会经济地位平等的背景出发研究教育公平，认为社会地位及经济平等影响教育公平，同时，教育公平也影响社会阶层地位和经济平等，从而把解决教育公平问题提升到改造社会阶层及促进权利平等的目标之上，并强调教育机会均等的含义是缩小教育差距。该报告表明，实现教育机会平等，不但应从教育的投入方面考量，即考察学生能够获得公共教育资源的多寡及其分配的公平程度，而且要考察教育的结果，以实现所有学生受教育机会的实质性平等。①

另有美国学者菲利普·库姆斯在《世界教育危机》中论述了教育不平等，他认为，教育不平等是源于那些社会经济、种族和民族差异的不平等。菲利普·库姆斯分析指出教育发展不平等的原因在于：第一，民众受教育愿望的日益迫切；第二，资源投入不足；第三，教育系统固有的惰性导致适应新事物缓慢，即便教育资源充足时亦如此；第四，社会各界受教育水平和发展观念参差不齐乃至狭隘、落后的传统观念大行其道。因此，教育对改善严重不平等的社会和经济发展状况将发挥关键性作用。要缩小城乡之间的教育不平等，首先必须提高贫困地区的教育普及程度和教育质量。因此，在分配任何教育资源时，在不降低教育质量、减少入学机会和教学效果的前提下，优先

---

① Coleman,James S. and Others.Equality of Educational Opportunity[R]. National Center for Educational Statistics,U.S. Government Printing Office Washington：1966.

考虑部分资源调拨给贫困地区。①

另外，美国纽约汉密尔顿学院查尔斯·豪威尔（Charles Howell）教授在《教育、机会与公平分配》一文中分析论述教育机会均等问题时指出，"机会均等"是在平等与责任制方面达到平衡，在教育资源分配充足的基础上自由分配剩余下的教育资源，以使富裕家庭的孩子受到更好的教育，这并没有什么不公平，因为所有的孩子都达到了教育资源的基本公平线。②

2.政府在资源配置中作用的相关研究

20世纪中期，随着新制度经济学的诞生，政府作为资源配置的核心主体之一，其工作的正义性、公平性和效率性逐渐受到社会及学界尤其是政治学、经济学和社会学等领域的关注和评价。

政府对教育资源配置问题是美国芝加哥大学教授、诺贝尔奖获得者及新自由主义的代表之一米尔顿·弗里德曼（Milton Friedman）关注的教育和社会问题，其在《政府在教育中的作用》（1955）一文中首先向政府垄断的教育资源配置方式进行问责。③ 由于缺乏必要的市场竞争，政府垄断导致教育资源配置效率低下，并造成资源的巨大浪费。他主张应减少甚至取消政府直接兴办教育，让市场竞争主体举办教育，政府只制定教学内容和质量的标准，通过教育机构的竞争达到教育运行的高效率。并提出"教育券（educational vouchers）"设想，即政府对教育的资助不直接拨付给学校，而是将其作为教育费用的支付凭证，直接发给学生家长，由其交给所选择的学校抵付个人的教育费用。通过这种方式，实现教育资源的优化配置，进而提高教育资源的利用效率。④

美国哈佛教育研究生院教授查尔斯·威利（Charles Willie）反对种族歧视，在《教育中的优异、公平和多样性》一文中对查尔斯顿县公立学校体系中种族

---

① 菲利普·库姆斯.世界教育危机[M].赵宝恒，李环，等译.北京：人民教育出版社，2001：3，242.

② 查尔斯·豪威尔.教育，机会与公平分配[M].卢昆，王越译.北京：教育科学出版社，2001：240—241.

③ 刘桂芳，杨公安.义务教育资源配置效率研究综述[J].中小学校长，2011（10）：46—50.

④ 米尔顿·弗里德曼.资本主义与自由[M].张瑞玉译.北京：商务印书馆，1986：83—95；杨公安.县域内义务教育资源配置低效率问题研究——基于公共选择理论视角[D].重庆：西南大学，2012.

构成各不相同的黑人和白人学生学业成绩调查分析的基础上，阐述了由于种族、家庭背景和收入、学校资源环境的差异，导致的受教育机会不平等问题，提出"向公平和公正的社会过渡的和平战略，即'肯定行动'，政府在配置教育资源时，必须坚持运用差异原则，实行纠正补偿与预防措施结合，将个人置于没有受到歧视的情况下应获得的机会之中；而预防措施要求采取统一做法，分配共同资源，防止优势学校聚集有限的教育资源，使所有人同时受益"。①

另外，美国教育法律中心学者贝克·布鲁斯（Baker Bruce）、法里·丹妮尔（Farrie Danielle）和鲁姆·特丽萨（Luhm Theresa）在对2013年美国中小学校的财政投资公平状况的调查中发现，学校经费投入各州及学校之间存在很大差距，财政资源配置极不平衡。阿拉斯加州的生均公用经费17331美元，是爱达荷州5746美元的3.02倍；亚利桑那州、加利福尼亚州、爱达荷州、内华达州、北卡罗来纳州和德克萨斯州教育经费的公共财政支出比例很低，内华达州、北达科他州和伊利诺伊州等14个州的公共教育财政投入比例连续下降，为贫困地区低收入家庭学生提供的资金较少；学校财政投入的公平性排名偏低与各州政府在教育资源配置指标方面的表现不佳有关。②

3. 教育资源配置效率的相关研究

20世纪80年代以来，随着世界经济全球化和市场竞争的日趋激烈，英、美等国家开始了以"质量""效率"为核心理念的公立学校改革运动，打破了学校教育资源配置的政府垄断，公共教育资源的市场化配置日益盛行。就美国而言，1985年推出的《2061计划》探讨了美国青少年为适应新世纪科技和社会发展变化所必备的基本素质，并且设计相应的教育改革方案，如"特许学校（charter school）""择校（school choice）""教育券"等教育改革模式。代表性的研究是美国斯坦福大学教授约翰·丘伯（John E.Chubb）和泰力·默（Terry M.Moe）《政治、市场和学校》的研究，通过对公立学校和私立学校制度下学校的组织结构和工作效率进行比较分析，认为市场资源配置方式和管

---

① 查尔斯·豪威尔，查尔斯·V.威利.教育中的优异、公平和多样性[J].教育展望（中文版），2000（4）：35—43.

② Baker Bruce, Farrie Danielle, Luhm Theresa. Is School Funding Fair? A National Report Card（Fifth Edition）[R]. Education Law Center, 2016：29.

理方式才是有效率的体制选择，主要依赖市场和家长选择，政府各级行政机构只对其施以间接调控①。而英国伦敦大学的教授杰夫·惠迪（Geoff Whitty）、萨莉·鲍尔（Sally Power）、大卫·哈尔平（David Halpin）在《教育中的放权与择校：学校、政府和市场》中，则对教育改革的市场运作导向进行了冷静反思，对教育重建中的学校、政府和市场的关系进行了研究。研究发现，以市场为导向的教育改革一方面提高了教育绩效，另一方面也拉大了重点学校与薄弱学校之间的差距，并有可能使学校将本来有限的教育资源部分地投入到学校的市场运作之中②。

20世纪末期，美、英等西方发达国家开始研究学校效能。对"教育输入"的关注转向"教育输出"，制定学生升级或毕业时必须达到的最低成绩水平，根据学校绩效调配教育资源。公平、效率和质量成为指导西方发达国家基础教育改革的三大核心价值。③

而美国明尼苏达州立大学教授亚历山大·尼古拉 A（Alexander Nicola A）和章·桑泰（Jang Sung Tae）研究则认为，决策者和教育工作者不仅要公平、高效地分配教育资源，而且要对提高学生的成绩负责。他们以英语作为第二语言或者英语测试评估不能达到要求的学生（简称"英语学习者"，EL）为研究对象，通过对2003—2011年明尼苏达州实施《不让一个孩子掉队法案》及教育经费投入的公平性和效率的调查研究发现，九年间，教育支出的分配日益不均衡，地区差异仍然存在，即使政府在学校财政计划中为英语学习者提供了额外的补助资金，但是，家庭收入较低地区的教育经费投入总量和生均教育经费投入都较低，学生的英语学习水平提高的显著性也较低。明尼苏达州 EL 人口快速增长，从2003年到2011年增长了24.1%，但用于 EL 计划的国家教育费用却下降了20%，从5000万美元下降到4030万美元。④

① 约翰·E.丘伯，泰力·M.默.政治、市场和学校 [M].蒋衡译.北京：教育科学出版社，2003：45—49.

② 杰夫·惠迪等.教育中的放权与择校：学校、政府和市场 [M].马忠虎译.北京：教育科学出版社，2003：1.

③ 许丽英.教育资源配置理论研究——缩小教育差距的政策转向 [D].长春：东北师范大学，2007.

④ Alexander Nicola A, Jang Sung Tae.Equity and Efficiency of Minnesota Educational Expenditures with a Focus on English Learners, 2003—2011：A Retrospective Look in a Time of Accountability[R]. Education Policy Analysis Archives, Arizona State University, 2017.

瑞典学者瓜达卢佩·弗朗西亚（Guadalupe Francia）研究了瑞典教育公平政策对个性化教学策略的影响，并指出，教育公平可以减少学校教育失败的发生，但是基于差异化课程的学生个性化教学策略，由于语言或民族的原因，有增加学生歧视的风险。[①]

综观国外相关研究，对义务教育资源配置的合理性问题，国外学者没有直接进行研究，但是，对造成教育发展不均衡的原因以及如何促进教育公平和教育机会均等的分析具有一定的代表性和可借鉴性，如民众对优质教育的追求与教育资源严重不足的矛盾、教育系统内部的惰性（即使教育资源充足时也会出现使用低效）以及社会本身的惰性（如宗教习俗、传统观念、激励模式和体制原因）、政府对公共教育的垄断等原因，造成教育资源配置低效；为了促进教育机会均等，在保证入学机会和教育教学质量的前提下，遵循差异性公平原则；政府须加大教育资源配置优先向贫困地区倾斜，防止优势学校聚集有限的教育资源；加大市场在义务教育资源配置中的竞争作用，政府以"教育券"的方式增强学校办学自主权和家长、学生的教育选择权等。

（二）国内的相关研究

对义务教育均衡发展和义务教育资源配置的研究是学术界研究的一个热点，通过对相关文献的梳理和分析发现，当前学界主要围绕义务教育均衡发展和义务教育资源配置两个相互联系的方面进行研究。关于义务教育资源配置的研究，主要涉及教育资源配置方式、配置标准、配置的公平与效率关系等，并已形成多学科、多领域、多层次的良好研究格局。

1. 义务教育均衡发展的研究

国内关于义务教育均衡发展的研究始于20世纪90年代，苌景州（1994）最早提出我国义务教育普及存在严重的城乡和地区间的不平衡，应建立义务教育均衡发展的资金保障体系[②]。随后"义务教育均衡发展"问题在全国范围内展开探讨和争鸣，并逐渐成为教育乃至社会领域的一个热点和焦点，各种研究观点和成果层出不穷。概括而言，研究成果主要观点体现为：

① Francia, Guadalupe. The impacts of individualization on equity educational policies[J]. Journal of New Approaches in Educational Research, 2013,1（2）：17—22.

② 苌景州. 建立有利于义务教育均衡发展的资金保障体系 [J]. 贵州社会科学，1994（2）：49—50.

　　第一，义务教育均衡发展的理论基础与内涵。义务教育均衡发展的理论基础，一是教育机会均等理论。董泽芳等学者认为，教育机会均等是每一个社会成员不分民族、种族、性别、宗教信仰、经济状况、社会地位的差别而享有平等的受教育机会①。另外，学界对教育机会均等分为教育起点公平、过程公平和结果公平三个阶段和三种形式，达成了普遍共识。二是公共产品理论。厉以宁等认为义务教育属于公共产品②；王善迈等认为，义务教育属性是公共产品，因为义务教育具有法律强制性、消费上的非排他性、供给上的不易排除性和广泛的社会效益，不能通过市场交换提供③。张学敏认为义务教育属于融合公共产品，具有公共产品和私人产品的双重属性④。

　　关于义务教育均衡发展的内涵研究，鲍传友认为，义务教育均衡是在平等原则下教育机构和受教育者实现平等的待遇和分配公共教育资源，是包含区域、学校、个体均衡以及投入和产出均衡的多层次发展的概念⑤。刘新成等认为，义务教育均衡发展包含配置均衡、供需均衡、动态均衡等三个方面的内涵和结构⑥。刘耀明等认为义务教育均衡发展包含内涵性均衡（教育质量为重）与外延性均衡（办学物质条件为主）两种相互区别、相互联系和相互转化的不同形态⑦。总之，义务教育均衡发展，是在教育公平思想指导下的教育机会、教育资源配置、教育过程及教育质量不断提升和持续合理化的过程。

　　第二，义务教育失衡现状、原因及对策的研究。这个领域学者研究最多和持续时间最长。不仅有宏观的全国研究，而且有微观的区域研究，并且以

---

① 董泽芳，张国强.社会公平与教育机会均等[J].教育与经济，2007（6）：3；王璐.国际视野下的义务教育均衡发展研究：理论基础、对象层次与任务内容[J].比较教育研究，2013（2）：33—34.

② 厉以宁.关于教育产品的性质和对教育经营的若干思考[J].教育科学研究，1999（6）：4—5；盛世明.义务教育的产品属性及其供给的博弈论分析[J].上饶师范学院学报（自然科学版），2003（6）：16.

③ 王善迈.社会主义市场经济条件下的教育资源配置方式[J].教育与经济，1997（9）：3；孟航鸿.关于义务教育的公共物品属性研究[J].财政研究，2009（3）：21.

④ 张学敏.义务教育的融合产品属性[J].西南师范大学学报（人文社会科学版），2003（7）：106.

⑤ 鲍传友.义务教育均衡发展：内涵和原则[J].国家教育行政学院学报，2007（1）：63.

⑥ 刘新成，苏尚锋.义务教育均衡发展的三重意蕴及其超越性[J].教育研究，2010（5）：30—32.

⑦ 刘耀明，熊川武.论义务教育内涵性均衡发展的边界[J].华东师范大学学报（教育科学版），2011（3）：36.

区域内研究者居多。对于义务教育不均衡的现状研究，王斌泰较早地从地区、城乡、校际和群体差别比较的角度分析了基础教育非均衡发展的现状[①]。袁振国认为义务教育不均衡表现在城乡、区域、校际、学校类别、阶层和不同群体之间，也表现在办学物资设备设施、师资力量、经费投入等方面[②]。此后大部分学者也进行了系列相关研究，此处不做赘述。

关于义务教育不均衡的原因分析。一些学者从资源配置的制度、方式以及区域发展的历史差距原因等角度对义务教育不均衡进行归因。杨东平认为，除了历史上形成的发展差距，主要原因还在于"中央为主，忽视地方"的资源配置模式、忽视城乡与地区差异"城市中心"的价值取向以及地方负责、分级管理的管理体制[③]。周洪宇指出，义务教育发展不均衡根源在于政府公共职能的缺失、"教育GDP"的严重不足、精英教育观念的影响、社会发展中的不公平与扭曲的价值观念[④]。另有学者则将义务教育不均衡发展放在整个社会发展不均衡之中进行分析。如王斌泰认为，由于长期的经济基础薄弱而导致教育的有效供给不足，以及经济文化发展的不平衡导致的地区和城乡义务教育发展不均衡[⑤]；马立武（2006）指出，义务教育不均的根本原因在于社会发展的不均衡，最直接原因是差异发展的教育政策，重要原因是教育评价制度的缺失[⑥]；曾天山、邓友超等学者研究表明，造成义务教育发展不均衡的原因包括各地经济社会发展的不平衡（受经济总量的限制，政府未能提供足量的义务教育机会；受财力的限制，中央和省级政府难以有效地调节教育公平）、城乡二元分治结构（户籍限制的城乡教育机会不平等、城乡文化资本积累的差异、城乡教育价值与政策的差异）、分级管理体制、重点校政策、质量评价

① 王斌泰. 着力推进基础教育均衡发展 [J]. 求是，2003（19）：50—52.

② 袁振国. 缩小差距：中国教育政策的重大命题 [J]. 北京师范大学学报（社会科学版），2005（5）：5—10；袁振国. 缩小教育差距促进教育和谐发展 [J]. 教育研究，2005（7）：3—7.

③ 杨东平. 对我国教育公平问题的认识和思考 [J]. 教育发展研究，2000（9）：15.

④ 周洪宇. 教育公平：和谐社会的重要内容、基础和实现途径 [J]. 人民教育，2005（4）：8；陈祥东. 城乡义务教育均衡中的政府职能研究 [D]. 长沙：湖南农业大学，2013.

⑤ 王斌泰. 着力推进基础教育均衡发展 [J]. 求是，2003（19）：51.

⑥ 马立武. 试析义务教育均衡发展及其政府责任 [J]. 现代教育论丛，2006（6）：13—14.

标准不统一①；谈松华指出，义务教育不均衡是受经济和社会发展不均衡的影响以及体制原因（教育管理体制与财政体制的错位）和教育政策（重点学校建设和地方政府的政绩工程）的原因②。

关于促进义务教育均衡的对策研究概括而言，主要包括四个方面。一是从教育资源配置角度的对策研究。杨东平认为，将"均衡化"作为义务教育资源配置的政策指导思想，使教育经费、校舍、设备等大体均衡③。于月萍等认为应倡导公平的教育资源配置理念，构建合理的教育资源配置机制，通过标准化学校建设和薄弱学校改造、信息技术化建设、师资合理配置与流动、升学制度改革等促进义务教育资源均衡配置和发展④。二是从政府责任角度的对策研究。如马立武认为政府是义务教育均衡发展的责任主体和权力机关，有权威和能力制定各种政策、协调各方力量，通过制度创新，采用政策的、法制的、行政的、督导评估等手段，逐步弱化和缩小地区和学校之间的差距，推动义务教育实现相对均衡发展⑤；姚永强则认为应科学定位政府职责，鼓励和培育学校自我发展动力和能力，推动校际均衡发展⑥。三是从制度创新角度的对策研究。张侃认为，通过不断地制度创新与制度重塑来实现义务教育的可持续均衡发展，如营造良好的制度环境，建立合理的义务教育资源配置机制和重构义务教育财政体制⑦。四是从公共财政的角度提出对策。陈丰指出，应提高国家公共财政对教育财政总量支出中义务教育所占的比重，在建立事权与财力相匹配的公共财政体制基础上，合理划分义务教育责权，构建"以中央投入为主，分项分级负担，省级统筹管理，以县为主具体管理"的义务教育管理新体制和义务教育专项资金国库单一账户管理体系，以法律形式明确各级

① 曾天山，邓友超，杨润勇等．义务教育均衡发展是实现教育公平的基石 [J]．教育研究，2007（2）：8—9．

② 谈松华．义务教育的均衡发展：从行政措施到制度建设 [J]．群言，2008（11）：6．

③ 杨东平．对我国教育公平问题的认识和思考 [J]．教育发展研究，2000（9）：17．

④ 于月萍．义务教育区域内均衡发展的对策研究 [J]．中国教育学刊，2003（3）：12；王广飞，符琳蓉．城乡教育一体化推进义务教育均衡发展的困境与对策 [J]．农村经济，2018（3）：116—117．

⑤ 马立武．试析义务教育均衡发展及其政府责任 [J]．现代教育论丛，2006（6）：14；亓丽媛．我国义务教育均衡发展问题研究综述 [J]．中国电力教育，2011（5）：15—16．

⑥ 姚永强．义务教育均衡发展的路径依赖及其突破 [J]．当代教育科学，2018（4）：32．

⑦ 张侃．制度视角下的我国义务教育均衡发展 [J]．教育科学，2011（6）：1．

政府对义务教育的投入职责，并加强城乡义务教育资金管理和使用绩效评价[①]。

第三，义务教育均衡测量与指标体系的研究。评价标准或指标体系对科学评价义务教育均衡发展至关重要。韩清林从提高义务教育质量和办学水平出发，从办学物质条件（如校舍、场地、仪器设备、文体器材、图书资料和现代教学手段等）、师资、生源构成、经费（教育事业费和公用经费）、学校管理水平和教学质量六个方面提出基础教育均衡发展[②]；袁振国选择生均经费、师资力量、物质资源、学生辍学率等作为义务教育均衡发展评价指标[③]；于发友从义务教育环境均衡度（政府重视教育经费投入的力度）、城乡均衡度（义务教育资源在城乡学校配置上的差异程度）与结果均衡度（教育教学结果的公正、公平节合格程度）三个层面构建义务教育均衡发展指标体系[④]；翟博从教育机会、教育资源配置、教育质量和教育成就四个领域设计了25个一级指标、45个二级指标的基础教育均衡度测度指标体系[⑤]。王建容等从受教育机会（入学率）、教育资源配置（经费、办学物力条件、师资）和教育质量（学业水平、综合素质、社会实践、学校安全、就近入学率、流失率等）三个层面，构建了包括3个一级指标、19个二级指标、44个三级指标、25个四级指标的义务教育均衡发展指标体系[⑥]。庞晶等从投入、过程和结果均衡三方面构建包括3个一级指标、10个二级指标、37个三级指标的义务教育均衡发展指标体系[⑦]。另外，学者还从省域和县域层面构建义务教育发展均衡指标体系。朱家存等从安徽省的义务教育实际出发，制定了包括教育机会、资源配置和教育质量与成就指标的省级义务教育均衡发展指标体系[⑧]。陈世伟等学者从教育机

---

① 陈丰.我国城乡义务教育非均衡发展的原因及对策 [J]. 齐鲁学刊，2014（3）；陈丰.基于财政视角的城乡义务教育均衡发展研究 [D]. 青岛：中国海洋大学，2014.

② 韩清林.基础教育均衡发展方略的政策分析 [J]. 国家高级教育行政学院学报，2002（8）：37.

③ 袁振国.建立教育发展均衡系数切实推进教育均衡发展 [J]. 人民教育，2003（3）：12.

④ 于发友.县域义务教育均衡发展研究 [D]. 济南：山东师范大学，2005.

⑤ 翟博.教育均衡发展：理论、指标及测算方法 [J]. 教育研究，2006（3）：24—26.

⑥ 王建容，夏志强.我国义务教育均衡发展的内涵及其指标体系构建 [J]. 理论与改革，2010（4）：70—73.

⑦ 庞晶，毕鹏波，鲁瑞娟.义务教育均衡发展评价指标体系的评述与构建 [J]. 当代教育科学，2011（8）：59.

⑧ 朱家存，阮成武，刘宝根.区域义务教育均衡发展监测指标体系研究——基于安徽省义务教育政策实践 [J]. 教育研究，2010（11）：12—17，59.

会、资源配置、教育结果、教育经费、教育管理方面设计了县域义务教育均衡发展指标体系[①]。余栋与唐林从义务教育均衡工作实际（包括发展水平和落实程度）和均衡监测维度构建的指标包括义务教育的组织领导、普及程度、经费投入、办学条件、师资队伍、生源情况、素质教育7个一级指标和多个二级和三级指标[②]。董世华等基于教育活动构成三要素理论，从师资、生源和教育保障系统三方面构建县域义务教育均衡发展指标体系，涉及城乡、乡镇、校际和学校层级四个维度，设置15个一级指标、72个二级指标和64个三级指标[③]。张婧媛则采用数据仓库等计算机技术构建义务教育均衡发展的教育基础和教育结果指标[④]。

第四，中外义务教育均衡比较的研究。郭玉贵研究发现，中美两国的义务教育发展历史及其管理体制和财政体制有很大的相似之处，都施行由省级政府（美国为州政府）统筹，县级政府（美国为地方学区）为主，中央、省和县区（美国为联邦政府、州政府和地方学区）各级负责的义务教育财政及管理体制，中央政府（美国联邦政府）均采用义务教育经费财政转移支付的方式支持薄弱地区学校。美国义务教育财政政策从注重公平转为注重充足。各国的教育财政导向主要有两种：一是重心在县或学区政府（如中国、美国、巴西等），二是重心在中央政府（如法国、韩国、日本、印度等），而共同发展趋势为教育财政主导的重心移向州、省级政府主导[⑤]。王维秋通过对英国义务教育发展的法律体系、美国《不让一个孩子掉队》法案、日本推进义务教育机会与质量公平行动及法国区域、校际与学生之间的均衡政策的考察，对我国出台义务教育均衡法规、进一步保证处境不利者教育机会均等及构建新的义务教育经费保障机制提供了一定的启示。[⑥]李银萍通过对美、英、韩国和

---

① 陈世伟，徐自强.县域义务教育均衡发展指标体系构建研究[J].内蒙古农业大学学报（社会科学版），2010（4）：226—227.

② 余栋，唐林.评价义务教育均衡发展的两个维度[J].统计与决策，2011（7）：172—173.

③ 董世华，范先佐.我国县域义务教育均衡发展监测指标体系的构建——基于教育学理论的视角[J].教育发展研究，2011（9）：27—29.

④ 张婧媛.区域义务教育均衡发展指标体系与数据仓库原型设计[D].长春：东北师范大学，2017.

⑤ 郭玉贵.转向均衡：中美义务教育经费配置机制比较[N].中国社会科学报，2010-11-11.

⑥ 王维秋.国外义务教育均衡发展的经验和启示[J].江苏教育学院学报（社会科学版），2011（7）：18—20.

南非义务教育均衡发展财政政策的研究发现，美国联邦政府通过对低收入学区和家庭提供"标题 I"的专项转移支付项目、学区间义务教育的财政补助计划以及州和学区的差别性专项教育经费资助的"农村教育成就项目"、薄弱学校辅助基金，来推动义务教育均衡发展；英国建立中央直接拨款和改造薄弱学校的教育行动区计划，以均衡区域义务教育财政供给；南非政府通过均衡分配公式和建立"国家学校经费规范和标准"，推动区域和校际义务教育均衡发展；韩国政府通过"国库补助金"和"地方负担金"，均衡区域间教育财政供给能力[1]。李楠在基于中美义务教育不均衡的表现分析的基础上，从教育立法、义务教育财政制度、补偿教育等层面，研究两国义务教育均衡发展政策，提出我国义务教育均衡发展应强化政府责任、构建教育公平和教育均衡法规体系[2]。陈亮等通过对日韩义务教育均衡发展实行的"学区教育""平准化教育"和"教师流动制度"的考察，对我国实现义务教育均衡发展的相关法规制度制定、特色学校创建、经费投入机制和教师流动制度的完善提供了一定的启示[3]。

第五，关于义务教育优质均衡的研究。费建裕认为，优质化是义务教育发展的必然趋势和必然要求，义务教育优质化是基于普及和公平的教育质量整体提升的过程，优质化的标准因时代和地区的不同而不同，并指出优秀的师生是优质教育资源的核心因素，但并非提倡优质生源大战[4]。徐建平认为，从教育收费角度调节优质教育资源的供求平衡，由市场调节和竞争机制来决定优质义务教育收费的数量[5]。瞿瑛指出，义务教育优质化是普及义务教育之后的发展新目标，在规范监控条件下的择校、尊重学生主体性差异、引入竞争机制等均有助于促使义务教育的优质化[6]。此后，很多学者对义务教育优质均衡发展进行了激烈的讨论。杨启亮认为，通过"兜底"均衡、合格均衡、

① 李银萍．国外保障义务教育均衡发展的财政制度比较及启示 [J]. 文教资料，2012（1）：122—123.

② 李楠．中美义务教育均衡的政策比较 [J]. 河北师范大学学报（教育科学版），2011（6）：12—15.

③ 陈亮，曾婧．义务教育均衡发展的困境、成因及对策研究：中日韩比较的视角 [J]. 长春师范学院学报，2012（2）：114.

④ 费建裕．义务教育的优质化必须以均衡化为前提 [J]. 教育发展研究，2003（11）：52.

⑤ 徐建平．优质义务教育收费与乱收费的经济学分析 [J]. 教育科学，2004（6）：19.

⑥ 瞿瑛．论义务教育的优质化 [J]. 辽宁教育研究，2005（3）：57—58.

体验均衡、特色均衡，推进义务教育优质均衡发展[①]。冯建军认为，义务教育优质均衡表现为教育质量的底线均衡与特色均衡的统一，是在质量合格基础上的特色均衡和差异均衡[②]。胡友志从发挥学区职能的视角，研究推进区域内义务教育优质均衡发展，并提出建立以质量提升为导向的学区考核评价机制，促进学区内学校从"差距合作"走向"差异合作"[③]。杨小微从我国东部地区部分学校"委托管理薄弱学校""名校集团化""一校多区""一校多校"以及"优质均衡示范区"等办学模式的探索角度，提出区域义务教育优质均衡发展的多样化路径，以满足受教育者对多样化教育、优质教育的需求，由"简单均质化公平"转向"复合式公平"[④]。费蔚以学校"治理"理念为引导，提出体制和机制创新、多方资源整合、"新教育共同体"（如"教师研训共同体""区域联盟共同体"、院校合作共同体、名校新校共同体、跨体制校共同体）构建、多主体参与、"特色联建、资源联享，教师联聘、学生联招、活动联合，中小联动"等义务教育优质均衡模式[⑤]。贾炜从中考改革视角研究义务教育优质均衡[⑥]。吴宏超则从满足教育用地和加强县域内教师管理角度对广东省义务教育优质均衡提出创新的建议[⑦]。

2. 关于义务教育资源配置问题研究

关于教育资源配置问题的研究，文献研究发现，早在1990年湖北省县（市、区）长关于教育问题座谈时就提出职业教育发展对人力资源配置的重要

---

① 杨启亮. 底线均衡：义务教育优质均衡发展的解释 [J]. 教育理论与实践，2010（1）：3；杨启亮. 转向"兜底"：义务教育优质均衡发展的重心 [J]. 教育研究，2011（3）：30—35.

② 冯建军. 优质均衡：义务教育均衡发展的新目标 [J]. 教育发展研究，2011（3）：1—5；冯建军. 内涵发展：推进义务教育优质均衡的路向选择 [J]. 南京社会科学，2012（1）：119—124；冯建军. 义务教育优质均衡发展的理论研究 [J]. 全球教育展望，2013（1）：84.

③ 胡友志. 优质均衡视野下义务教育学区化管理探究 [J]. 中国教育学刊，2012（4）：11.

④ 杨小微. 以"多样优质均衡"回应"高端需求"：我国东部地区义务教育促进社会公平的新思路与新实践 [J]. 基础教育，2013（4）：5；杨小微. 探寻区域义务教育优质均衡发展的新机制——以集团化办学为例 [J]. 教育发展研究，2014（12）.

⑤ 费蔚. 从管理到治理：区域推进义务教育优质均衡发展的体制机制创新 [J]. 教育发展研究，2014（8）：13—16.

⑥ 贾炜. 以中考改革为契机，进一步促进义务教育优质均衡发展 [J]. 上海教育科研，2018（6）：1.

⑦ 吴宏超，胡玲. 义务教育如何从基本均衡跨向优质均衡——基于广东省的数据分析 [J]. 教育与经济，2018（8）：51—52.

性①。冯向东则认为教育资源及其配置方式是教育活动赖以进行的物质基础②。明确提出义务教育资源配置的是学者孙家振，他认为，调整学校布局以优化教育资源配置是提高农村义务教育质量和办学效益的关键因素，并提出动态调整和适度集中的优化原则③。自此，关于义务教育资源配置的研究逐步展开，并迅速发展。

第一，关于教育资源配置方式问题。20世纪90年代，市场经济中教育资源配置方式的选择问题成为教育研究的新课题。李怀义和冯习泽认为，在不违背教育规律的基础上，教育资源配置中引入市场机制④。此后，相关研究表现在市场经济中教育资源配置方式与教育体制的关系、教育产业化、政府行为与教育资源配置、教育资源配置方式与学生学业成绩关系等方面。梁广山认为，发挥市场功能对教育资源配置时，采用拨款基金制和组建教育资源配置联合体的资源配置格局⑤。王善迈认为，义务教育属性是公共产品，因为义务教育具有法律强制性、消费上的非排他性、供给上的不易排除性和广泛的社会效益，不能通过市场交换配置资源，而应由政府和法律调节⑥。杜育红从新制度经济学的视角分析认为教育资源配置方式的转变本质上是一种制度变迁、社会公共选择和社会上各种利益集团力量对比的结果，是产权配置与资源配置的统一，教育资源配置方式的转变，在现实上是教育投资体制和人事管理方式的转变⑦。王红在分析了资源配置方式内涵（即消费方式与生产方式的不同组合）基础上，根据义务教育的公共产品属性，认为义务教育资源配置无论是公共生产还是私人生产，都由公共免费提供⑧。卢育林在分析"教育

---

① 周环元，冯木香，刘伟等.教育发展与人力资源配置——湖北省部分县（市、区）长座谈会发言摘要[J].教育与经济，1990（12）：25—26.

② 冯向东.从资源配置看经济体制与高等教育[J].上海高教研究，1993（4）：13.

③ 孙家振.调整学校布局，优化资源配置——关于农村义务教育阶段学校布局调整的实践与思考[J].山东教育科研，1997（1）：73—75.

④ 李怀义，冯习泽.引入市场机制，配置教育资源[J].教育理论与实践，1993（6）：24.

⑤ 梁广山.优化资源配置，提高办学效益[J].安徽教育，1997（2）：15.

⑥ 王善迈.社会主义市场经济条件下的教育资源配置方式[J].教育与经济，1997（9）：3.

⑦ 杜育红.试析教育资源配置方式的转变[J].辽宁高等教育研究，1997（9）：33—36；杜育红.论教育资源配置方式的选择[J].教育与经济，1998（2）：39—41.

⑧ 王红.论教育资源配置方式的基本内涵及决定因素[J].教育与经济，1999（6）：15—16.

产业化"的非科学性和危害性的基础上，认为通过拓宽教育资源获得的渠道如社会捐赠、教育银行、教育基金、教育债券和企业非营利性办学等方式配置教育资源[①]。杨公安认为政府作为公共资源分配的主体，有责任对区域内教育资源进行合理配置[②]。许玲丽等研究了学生的学业成绩受不同教育资源配置方式的影响。[③]

第二，义务教育资源配置标准及均衡发展测度的研究。关于义务教育资源配置的指标的研究与义务教育均衡测量的指标具有一致性，如前文所述，不再赘述。而对于教育资源配置原则及指标的测度研究，也是学者们关注的问题。许丽英提出了教育资源配置标准的立体公平（教育公平是一个多层面立体性结构）和全面效率（经济效率和社会效率）原则[④]。张传萍提出教育资源配置标准的财政中立原则和反向歧视原则，并采用平均值、标准差、中位数、极差、限制极差、差异系数、麦克伦指数（McLoone Index）和沃斯特根指数（Verstegen Index）等方法计算教育财政资源配置状况[⑤]。另外，袁振国提出建立义务教育资源配置均衡系数，求得教育发展水平的基准值，将区域之间和校际的发展程度与基准值进行比较，获得资源配置及发展的偏离程度[⑥]。赵丹等则构建基于"可达性公正、获得性公正和感知公正"三维框架的县域义务教育质量均衡评估指标体系[⑦]。

第三，义务教育资源配置的效率研究。主要包括内涵及评价等问题。教育资源配置效率，一般也称教育资源的使用或利用效率、投资或管理效率、

① 卢育林.试论"教育产业化"和社会教育资源配置 [J].教育与经济，2001（6）：15—18.

② 杨公安.县域内义务教育资源配置低效率问题研究——基于公共选择理论视角 [D].重庆：西南大学，2012；周洪新，杨克瑞.教育资源配置中政府的责任 [J].教育发展研究，2014（1）：1—4；陈广山.管办评分离背景下政府在实践教育资源配置中的介入问题研究 [J].牡丹江大学学报，2016（7）：163—164.

③ 许玲丽，周亚虹.义务教育资源配置对初中升学机会的影响 [J].上海经济研究，2011（12）：25—35.

④ 许丽英.教育资源配置理论研究——缩小教育差距的政策转向 [D].长春：东北师范大学，2007.

⑤ 张传萍.义务教育资源配置标准研究武汉：华中科技大学，2012；张传萍.义务教育资源配置标准的发展趋势 [J].新课程研究（上旬刊），2014（5）：43.

⑥ 袁振国.建立教育发展均衡系数切实推进教育均衡发展 [J].人民教育，2003（3）：12；袁振国.缩小教育差距促进教育和谐发展 [J].教育研究，2005（7）：8.

⑦ 赵丹，陈遇春，Bilal Barakat.基于空间公正的县域义务教育质量均衡评估指标体系构建 [J].教育与经济，2018（4）：28—32.

教育系统的内部效率[①]，不同于经济领域的资源配置效率，不能够直接用投入与产出之比评价。另外，对义务教育资源配置效率的测算和评价也受到很多学者的关注。赵琦在利用主成分分析法筛选义务教育资源配置效率指标的基础上，使用 DEA 分析法（数据包络分析，Data Envelopment Analysis，简称 DEA）评价义务教育资源配置的投入产出效率[②]。李玲和陶蕾也利用 DEA 分析法比较评价我国大陆 31 个省（直辖市、自治区）义务教育资源配置效率的基础上，运用 Tobit 回归模型分析了影响义务教育资源配置效率的主要因素，指出我国义务教育资源存在配置不均与投入冗余共存的现象[③]。马萍也通过对某省 2002—2013 年义务教育投入与产出的数据包络分析，认为 2008 年前教育资源配置效率最优，之后呈下降趋势，并对如何提高教育资源配置效率给出了有益的建议[④]。

第四，义务教育资源配置的公平问题。研究成果也相对较多，前文亦作简述。谈松华等认为，受多重因素影响，在我国教育经费的短缺现实条件下，教育资源供给和配置应该注意公平与效率的动态平衡，重点解决财政性、体制性和结构性短缺[⑤]。张玉林认为，城乡教育不平等的根源在于城乡二元分割性制度安排与资源配置缺乏公平性，这种制度性资源配置的不公平，不仅会影响教育的发展，而且会影响中国社会结构和政治经济的发展[⑥]。张亚楠和卢东宁认为，农村义务教育经费、师资和信息资源配置不公的原因，主要在于城市优先的政策倾向，是以县为主的财政体制的基层财政压力和不同利益主

---

① 张亚丽，徐辉 . 我国义务教育资源配置效率初探 [J]. 教育评论，2016（6）：8.

② 赵琦 . 基于 DEA 的义务教育资源配置效率实证研究：以东部某市小学为例 [J]. 教育研究，2015（3）：88—90.

③ 李玲，陶蕾 . 我国义务教育资源配置效率评价及分析：基于 DEA—Tobit 模型 [J]. 中国教育学刊，2015（4）：53—58页；刘桂芳、杨公安 . 义务教育资源配置效率研究综述 [J]. 中小学校长，2011（10）：46—50.

④ 马萍 . 学校布局调整中基础教育资源配置效率评价：基于 X 省 2002—2013 年数据的 DEA 分析 [J]. 中国人口·资源与环境，2017（12）：252.

⑤ 谈松华 . "短缺教育"条件下的教育资源供给与配置：公平与效率 [J]. 教育研究，2001（8）：3；段晓芳 . 西北民族地区农村中小学教育资源配置及使用效率研究 [D]. 兰州：西北师范大学，2009.

⑥ 张玉林 . 分级办学制度下的教育资源分配与城乡教育差距：教育机会均等问题的政治经济学探讨 [J]. 中国农村观察，2003（1）：10—11.

体间的博弈结果[①]。

第五，教育资源配置公平与效率的关系问题。我国学术界关于公平与效率关系的研究始于20世纪80年代初期，最初是在经济学、社会学、伦理学和法学等领域研究，20世纪90年代教育领域开始受到关注，教育资源配置的公平与效率的关系问题，成为近30年来学界长期讨论的热点话题。根据文献研究，两者的关系主要有以下五种观点[②]：第一种观点是效率优先，兼顾公平。唐安国认为重点学校政策是效率优先、兼顾公平原则的具体体现[③]。另外，王玲玲等也从提高教育的经济效率角度论述了"效率优先，兼顾公平"[④]。第二种观点是公平优先，兼顾效率。如宁本涛根据教育的产品属性，认为教育制度设计应倾向"公平优先，兼顾效率"，义务教育阶段教育资源配置坚持以公平为主，非义务教育阶段的教育资源配置以效率为主[⑤]。另外还有学者持这种观点[⑥]。第三种观点是公平与效率是相互联系、互为因果，在教育质量上是统一的[⑦]。第四种观点是公平和效率是两个相互独立的发展目标，如杨东平认为"教育公平和教育效率是两个各自独立的追求目标"[⑧]。第五种观点是公平与效率孰为先或二者并重都存在一定问题。丁亚东和薛海平运用博弈论中的"囚徒困境"模型分析，认为讨论义务教育均衡发展中公平与效率的关系，是为了促进义务教育均衡发展，因此，需要增加对"支付函数"的控制和"调整

① 张亚楠，卢东宁.教育资源公平配置视阈下农村义务教育发展研究 [J].华北理工大学学报（社会科学版），2017（5）：64.

② 段晓芳.西北民族地区农村中小学教育资源配置及使用效率研究 [D].兰州：西北师范大学，2009.

③ 唐安国.实施义务教育："效率优先，兼顾公平" [J].探索与争鸣，1996（10）：31.

④ 王玲玲.教育公平与教育效率：侧重于经济学角度的探讨 [J].武汉冶金管理干部学院学报，2001（12）：56—58；蒋国华.还是要讲"效率优先，兼顾公平" [J].当代教育论坛，2005（7）：1；孙新.评效率优先，兼顾公平的教育发展观 [J].成人教育，2011（3）：54—56.

⑤ 宁本涛.调整结构明晰产权：对我国教育资源配置效率与公平问题的制度分析 [J].教育与经济，2000（3）：1—5.

⑥ 程细平，黄畅.公平优先，兼顾效率：和谐社会教育政策的价值追求 [J].湖南师范大学教育科学学报，2007（7）：9—12；张传萍.从追求效率到追求公平：我国义务教育资源配置政策的变化 [J].教育科学研究，2013（7）：26—29.

⑦ 李慧.教育公平与教育效率关系再探 [J].教育与经济，2000（3）：21—23；鲍传友."以县为主"基础教育管理体制的公平与效率问题及思考 [J].教育科学，2009（3）：6—9.

⑧ 杨东平.教育公平是一个独立的发展目标——辨析教育的公平与效率 [J].教育研究，2004（7）：25—29.

博弈模型结构"来完善博弈模型，达到二者的最佳战略组合，实现公平与效率的协调发展[①]。另外，沈有禄等认为"教育券"作为一种教育资源配置的工具，可以兼顾公平和效率问题，在一定程度上能够发挥平衡义务教育资源配置公平与效率关系的杠杆作用[②]。

3. 关于义务教育资源配置及其使用合理性问题的研究

关于义务教育资源配置及其使用合理性问题的直接研究相对比较少，现有的研究主要涉及教育资源配置的合理性原则和维度，而且以教育公平的总体原则为出发点展开分析。学者郭彩琴和曹健在分析教育公平的现实与理想、历史与逻辑、相对与绝对三个统一特性的基础上，提出教育资源公平合理配置的平等、差异与补偿原则[③]。高丽则基于国际上认同的教育资源公平合理配置的均等、财政中立、特殊需要调整、成本分担与补偿和倾向贫困的原则，提出我国义务教育资源配置应坚持整体均衡的原则（亦称"积极歧视"或"反向歧视"），即对办学条件不同的学校有差别地配置现有的教育资源，以达到配置结果上的平等[④]。吕寿伟和柴楠则认为，有着稀缺性的公共教育资源，其配置的合理性维度应体现为效用最大化、公平和承认弱势者的平等地位[⑤]。

另外，学者从义务教育阶段的"就近入学"和"择校"问题视角讨论义务教育资源配置及其使用合理性问题。学者孟令熙论述了义务教育阶段学生择校的合理性在于"就近入小学"是学生的权利而非义务、有利于学生对优质教育的享有和个性发展、有利于流动儿童接受教育、有利于转变薄弱学校的不思进取思想。[⑥]也有学者从差异性公平原则，论述了义务教育阶段择校的

① 丁亚东，薛海平.博弈论视角下义务教育均衡发展中公平与效率的关系 [J].教育导刊，2016（2）：27—30.

② 沈有禄.教育资源的配置效率与公平杠杆：教育券 [J].外国中小学教育，2007（1）：6—9页；鹿茸，孙文祥.利用教育券实现义务教育公平与效率的探索 [J].山西师大学报（社会科学版），2008（5）：121—122.

③ 郭彩琴，曹健.教育公平：配置教育资源的合理性原则 [J].江苏高教，2003（5）：23—26.

④ 高丽.论公共教育资源配置的合理性和有效性标准 [J].生产力研究，2008（23）：82—84.

⑤ 吕寿伟，柴楠.效用、正义、承认：教育资源配置的合理性审视 [J].教育理论与实践，2010（11）：13—16.

⑥ 孟令熙.对义务教育阶段择校现象合理性的思考 [J].教育探索，2003（9）：26—27.

合理性。①李醒东和李换在分析择校成因的基础上也对义务教育阶段择校从人的选择权和发展权的实现、体现差异平等和义务教育的动态均衡方面做了合理性辩护②。以上分析和论述具有基本相似的逻辑思维，都是从义务教育资源配置不均衡，尤其是优质教育资源的缺乏和不均衡配置出发，分析择校和就近入学存在的问题、产生和存在的合理性原因及改进措施。而学者王强和杨连子则从价值逻辑及其合理性角度，分析了就近入学政策存在内在逻辑和价值合理性的缺失，导致教育选择权的不平等和校际差别，并在一定程度上固化了社会阶层分化、不利于社会融合、加大了教育不平等以及制度化路径依赖③。这些研究都未能运用合理性理论系统地研究义务教育资源的合理配置，只是宽泛地谈及合理性，而非系统性地运用合理性理论予以分析。

（三）已有研究的评析

近年来，义务教育均衡发展和教育资源配置已成为一个热门的研究领域，成为媒体与学界热议的焦点，形成了大量的研究成果。研究发现，学者对义务教育资源配置及其使用效率问题进行了有益的探索，现有研究视角较为丰富，研究的主题、问题或论域极为广泛，研究趋于多样化。从宏观层面看，从教育公平、教育均衡发展的视角去研究的居多，涵盖基础理论研究、历史研究、国际比较研究以及全国范围内的现状调查与实证分析、政策法规评估与反思、评估指标构建及使用等；从微观层面分析，涉及对资源均衡配置构成的分类研究（如经费、师资、办学硬件等）、地域性的现状调查与实证分析和政策评估与反思等，部分研究已经达到了比较专业的学术水准。

但是，从总体上看，大多数研究者囿于传统的研究思路和模式，认为制约义务教育发展及其质量提高的主要原因是教育资源投入不足和不均衡，很少深入调查、分析和研究评估达标后县域义务教育基本均衡发展问题，即县域义务教育基本均衡评估验收通过后，农村义务教育资源配置的均衡问题。教育资源是否真正地实现均衡配置和发挥了其使用效率？笔者调研的结果是

---

① 李芳.义务教育阶段择校合理性初探 [J]. 中国教育学刊，2007（10）：37—40.

② 李醒东，李换.义务教育择校：质疑、归因及合理性辩护 [J]. 教育导刊，2011（2）：32—35.

③ 王强，杨连子.我国"就近入学"政策价值合理性缺失及改革思路 [J]. 中国教育学刊，2014（10）：5—9.

否定的。而且，大多数宏观研究内容略显宽泛且缺乏适切性，研究的数量大于质量，也存在许多重复研究的现象，真正贴近义务教育均衡发展现实状况及对存在问题的检视和反思不足，具有学术原创性的高水平研究存在欠缺。尤其作为我国义务教育发展重中之重、难中之难的西北地区农村义务教育均衡发展及资源配置的系统和专门研究相对较薄弱。

通过中国知网（Cnki）文献检索发现，如表1.3所示，截至2018年6月底，以"西北＋农村义务教育均衡"为"关键词""篇名"和"主题"的文献检索分别为0篇、1篇（期刊论文）和6篇（其中期刊论文1篇，博士论文3篇，硕士论文2篇）；以"西部＋农村义务教育均衡"为"关键词""篇名"和"主题"的文献检索分别为0篇、4篇（期刊论文3篇，学术辑刊论文1篇）和61篇（其中期刊论文26篇 [①]，博士论文11篇，硕士论文23篇，学术辑刊论文1篇）；以"农村义务教育均衡"为"关键词""篇名"和"主题"的文献检索分别为0篇、260篇（其中期刊论文185篇，博士学位论文1篇，硕士学位论文9篇，中国会议论文6篇，国际会议论文2篇，中国报纸文章55篇，学术辑刊2篇）和1856篇（其中期刊论文1128篇，博士学位论文79篇，硕士学位论文594篇，中国会议论文8篇，国际会议论文6篇，中国报纸文章29篇，学术辑刊12篇）；而以"义务教育均衡"为"关键词""篇名"和"主题"的文献检索分别为118篇（其中期刊论文97篇，博士学位论文2篇，硕士学位论文15篇，中国会议论文1篇，学术辑刊1篇，国际会议论文和中国报纸文章均为0篇）、6569篇（其中期刊论文2768篇，博士论文17篇，硕士论文353篇，中国会议论文61篇，国际会议论文9篇，中国报纸文章3249篇，学术辑刊12篇）和16741篇（其中期刊论文8355篇，博士论文105篇，硕士论文1085篇，中国会议论文133篇，国际会议论文27篇，中国报纸文章6998篇，学术辑刊38篇）。因此，对西北地区农村义务教育均衡发展的研究相对薄弱。

---

① 本书中统计"期刊论文"的数量为"中国学术期刊网络出版总库"中的期刊论文和"教育期刊"论文数量之和。下同。

表 1.3 中国知网"义务教育均衡"相关研究文献分类统计表 （单位：篇）

	义务教育均衡			农村义务教育均衡			西部农村义务教育均衡			西北农村义务教育均衡		
	关键词	篇名	主题	关键词	篇名	主题	关键词	篇名	主题	关键词	篇名	主题
中国学术期刊网络出版总库	95	1643	3922	0	131	209	0	3	4	0	1	0
教育期刊	4	1225	4433	0	54	919	0	0	22	0	0	1
中国博士学位论文全文数据库	2	17	105	0	1	79	0	0	11	0	0	3
中国硕士学位论文全文数据库	15	353	1085	0	9	594	0	0	23	0	0	2
中国重要会议论文全文数据库	1	61	133	0	6	8	0	0	0	0	0	0
国际会议论文全文数据库	0	9	27	0	2	6	0	0	0	0	0	0
中国重要报纸全文数据库	0	3249	6998	0	55	29	0	0	0	0	0	0
中国学术辑刊全文数据库	1	12	38	0	2	12	0	1	1	0	0	0
合计	118	6569	16741	0	260	1856	0	4	61	0	1	6

表 1.4 中国知网"义务教育资源配置"相关研究文献分类统计表（单位：篇）

	义务教育资源配置			农村义务教育资源配置			西部农村义务教育资源配置			西北农村义务教育资源配置		
	关键词	篇名	主题	关键词	篇名	主题	关键词	篇名	主题	关键词	篇名	主题
中国学术期刊网络出版总库	7	180	627	0	24	77	0	5	3	0	1	0
教育期刊	0	38	672	0	3	173	0	0	4	0	0	0

	义务教育 资源配置			农村义务教育 资源配置			西部农村 义务教育资源配置			西北农村 义务教育资源配置		
	关键词	篇名	主题	关键词	篇名	主题	关键词	篇名	主题	关键词	篇名	主题
中国博士学位论文全文数据库	0	6	217	0	1	133	0	0	6	0	0	3
中国硕士学位论文全文数据库	2	86	1129	0	11	511	0	2	16	0	0	2
中国重要会议论文全文数据库	0	14	29	0	0	4	0	0	0	0	0	0
国际会议论文全文数据库	0	2	7	0	0	4	0	0	0	0	0	0
中国重要报纸全文数据库	0	50	53	0	4	1	0	0	0	0	0	0
中国学术辑刊全文数据库	0	1	5	0	0	1	0	0	1	0	0	0
合计	9	377	2739	0	43	904	0	7	30	0	1	5

与此同时，如表1.4所示，截至2018年6月底，中国知网（CNKI）文献检索中，以"西北＋农村义务教育资源配置"为"关键词""篇名"和"主题"的文献检索分别为0篇、1篇（期刊论文）和5篇（其中博士论文3篇，硕士论文2篇）；以"西部＋农村义务教育资源配置"为"关键词""篇名"和"主题"的文献检索分别为0篇、7篇（期刊论文5篇，硕士学位论文2篇）和30篇（其中期刊论文7篇，博士论文6篇，硕士论文16篇，学术辑刊论文1篇）；以"农村义务教育资源配置"为"关键词""篇名"和"主题"的文献检索分别为0篇、43篇（其中期刊论文185篇，博士学位论文1篇，硕士学位论文9篇，中国会议论文6篇，国际会议论文2篇，中国报纸文章55篇，学术辑刊2篇）和904篇（其中期刊论文27篇，博士学位论文1篇，硕士学位论文11篇，中国报纸文章4篇）；

而以"义务教育资源配置"为"关键词""篇名"和"主题"的文献检索分别为
9篇（其中期刊论文7篇，硕士学位论文2篇）、377篇（其中期刊论文218篇，博
士论文6篇，硕士论文86篇，中国会议论文14篇，国际会议论文2篇，中国报纸
文章50篇，学术辑刊1篇）和2739篇（其中期刊论文1299篇，博士论文217篇，
硕士论文1129篇，中国会议论文29篇，国际会议论文7篇，中国报纸文章53
篇，学术辑刊5篇）。因此，对西北农村义务教育资源配置的研究亦显薄弱。

表1.5　中国知网"义务教育均衡"相关研究文献统计汇总表（单位：篇）

检索词	义务教育均衡	农村义务教育均衡	西部农村义务教育均衡	西北农村义务教育均衡
关键词	118	0	0	0
篇名	6569	260	4	1
主题	16741	1856	61	6

表1.6　中国知网"义务教育资源配置"相关研究文献统计汇总表（单位：篇）

检索词	义务教育资源配置	农村义务教育资源配置	西部农村义务教育资源配置	西北农村义务教育资源配置
关键词	9	0	0	0
篇名	377	43	7	1
主题	2739	904	30	5

通过文献检索和分析，虽然关于"义务教育资源配置和均衡发展"研究
在最近十多年几乎达到了"井喷"式发展，但是对西部农村尤其是西北农村
义务教育资源配合均衡发展的专门研究还很薄弱。如表1.5和表1.6及图1.4和
图1.5所示，由"关键词"检索只有"义务教育均衡"和"义务教育资源及配
置"的相关研究分别为118和9篇文献，而涉及"西北、西部农村义务教育资
源配置及均衡"的研究均未检索到，当然不排除所选取的"关键词"有可能
不准确的原因。但是由"篇名"检索发现，有关"西北农村义务教育均衡发展"
和"西北农村义务教育资源配置"的研究文献分别仅仅1篇，而有关"西部农
村义务教育均衡"和"西部农村义务教育资源配置"的研究文献分别为4篇
和7篇，有关"农村义务教育均衡"和"农村义务教育资源配置"的研究文献

分别为260篇和43篇，有关"义务教育均衡"和"义务教育资源配置"的研究文献分别为6569篇和377篇，研究数量差距如此之大。以检索涵盖量较大的"主题"检索可知，有关"西北农村义务教育资源配置"和"西北农村义务教育资源配置"的研究文献分别为6篇和5篇，有关"西部农村义务教育均衡"和"西部农村义务教育资源配置"的研究文献分别为61篇和30篇，有关"农村义务教育均衡"和"农村义务教育资源配置"的研究文献分别为1856篇和904篇，有关"义务教育均衡"和"义务教育资源配置"的研究文献分别为16741篇和2739篇，研究数量差距更大。由此说明关于西北义务教育资源配置和均衡发展的专门研究非常薄弱。

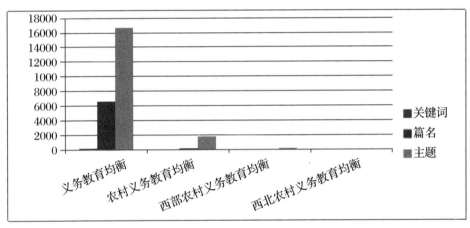

图 1.4 中国知网"义务教育均衡"相关研究文献数量统计汇总图

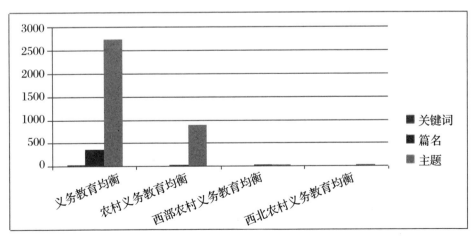

图 1.5 中国知网"义务教育资源配置"相关研究文献数量统计汇总图

综上分析，西北地区农村义务教育是义务教育乃至整个教育发展的重中之重、难中之难，早已成为国家和社会各界的共识，其直接影响我国义务教育均衡发展和质量的提高，以及国民素质的提高。已有学者的相关研究，在一定程度上为国家制定西北农村地区义务教育均衡发展政策提供了借鉴。国家也出台了许多向西部倾斜的义务教育政策，西北地区各级政府也在不断地加大义务教育投入，已取得了一些成效。但是，笔者对本研究的样本县（甘肃省 W 县）的调研发现，该县农村义务教育的发展现状不容乐观，教育资源配置不均、不足和资源闲置现象仍然并存。在该县通过教育部县域义务教育发展基本均衡督导评估验收之后，该地区农村义务教育发展为何还会存在教育资源配置不足和不均衡现象？现有教育资源配置不均的深层次原因是什么？如何真正实现人尽其才、物尽其用，提升教育资源的利用效率？对于这些问题，已有的研究在一定程度上未能很好地进行阐释。因此，本研究试图在已有研究的基础上，以教育公平理论、合理性理论和公共选择理论为理论分析视角，分析西北地区农村义务教育资源配置标准和方式、相关制度和政策的执行、利益相关者的理念和行为逻辑等方面的合理性问题，亦即对义务教育均衡发展进程中利益相关者的理念、行为、手段和方式及其限度的合理性做出新的理论探索与阐释。

四、相关概念界定

本书涉及的基本概念包括县域、均衡发展、西北农村、义务教育、教育资源、教育资源配置、合理性，很多学者不同程度地做过研究，也形成了相应的观点。对于"县域"和"义务教育"的理解，人们已经达成共识，已成为日常概念，本书不再做界定。借鉴已有研究的观点，结合本书研究的立场、重点和视角，对相关概念做如下界定。

（一）西北农村

西北农村是我国一个极其复杂的概念系统，包括自然、历史、经济、社会和文化等多方面的内涵。西北农村首先是一个地域和地理概念。因地处中国西北部，由于地形和气候等自然条件和社会条件的叠加而形成的相对复杂地域和地形，同时，农村也是一个与城市相对应的地域概念；其次，西北农村也是一个经济概念。因为农村和自然生产与再生产相联系，存在着不同于城市的比较分散的生产和经营方式，第一产业占相对较大的比例，工业产值和经济发展水平相对较低，并且与"农业""农民"紧密联系，但不完全等同于它们的概念；最后，西北农村还是一个历史和文化概念，在中华民族的历史发展中，西北边陲多民族的经济开发与民族融合，也创造了繁荣的社会经济及优秀的社会历史和民族文化，同时，也形成独特的地域文化和价值观。

本研究涉及的农村地区，不同于城市、城镇而从事农业为主的农民聚居地，是指县（市设区）人民政府驻地以外的、居民从事农业生产为主的乡（镇）及乡村，而农村学校也主要指在此区域设立的小学和初中。

（二）教育均衡发展

均衡是一个惯常而内涵丰富的概念。言其惯常，是因为，均衡在人类的日常社会生产和生活中以较高的频次出现，并应用于不同的学科领域，如物理学、地理学等自然科学，哲学、管理学、社会学、经济学等人文社会科学以及美学和通信科学等；言其内涵丰富，则因为，不同领域中的均衡，其概念的内涵和外延又有所不同，如物理学语境中的"均衡"，指物体在不同方向的相同力的作用下达到一种相对平衡和静止的状态；美学语境中"均衡"一般是指色彩、线条、色调等布局方式的对称均衡而产生的形式美；哲学上的"均衡"强调事物或系统各构成要素之间的对等、协调、平衡与匹配的组合关系，而非平等。《辞海》中"均衡即平衡，指矛盾的暂时相对统一或协调。平衡是相对的，一般可分为动态平衡和静态平衡。合乎规律的平衡是事物存在的基础和发展的根本条件之一"[①]。英文中"均衡"的相关释义主要有：Balance（均衡，平衡），意指对事物重量的均匀分布，或者指使某人或某物保持直立和稳定，也指不同元素相等或比例正确的一种状态；Equal（相等，均等，相同，均衡），意指人或物在数量、大小、品质、地位、程度或价值上相同的；Equilibrium（平衡，均势，平静），意指在敌对力量或影响之间的平衡状态或者心理、情绪的平静和平衡状态；Equity（公平，公正，平等）意指公平公正的品质。"均"在《说文解字》中释义为"平"；而"衡"本义为"绑

---

① 辞海编辑委员会 . 辞海：第6版 [M]. 上海：上海辞书出版社，2009：1795.

在牛角上的横木"以防抵触他人。《说文解字》释义为"衡，牛触，横大木其角"，后引申为称秤、衡量和平衡。"均衡"则意指平衡和均等。

本研究认为，均衡发展既包括事物或系统各部分或构成要素的比例和关系的协调有序的发展状态，也包括影响事物发展的各种外部条件的相对和动态的均衡。均衡发展是相对的、动态的发展，不是绝对的平均和静止状态。教育均衡发展是指教育内部的各构成要素和环节及其外部影响条件的协调有序和动态的发展状态。教育均衡发展不是平均发展和限制性发展，而是特色发展、高水平发展、鼓励性发展和动态发展，教育均衡发展目的是实现教育公平和公正，实现全面发展的人才培养。

（三）教育资源

资源的内涵是比较丰富的。依据《辞海》中的释义，资源是"生产资料或生活资料的来源"①。有学者认为，资源是指自然界及人类社会中一切能为人类形成资财的要素，是在一定的社会经济技术条件下，人们所发现的有用且稀缺的物质、能量及其功能过程的总和。②而英国学者吉登斯（Anthony Giddens）认为："资源可以分为配置性资源和权威性资源两类。③配置性资源指对物质工具的支配，包括物资产品以及在其生产过程中可予以利用的自然力；而权威性资源则指对人类自身的活动行使支配的手段。"④"资源是权力得以产生并实施的中介。"⑤作为资源构成要素的教育资源，其内涵亦是极其丰富的。据文献研究表明，在国内"教育资源"一词是由学者韩宗礼首次使用，并定义为"社会为进行各种教育活动所提供的财力、人力、物力条件"⑥。1997年顾明远负责编撰的《教育大辞典》指出，教育资源有广义和狭义之称。狭义的教育资源仅指办学条件。广义的教育资源亦称"教育经济条件"，是教育过程所占用、

---

① 辞海编辑委员会.辞海：第6版 [M].上海：上海辞书出版社，2009：3053.

② 崔伟宏.基于资源流成本会计的资源环境成本计量与控制研究 [D].哈尔滨：哈尔滨商业大学，2013.

③ 黄孝东，加俊，刘慧."非遗"语境下的村落话语及文化表述——以洪洞"三月三"走亲习俗为例 [J].中北大学学报（社会科学版），2018（2）.

④ 安东尼·吉登斯.民族—国家与暴力 [M].胡宗泽，赵力涛译.北京：生活·读书·新知三联书店，1998：7—8.

⑤ ANTHONY GIDDENS.The Constitution of Society [M].Polity Press, Cambridge, 1984：258.

⑥ 韩宗礼.试论教育资源的效率 [J].河北大学学报（哲学社会科学版），1982（12）：60.

使用和消耗的人力、物力和财力资源，即教育人力资源、物力资源和财力资源的总和[①]。这是教育资源概念的"三要素说"，很多学者支持这种观点。[②]

"三要素说"是对教育资源的静态阐释。也有学者从动态视角（即开发利用的角度）将教育资源分为原生教育资源、延生教育资源、再生教育资源和创生教育资源四类，提出"四要素说"。原生教育资源是原本存在的资源经过开发才能生成的现有的动态资源；延生教育资源是指资源在利用和消耗过程中其功能和作用派生或延生而形成的资源，如物质资源延生的文化功能；再生教育资源是指该资源在使用消耗完之后也可以重新产生的资源，主要是政策性教育资源，包括政策、法规、制度等；创生教育资源是由人的创造性思维和创造性劳动而产生的资源，具有很大的潜力，人力资源是创生教育资源的源泉。[③]

教育资源在很大程度上是一种特殊的资源，是人类有目的、有计划、有组织地开发和创造的服务于人才培养和教育发展的综合性资源。对于教育资源概念的理解，由于研究的角度、层次、重点、发展阶段等的不同，有不同的认识。

本研究认为，教育资源是指保障并服务于教育活动以使教育目标达成的所有保障条件，包括人、财、物、时空、信息、制度等。但是，本研究从县域义务教育均衡发展和资源均衡配置的视角出发，以义务教育均衡发展的最基本条件为研究重点，因此，本研究所讨论的教育资源主要包括人力资源、物力资源和财力资源三个方面。

（四）教育资源配置

稀缺性和有用性是资源的本质属性。[④] 因此，必须对现有资源进行合理地开发、配置和利用。教育资源作为一种特殊的资源，其合理配置不仅影响

---

① 顾明远. 教育大辞典：增订合编本（上）[M]. 上海：上海教育出版社，1997：799；申菊梅. 义务教育差距的量化研究 [D]. 北京：首都经济贸易大学，2017.

② 王善迈认为，教育资源是指教育领域通过社会总资源配置所取得的所有人力资源、物力资源和财力资源的总和（王善迈，2000）。靳希斌认为教育资源也称教育投入、教育经济条件等，是指一个国家或地区，根据教育事业发展的需要，投入教育领域中的人力，物力和财力的总和，或者说是指用于教育、训练后备劳动力和专门人才以及提高现有劳动力智力水平的人力和物力的货币表现（靳希斌，2009）.

③ 王嵘. 贫困地区教育资源的开发利用 [J]. 教育研究，2001（9）：39—44；张涛. 丰富农村义务教育资源的多维视角思考 [J]. 当代教育论坛，2004（2）：17.

④ 曲福田. 资源经济学 [M]. 北京：中国农业出版社，2001：4.

教育活动的运行、教育目标的达成和教育质量的提高，而且影响教育公平和社会公平。因此必须正确理解教育资源配置的内涵。教育资源配置受"资源配置"内涵的影响。《辞海》中"资源配置"是指"一国的资源在各种用途上和在各部门、各地区及再生产各个环节上的分布和安排。资源包括自然资源、经济资源和人力资源。资源配置主要指现有的经济资源和人力资源的配置"①。《经济学大辞海》中对"资源配置"的解释是："资源配置又称资源分配，是指资源在不同用途和不同使用者之间的分配状况"②。在一定的时间和范围内，任何资源都存在储存、配置及开发利用数量的有限性。

教育资源配置是一个集合概念，是指"各种教育资源，包括人力、物力、财力、时空、信息、文化、权力、制度、政策、关系等在各种不同的使用方向之间的分配"③。也有学者认为，教育资源配置是指教育过程所占用、使用和消耗的人力、物力和财力资源分配、使用和流动的过程④。学者王伟清将教育资源配置定义为"为实现教育目标而对教育资源从质和量等方面进行的配备和布置"⑤。本研究认为，教育资源配置是一个比较复杂的系统工作，是资源配置公平性和均衡性、资源需求适切性及资源利用有效性的统一。因此，本研究认为，教育资源配置是基于教育公平、均衡和效率理念，以供给和需求的统一为基础的教育资源调配和使用的动态过程。

（五）合理性

合理性（rationality）是人类对自身价值观念和行为方式及其结果的最基本考察和最高追问。然而，在日常生活中，人们经常将其视为一个经验性和习惯性概念而广泛运用。自马克斯·韦伯（Max Weber）在20世纪中期首先提出和使用"合理性"术语以来，合理性问题已成为哲学领域的一个前沿和热

---

① 林源民.国际航运中心之我见 [J].水运管理,2013（10）；辞海编辑委员会.辞海：第6版 [M].上海：上海辞书出版社，2009：3053.

② 杨进红.教师资源配置标准的政策反思及标准重构 [J].现代教育科学，2018（3）；张跃庆，张念宏.经济大辞海 [M].北京：海洋出版社，1992：77.

③ 余漫.人口迁移背景下农村基础教育资源配置的公平性问题研究 [D].北京：中国农业大学，2014；许丽英.教育资源配置理论研究——缩小教育差距的政策转向 [D].长春：东北师范大学，2007.

④ 朱亚丽.义务教育资源配置均衡发展测评模型的构建研究——基于重庆统筹城乡教育的调研 [D].重庆：西南大学，2015.

⑤ 王伟清.论基于需求的教育资源配置系统观 [J].教育与经济，2010（1）：46.

点问题，并被誉为"新的哲学范式"①。因此，合理性已经超越了其习惯性和经验性的范畴，而成为一个经典的学术性概念。关于合理性的概念和本质的讨论，观点众多。从字面意义上讲，合理性一般被理解为合乎理性，把握理性概念是研究合理性概念的出发点。那么，何为理性？理性一般指概念、判断、推理等思维活动或能力；也指划分认识能力或认识发展阶段的范畴。②在西方哲学中，不同的哲学派别对理性有不同的理解：（1）古希腊斯多葛派把理性视为神的属性与人的本性。（2）唯理论则把理性看成是知识的源泉。（3）18世纪法国唯物主义者认为凡是合乎自然和人性的就是理性。（4）康德认为理性指认识无限的、绝对的东西的能力。（5）黑格尔认为理性指具体的、辩证的思维。（6）马克思主义哲学中，通常指理性认识的阶段。③理性一词的多义性导致对合理性概念理解的多义性。④

阿根廷学者马里奥·奥古斯托·邦格（Mario Augusto Bunge）较全面地归结出合理性的七种定义："（1）概念的合理性；（2）逻辑的合理性；（3）方法论的合理性；（4）认识的合理性；（5）本体论的合理性；（6）价值观的合理性；（7）实践的合理性。"⑤德国哲学家冈斯·兰科在其《科学合理性批判》论文集的代序言《合理性的类型和语义》一文中，列举了"合理性"的21种含义。⑥韦伯在研究合理性与社会行为的关系时，区分了工具合理性行为（即行为者把周围人与物对自己的期待当作达到合理追求和计算目标的"条件"或"手段"）和价值合理性行为（即是为某些意识到的伦理的、审美的、宗教的或行为的其他形式的价值本身的信念所为），进而提出了工具（目的）合理性与价值合理性概念。⑦

国内学者赵士发将前人对"合理性"内涵的研究总结为：（1）"合理性"

---

① 王树松.论技术合理性 [M].沈阳：东北大学出版社，2006：11.

② 辞海编辑委员会.辞海：第6版 [M].上海：上海辞书出版社，2009：1350.

③ 同上书。

④ 江峰.善待历史——论新时期的历史教育 [J].甘肃社会科学,2003（9）.

⑤ Bunge.M: Seven Desiderata for Rationality. In J. Agassi & I. C. Jarvie（Eds.），Rationality: The Critical View. Dordrecht, The Netherlands: Martinus Nijhoff. Publishers，Dordrecht，1987：5—6.

⑥ П.П.盖坚科.20世纪末的合理性问题 [J].余青译.哲学译丛，1992（4）：24.

⑦ 马克斯·韦伯.经济与社会：上 [M].林荣远译.北京：商务印书馆，1997：56.

的两层内涵：其一，"合事实、合理性、合规律与合逻辑"的科学意义上的合理性；其二，"合目的、合理想、合原则"及"是应该的"的价值判断合理性。① （2）"合理性"的三层内涵：其一，"合乎事实及其规律"，客体尺度的合理性；其二，"合乎人愿及目的"，主体尺度的合理性；其三，合乎人的理性，即合理的实践尺度。② （3）"合理性"是对西方哲学传统概念"理性"进行反思与批判的产物，依然是一种理性，即合乎理性，合乎经过反思的批判理性。（4）合理性一是符合理性和逻辑，即理性原则和逻辑原则的正确性。二是符合社会共同遵循的思想准则或行为标准。三是符合社会历史发展的方向和趋势，即"合规律性"，是最高层次的合理性。③ 之所以会产生如此多的合理性内涵，是因为人们理解合理性问题的出发点和判别合理与否的标准不同。

另外，从词源意义来看，汉语中"合理性"的核心之意在于"理"字，"理"本义为"玉石的纹理"，引申为：（1）物质本身的纹路、层次或客观事物本身的条理、次序；（2）事物的准则或规律，是非得失的标准、根据。④ 因此，"合理性"可表述为"合乎或依据事物的条理、准则或规律"和"理由、标准的可接受"之意。英文中 rationality 译为"合理性"，是 rational（"基于理性的""合理的""能做出理智决定的"）的名词形式。⑤ 因此，rationality 既译为"理性"，也可译为"合理性"。有学者指出，"理性的英文是 reason，20世纪以来与 rationality 一词掺杂而用。简言之，哲学上的论述常用前者，社会学文献则以后者居多"⑥。

尽管合理性与理性有相似的词义和词根，但是，在"合理性"中原有的"理性"内容已经逐步泛化为一般意义上的"标准"的含义，理性作为合理性的唯一标准也逐渐被更多的标准所取代。并且作为规范性概念，合理性的内涵也有

---

① 赵士发. 关于合理性问题研究综述 [J]. 人文杂志，2000（2）：14.

② 刘传广. 简论合理 [J]. 现代哲学，1999（2）：52—53.

③ 郑先文. 合理性问题讨论综述 [J]. 武汉大学学报（哲学社会科学版），1995（5）：56—60.

④ 辞海编辑委员会. 辞海：第6版 [M]. 上海：上海辞书出版社，2009：1348.

⑤ 英国培生教育出版亚洲有限公司. 朗文当代高级英语辞典：英英·英汉双解（第4版）[M]. 北京：外语教学与研究出版社，2012：1892.

⑥ 张德胜，金耀基. 论中庸理性：工具理性、价值理性和沟通理性之外 [J]. 社会学研究，2001（3）：37.

别于作为描述性概念的理性。理性是就人自身的内在本性或能力而言的。"如果没有人的'合理性'的安排处置，世界就无所谓合理的东西"。[①] 理性作为人的理智与智慧能力，在其本性上应当具有很大的合理性成分。理性与合理性的关系集中表现在合理性要求理性的说明与论证，并采取理性的表达形式。

据此，本研究认为，合理性作为一种评价性和批判性概念，它是对人类的行为准则、方式及其结果给予判断和评价的标准和依据，具有内涵的丰富性和动态性。它既具有"合事实、合原则、合规律与合逻辑"的客观标准，又具有"合目的、合理想、合价值、合需要"的主观标准，还具有"合目的性、合价值性和合规律性"相统一的实践标准。因此，合理性是一种观念和价值判断，具有精神性的品质和属性。但是，合理性问题并不是纯观念或者纯理论问题，它也是一个重要的实践问题。

五、研究内容与结构

（一）研究内容

本研究立足于西北农村县域义务教育均衡发展督导评估认定达标后，对教育资源配置的合理性检视。因此，研究内容既涉及义务教育均衡发展督导评估认定合格后，农村教育资源的配置理念、方式、行为等及其逻辑的合理性，也涉及义务教育均衡发展督导评估认定过程中的利益相关者的行为及其逻辑的合理性。主要包括如下内容：

1. 甘肃省 W 县农村义务教育资源配置的现状调查及其合理性分析

主要从义务教育人力资源、财力资源和物力资源三个方面，研究 W 县在县域义务教育均衡评估验收达标后义务教育资源配置的现状，并对其存在的问题进行合理性评价和分析，从形式合理性、实质合理性和实践合理性三个范畴进行分析和判断，系统地分析该县农村义务教育资源配置合理与否。

2. 甘肃省 W 县义务教育资源配置不合理性产生的原因分析

从教育公平理论、公共选择理论以及教育目的视角，结合地理环境、经

---

① 周春燕.论社会主义核心价值观的培育 [J].江苏科技大学学报（社会科学版），2014（9）；赫·施奈德巴赫.作为合理性之理论的哲学 [M]// 德国哲学：第7辑.北京：北京大学出版社，1989：75.

济社会发展水平、历史文化等客观因素，以及政策制定、各级政府、教育行政部门、各相关部门、学校及其相关人员、家长等主观因素，对义务教育均衡发展进行评估以及对农村义务教育资源配置的价值理念、主体需要、行为方式及结果进行分析。

3. 西北农村义务教育资源合理配置的对策建议

把握合理性评价与判断本质要求，以及规范利益相关者理念和行为相结合，创新制度和提高农村义务教育资源合理配置能力，推进义务教育均衡发展和教育公平。

（二）研究内容框架

本书的研究内容框架如图1.6所示：

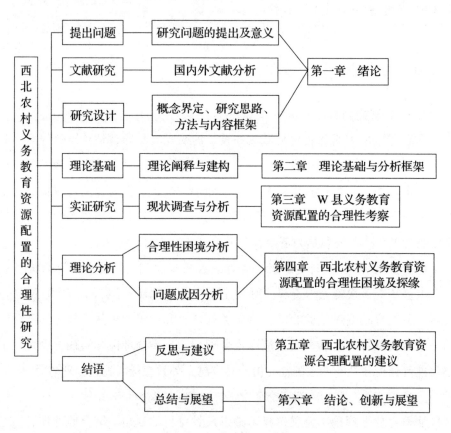

图 1.6　研究内容框架

六、研究思路和方法

（一）研究思路

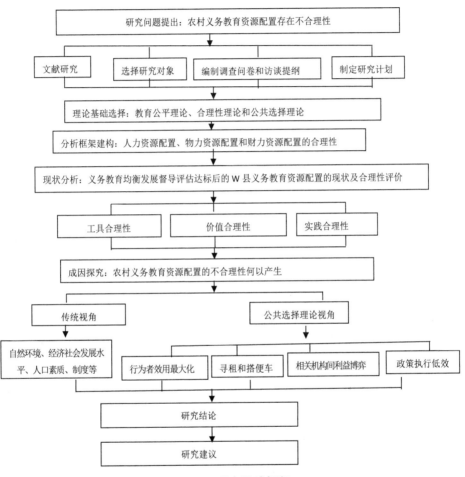

图 1.7　研究思路框架

本书在分析研究国内外有关义务教育资源配置和均衡发展文献的基础上，以甘肃省义务教育均衡发展督导评估达标的 W 县为样本，采用问卷调查、访谈和观察等方法，重点对农村义务教育人力、物力和财力资源配置现状进行镜像分析。按照教育公平理论，在县域义务教育均衡发展评估达标后，义务教育资源配置应该是均衡的，而且教育资源能够得到合理使用。但是，本研究调查发现，样本县教育资源配置不均和已配置的资源闲置浪费现象仍然存在，因此，本研究认为县域义务教育均衡发展督导评估达标后，农村义务教育资源配置仍然存在不合理性。按照传统的研究视角，难以解释此现象的产生的深层次原因。因此，本研究以教育公平理论、合理性理论和公共选择理论为分析视角，对 W 县义务教育资源配置和均衡发展存在的问题进行合理性分析，分析 W 县农村义务教育资源配置标准和方式、相关制度和政策的执行、利益相关者的理念和行为逻辑等方面的合理性问题，并提出西北农村地区义务教育资源配置的合理性建议。本研究理论分析和实证研究相结合，具体的研究的思路的和分析框架如图1.7所示。

本研究具体实施方案为：文献研究——方案制定——调查问卷和访谈提纲编制——分层抽样——问卷试测——修订问卷——实地调研——资料收集与整理——资料分析——论证总结。

首先，在已有相关文献研究的基础上，梳理和归纳与本研究相关的研究成果，为本研究提供理论和实践上的借鉴。

其次，在实地调研的基础上，从当前西北农村义务教育资源配置及县域义务教育发展基本均衡评估面临的各种问题出发，并以义务教育资源配置的合理性作为研究对象，进一步设计研究思路。

再次，根据调查数据分析样本学校教育资源配置现状，具体从人力、财力、物力资源配置三个方面进行分析，并以《甘肃省义务教育办学基本标准》《甘肃省县域义务教育均衡发展督导评估实施办法（试行）》等规定及教育部关于《县域义务教育均衡发展督导评估暂行办法》《国务院关于统筹推进县域内城乡义务教育一体化改革发展的若干意见》等国家相关规定和标准作为对照，提出西北农村义务教育资源配置存在的问题，从教育公平理论、公共选择理论及合理性理论视角分析问题产生的原因。

最后，在系统分析和比较样本学校教育资源配置存在的问题及其产生原因的基础上，提出西北地区农村义务教育均衡发展及资源合理配置的建议。

（二）研究方法

基于均衡视域下西北农村义务教育资源配置的合理性研究，具有理论性、实践性和跨学科性等特点，本书以理论与实证分析相结合为研究取向，综合运用多种研究方法，以甘肃省 W 县为研究个案，以县域义务教育均衡发展为研究视域，对西北农村义务教育资源配置的合理性展开较系统和深入地研究。主要采用文献研究、问卷调查、访谈和统计分析法。

1. 文献研究

本研究通过图书馆和样本省、市、县教育行政部门资料室以及网络检索，查阅和收集与本研究相关的文献资料，涉及的文献及相关资料包括义务教育资源配置及均衡发展方面的中外学术文献（中外期刊论文、会议论文、报刊、著书、学位论文、专辑等），国家各相关部门和省、市、县的相关年鉴、统计公报、公告、政策法规、相关领导重要讲话、总结报告、标准等，将收集的文献资料，重点从教育公平和教育均衡、教育资源配置方面进行分析、比较与解读，为本论文研究提供理论和实证分析上的借鉴。

2. 问卷调查法

本研究设计学校（小学和初中）结构性问卷和相关教育管理人员、教师、学生、学生家长开放性访谈提纲，经过试测和相关专家的指导及修改完善，实地调查本研究所涉及的相关研究内容。采取现场填写、现场回收和邮寄回收的形式，了解目前 W 县及西北农村义务教育资源配置及其使用中的具体状况、困境与问题，为本研究理论分析提供实证依据。

3. 访谈法

本研究在问卷调查的过程中，针对一些答案不具有唯一性的相关研究问题设计了访谈提纲，与被访谈者进行研究性交谈和询问。为深入地收集第一手研究资料，对有些问题采取参与式的非正式访谈。因为被访谈者置身于研究课题所关涉的具体的工作和生活环境之中，对相关问题的认识和行为有较深入的理解。本研究访谈对象包括样本县（区）领导、教育局相关领导及样本学校领导、师生和家长，采用个别访谈、群体访谈和深度访谈等形式，深入了解他们对有关义务教育资源均衡配置和县域义务教育基本均衡评估方面问题潜在的观念、需要、动机、态度等。

4. 统计分析

本研究对调查收集的数据建立数据库，用 SPSS17.0 统计软件进行必要的统计分析，主要以描述统计的方式，并在对义务教育资源配置的相关指标分析时运用数理统计的方法，以数字、表格、图例等方式呈现相关主题信息。

分析数据主要来源于笔者实地调研获得的第一手资料，教育部和甘肃省教育厅"教育事业发展统计公报""教育经费执行统计公告"以及国家和甘肃省"国民经济和社会发展统计公报"等相关权威资料。

具体调查设计如下：

本研究以甘肃省国家级贫困县 W 县为样本县，选择该县的教育局作为调研和访谈的教育行政管理部门，在该县随机选择6个乡（镇），在每个乡（镇）中随机选择4所学校，其中1所初中、1所中心小学、1所村级完全小学、1个教学点。为了进行县域内教育资源配置的城乡比较，分别抽取城区（县政府驻地）初中2所、小学4所。未选取九年一贯制学校，是为了避免该类学校小学和初中教育资源配置的交叉性和共通性，以防止出现很多教育资源拆分后差异太大的情况。考虑到学生的认知能力差异以及不影响毕业班学生的学习，学生访谈主要以小学3~5年级为主，初中以7年级学生为主，每所学校按样本年级，各随机抽取10个学生。家长样本涵盖1~9年级，家长的抽取与被访谈学生回避。教师样本在每所学校随机选择。问卷调查以学校为主，访谈对象包括教育行政人员、校长、教师、家长、学生。遵循科研的伦理性原则，对样本学校和访谈对象的选择，均进行了编码处理，对所收集的数据中，涉及个人和单位的信息，均做到保密性和非对应性。

实际调研中，最终分层抽取 W 县城区（主要指县政府驻地所在地）和农村（县政府驻地以外的乡镇及乡村）义务教育学校37所，其中样本小学24所，样本初中13所。为了研究的伦理性和数据信息的保密性，对学校名称均做了代码处理。获得有效数据的样本学校分布如表1.7和表1.8所示。首先，采用调查问卷的方式，获取 W 县义务教育资源配置的第一手数据进行分析。考虑到 W 县为县域义务教育基本均衡发展验收达标县，所以专任教师的学历、职称和工勤人员的数量以及学校物力和财力资源配置均采集基本均衡达标验收后的数据，即2017年的数据。对调研获取的一手数据与国家和甘肃省的相关标准和数据进行比较，相关标准即国家《农村普通中小学校建设标准》（建标[2008]159号）（以下简称"国标2008"），甘肃省政府2012年颁发《甘肃省义务教育学校办学基本标准（试行）》（以下简称"甘标2012"），因为《国务院关于深入推进义务教育均衡发展的意见》（国发〔2012〕48号）明确了义务教育均衡发展的目标是"每一所学校符合国家办学标准"。① 同时，也参考国家和甘肃省当年"教育事业发展统计公报""国民经济和社会发展统计公报"中的相关数据。其次，为了进一步了解教育行政人员、师生及家长对义务教育均衡发展及教育资源配置现状的看法，通过谈心式、个体和团体访谈相结合的方式，分别访谈该县教育局领导2人和相关工作人员3人，样本学校的校长37人、教师122人、学生185人、家长111人。因调研条件的限制，对政府部门未进行调研，主要从教育行政人员、校长、教师和家长访谈中理解政府部门对农村义务教育资源配置的认识和支持力度，征得被访谈者同意，进行了现场录音。调查问卷填写和访谈都是在现场进行，因此调查问卷的发放率和回收率均为100%。

表 1.7　样本学校数量及百分比（单位：个、%）

学校类别		学校数量	占总样本比例	总样本占比合计	
初中	城区	2	5.41	35.14	
农村	11	29.73		
小学	完全小学	城区	4	10.81	27.02	64.86
	农村	6	16.21	
	中心小学	12	32.43	32.43	
	教学点	2	5.41	5.41	
合计		37	100		

在样本学校中，抽取初中共13所，占样本总量的35.14%，其中城区初中2所，占样本总量的5.41%，农村初中11所，占样本总量的29.73%。抽取样本小学总数24所，占样本总量的64.84%，其中完全小学10所，占样本总量的27.02%，而完全小学中，城区小学4所，占样本总量的10.81%，农村小学6所，占样本总量的16.21%；中心小学12所，占样本总量的32.43%；教学点2所，占样本总量的5.41%。如表1.7所示。

____

① 国务院关于深入推进义务教育均衡发展的意见（国发〔2012〕48号）[DB/OL]. 中国政府网，2012-09-07.

表 1.8 样本学校名称及类型分布

城　区		农　村			
初　中	小　学	初　中	小　学		
			中心小学	完全小学	教学点
BJ 中学	BZ 小学	AH 初中	MJ 中心小学	JS 小学	SBY 小学
CG 中学	JC 小学	MJ 初中	FY 中心小学	ZC 小学	XHZ 小学
	ZL 小学	SH 初中	GQ 中心小学	DQ 小学	
	SY 小学	FY 初中	WN 中心小学	LC 小学	
		WN 初中	SH 中心小学	ML 小学	
		ZB 初中	YB 中心小学	SG 小学	
		YB 初中	DZ 中心小学		
		AK 初中	WG 中心小学		
		DB 初中	NB 中心小学		
		YT 初中	DB 中心小学		
		NB 初中	CB 中心小学		
			TS 中心小学		

第二章 义务教育资源配置的理论基础与分析框架建构

任何一项研究都必须基于一定的学术根基或理论研究，理论基础是科学研究的基础。研究理论的创新，源于将前人理论与客观现实的有机结合。本书对西北地区农村义务教育资源配置的合理性研究，是基于县域义务教育发展基本均衡督导评估认定后的检测性研究，以甘肃省 W 县为样本个案，调查该县义务教育发展基本均衡督导评估达标认定后，西北农村义务教育资源配置现状与问题，并进行合理性评价。本研究以教育公平理论、合理性理论和公共选择理论为系统分析的理论基础。

一、理论基础

（一）教育公平理论

公平是人类一种重要的内在心灵感受和对秩序与规则的外在反应，是人类共同追求和不断完善的永恒理念之一，也是人类社会变革和民主、文明、进步的追求与体现。教育公平是一个历史概念和范畴，也是一个内涵不断发展的理念，是教育和社会发展追求的目标之一。教育公平是多学科共同关注的一个话题，表现为一种教育价值观和准则，也是教育发展的一种理想追求，更是教育实践的必然要求。

1. 教育公平理论溯源与发展

教育公平思想产生于古代社会，在我国，孔子提出的"有教无类"和"因材施教"主张，是中国较早的教育公平思想。在古希腊，柏拉图在论述其理想王国实现的途径时，主张扩大受教育的机会至奴隶之外的所有人，具有一定的民主和公平思想因素。亚里士多德认为，每个儿童必须接受做公民所需要的同样的基础教育，"相等的人就该配给到相等的事物"[①]，并提出要通过法律的形式来保证儿童在一定年龄阶段的受教育权利。同时，他又提出了"比例上平等"的分配制度[②]。

文艺复兴时期，德国宗教领袖马丁·路德（Martin Luther）提出教育机会和权利人人平等的民主思想，主张实行普及性的强迫初等教育，并在宗教改革实践中大力发展学校教育，开创近代教育机会平等的民主化运动先河。17世纪，捷克教育家夸美纽斯在《大教学论》中提出"无例外地对每个人实施教育""教一切人一切知识"，开创"班级授课制"以扩大教育对象范围和个人受教育的机会。18世纪，法国启蒙思想家卢梭，在其教育著作《爱弥尔》中，发展了人生而平等的主张，提出"各种等级的人都是一样的"的平等教育[③]。

近代资本主义社会初期，教育公平主要表现在教育机会平等上。人人都有平等的受教育机会在法律上得到认可，例如1791年的法国宪法规定"人人都有平等的受教育的权利"[④]。美国贺拉斯·曼（Horace Mann）主张教育机会均和免费的公立学校教育，并为之终生努力。

现代社会，教育公平理论取得了很大的发展，形成了不同的理论学派，具有影响力的代表理论包括：科尔曼的教育机会均等理论（文献综述中已分析）、胡森的教育过程公平理论、詹克斯的补偿教育凭证公平理论、帕森斯的教育产生了新的不平等理论、布迪厄的教育通过文化再生产复制代际不平等理论、鲍尔斯的教育不平等是社会阶级作用的结果理论和罗尔斯的作为公平的正义论等理论，其中罗尔斯的公平理论被认为是现代公平理论中最具代表性和权威性的公平理论。

---

① 亚里士多德. 政治学 [M]. 吴寿彭译. 北京：商务印书馆，1996：148.

② 亚里士多德. 尼各马科伦理学 [M]. 苗力田译. 北京：中国人民大学出版社，2003：99.

③ 卢梭. 爱弥儿 [M]. 李平沤译. 北京：商务印书馆，1978：310.

④ 华桦，蒋瑾. 教育公平论 [M]. 天津教育出版社，2006：10；吴昊，孙克竞等. 教育公平内涵之辨析 [J]. 湖南师范大学教育科学学报，2007（11）：98.

瑞典学者托尔斯顿·胡森（Torsten Husen）提出教育公平三阶段论。他认为，平等首先指个体的起点公平，即个体公平地享有最初入学机会；其次，教育过程中得到公平的对待；[①] 最后，平等还指最后目标或者三方面的综合，即教育结果公平，承认个体的个性差异，以促使其学业上的个性发展。另外，他认为，教育公平这三种概念或多或少代表了保守主义、自由主义和新概念三阶段的社会哲学观，[②] 也分别对应了效率、公平以及自我实现三种社会价值观。[③]

美国学者詹克斯（Chrisopher Jencks）等人在《不平等：对美国家庭和学校教育的影响再评估》（1972）一书中，则从社会学角度就教育资源的分配、学生课程的选择、遗传及环境对认知能力的影响等方面，研究了学校教育在美国的影响，并得出了相反的结论，即学校和教育无法达到公平的目标，现行公共教育制度中的官僚体制对教育的过分计划化，也会导致教育不公平，从保障处境不利群体的利益出发，赞成弗里德曼（Fredman）的"补偿教育凭证制度"（voucher plan）。[④]

美国社会学家 T·帕森斯（T. Parsons）从功能主义角度分析了关于教育与平等的思想。在《作为社会系统的学校》一文中，帕森斯认为，教育虽然力求教育机会的均等，但是由于学生及家庭对教育不同的期望和态度，以及个人能力、学业上努力的程度不同，教育机会上的均等必然又带来成就上的差异。[⑤]

法国社会学家布迪厄（P. Bourdieu）从文化再生产的角度分析了教育的不平等，认为教育通过文化再生产复制代际不平等。[⑥] 在教学过程中通过符合暴力过程的强制性途径来传递。被支配阶级的子女常常是教育活动中的失败者，无法取得足够的合法文化资本。学校只不过是借助一些表面的标准，如成绩、

① 靳希斌.自学考试制度与终身教育和学习型社会 [J].中国考试，2010（12）.

② 胡森.平等——学校和社会政策的目标 [M]// 张人杰.国外教育社会学基本文选.上海：华东师大出版社，1989：194—205.

③ 张传萍.义务教育资源配置标准研究 [D].武汉：华中科技大学，2012；诸燕，赵晶.胡森教育平等思想述评 [J].徐州师范大学学报（哲学社会科学版），2007（4）：115.

④ Jencks, Chrisopher S.,et.al.Inequality：A Reassessment of the Effect of Family and Schooling in America[M].New York：Basic Books,1972：27—28.

⑤ 周洪宇.教育公平：维系社会公平正义的基石 [M].北京：中国人民大学出版社，2014：43—44.

⑥ 王利娟.重新审视学校教育的再生产功能 [J].教育导刊，2012（8）：34.

智商或其他能力将学生分类，实际上是以社会阶级出身为基础将学生进行分层，这样就产生了一个文化资本分配的不平等结构，造成教育不平等①。

新马克思主义代表、美国政治经济学家鲍尔斯（Samuel Bowles）在其《不平等的教育和社会分工的再生产》中，用社会再生产理论阐述了教育平等与社会公平的观念。他认为，教育成就和以后职业成功之间的密切关系造成了一种天才教育的假象，掩盖了那些重视阶级制度的作用过程。教育不平等的根源是在学校制度本身所产生的活动中，阶级亚文化群和社会阶级偏见相互加强的结果。②

英国学者麦克马洪（Mac Mahon）提出三类型说：（1）水平公平，指相同者受同等待遇；（2）垂直公平，指不同者受不同待遇；（3）代际公平，指确保上一代人的不平等现象不至于全然延续下去。③日本学者友田泰正把教育机会均等分为三种：效率的平等、形式的平等和实质的平等。④

美国当代哲学家约翰·罗尔斯（John Rawls）从社会公平正义的要求出发，在其《作为公平的正义》（该书2000出版，对1971年出版的《正义论》中的观点做了修正）一书中提出了两个正义原则：（1）平等的基本自由原则；（2）公平的机会平等原则和差别原则。⑤对教育而言，即教育权利平等和教育机会公平及对教育弱势的差别补偿性公平。

我国当代关于教育公平的理论研究起步较晚，众多学者比较认同西方的教育公平研究理论，如科尔曼的教育机会均等理论、胡森的教育公平三阶段理论和罗尔斯的作为公平的正义论，在我国教育研究的理论与实践中被广泛引用。

2. 教育公平的内涵与特征

教育公平指的是每个社会成员在享受公共教育资源时受到公正和平等的

---

① 周洪宇. 教育公平：维系社会公平正义的基石 [M]. 北京：中国人民大学出版社，2014：44.

② 鲍尔斯. 不平等的教育和社会分工的再生产 [M].// 张人杰. 国外教育社会学基本文选. 上海：华东师范大学出版社，1989：225.

③ 翁文艳. 教育公平的多元分析 [J]. 教育发展研究，2001（3）：62.

④ 段丽华. 教育公平：制度视域研究 [M]. 沈阳：东北师范大学，2015.

⑤ 约翰·罗尔斯. 作为公平的正义 [M]. 姚大志译. 北京：中国社会科学出版社，2011：116；康安峰. 论义务教育阶段的教育选择权与教育公平 [J]. 基础教育，2009（10）.

对待。教育公平既包括其产生阶段性的公平，即教育权利公平、教育机会公平、教育过程公平和教育结果公平，也包括程序公平和事实公平，即按照法律制度规定和公平的分配原则和程序，教育对象应该拥有的教育资源，以及教育对象实际是否公平地获得了教育资源。①

教育权利公平和教育机会公平属于"起点公平"，教育结果的公平更多地表现为"质量公平"。在实现教育公平的过程中，随着国家教育政策的实施和教育投入的加大，教育机会和教育过程的公平相对容易实现。但对于教育质量公平而言，因为受多种因素的影响，如家庭的经济状况和不同社会阶层的经济和文化资本的影响，以及教育对象自身的个性特点、身体状况、兴趣爱好和不同的教育需求等影响，而"一致性的学校影响与差别性的校外影响的相对强度决定了教育质量的个体差异"②，即让人人受到公平的、较高质量的教育，很难实现。从某种意义上说，教育公平既是一个原则，又是一个理想，同时也是一个渐进的过程。③

就义务教育资源配置公平而言，无论是教育资源配置过程公平、教育资源配置的事实或者教育资源配置和使用结果的公平，都会受到教育资源配置的程序公平公正的影响。程序公平公正是实现教育公平的最重要因素。因为程序公平公正不仅是教育资源配置规制的核心要求和体现，而且也是教育资源配置合目的性和合规律性的必要保证。正如罗尔斯在《正义论》一书开篇指出的："公正（正义）是社会制度的首要价值，正像真理是思想体系的首要价值一样。"④因此，公正也是教育制度的第一性。所谓教育制度公正是在强调教育制度的设定及实施都必须要以保证个体受教育的权利平等、教育机会均等为前提，以人的自由和全面发展为根本诉求，遵循"教育资源配置以促进个体的全面发展为目的和标准"的原则。既坚持程序公正，也适切地对弱势

---

① 康安峰.论义务教育阶段的教育选择权与教育公平 [J]. 基础教育,2009（10）.

② 林宇."教育公平"内涵之多学科解读 [J]. 宁波大学学报（教育科学版），2011（11）：19—20.

③ 刘欣.由教育政策走向教育公平——我国基础教育政策的公平机制研究 [D]. 武汉：华中师范大学，2008.

④ 丁念金.论中国高考改革的文化使命 [J]. 基础教育，2009（11）；约翰·罗尔斯.正义论 [M]. 何怀宏等译.北京：中国社会科学出版社，1988：1.

群体进行差别性补偿和政策倾斜。^①教育公平实际上是教育权利和利益分配的公平，而国家教育制度的核心便是教育权利和教育资源的公平分配。^②公平性是合理性的标准之一，公平配置也是合理配置的体现，教育制度的合理就是指教育权利和教育资源配置的公平合理。因此，教育公平的核心问题是教育制度的合理性与公正性的统一。^③

教育公平也指对教育机会和教育资源进行分配时的合情合理。所谓"合情"，是指符合民众和教育对象的教育意愿和学校的发展实情；所谓合"理"，是指符合教育的目的及教育规律。是否符合民意，决定教育公平的实施是否具有稳定的精神价值；是否符合目的性、规律性，决定教育公平的实施是否具有发展的价值。^④

综上所述，教育公平既是一个历史的价值判断概念，又是一个结构性的动态发展概念，是一个相对的概念。因此，具有历史性和现实性、发展性和永恒性、主观性和客观性、理想性和相对性等特点。

（二）合理性理论

1. 合理性问题的历史考察

合理性问题是 20 世纪后半叶哲学研究的一大热点，也是当代哲学研究的一个重要问题。它体现着当代人类对自己行为及其效应的理性反思，尤其是对非合理化发展和实践及其所造成的反主体效应的自觉反省。

正如美国哲学家拉瑞·劳丹（Larry Laudan）所言："20世纪哲学最棘手的问题之一是合理性问题。"^⑤德国哲学家于尔根·哈贝马斯（Jürgen Harbermas）也认为："哲学通过形而上学之后，黑格尔之后的流派向一种合理性理论集中。"^⑥不同领域的学者分别从不同的角度探讨合理性问题，或以合理性作为说

---

① 雷晓庆. 当代教育公平内涵及其实现途径解析 [J]. 当代教育科学，2017（6）：5.

② 刘周. 高等教育资源分配公平问题的伦理分析 [J]. 苏州教育学院学报,2012（6）.

③ 刘欣. 由教育政策走向教育公平——我国基础教育政策的公平机制研究 [D]. 武汉：华中师范大学，2008.

④ 逸公. 论点 [J]. 职业教育研究,2006（3）；刘欣. 由教育政策走向教育公平——我国基础教育政策的公平机制研究 [D]. 武汉：华中师范大学，2008.

⑤ L·劳丹. 进步及其问题 [M]. 刘新民译. 北京：华夏出版社，1990：116.

⑥ 于·哈贝马斯. 交往行动理论 [M]. 洪佩郁，蔺菁译. 重庆：重庆出版社，1994：15.

明其他问题的基础。^①

（1）合理性研究的基础：理性主义

"合理性"是对西方传统哲学的重要范畴——"理性"，进行反思、批判、发展的直接产物。因此，对理性的研究是研究合理性问题的起点和基础。本研究围绕合理性问题研究的基础，对西方理性主义只进行简单评述。

理性概念的源头，可以追溯到古希腊哲学中赫拉克利特所说的"逻各斯"（希腊语：λόγος，logos）和阿那克萨戈拉所言的"努斯"（Nous）。"逻各斯"原指"话语"，赫拉克利特用以表示"说出的道理"，并说明正确的道理表达了真实的原则，具有"理性""理由""原则"和"规律"之意。^②"努斯"原指"灵魂"的意思，是高级的、完全超越感性和物质性的灵魂，即"理性灵魂"（又可译作"理性"），即具有精神属性的本原力量。阿那克萨戈拉哲学中，"努斯"的含义与"逻各斯"有近似之处。阿那克萨戈拉认为，"努斯"是"最细的，也是最纯的，它洞察每一件事物，具有最大的力量……所有将来会存在之物，过去存在过但现已不复存在之物，以及现存之物，都是'努斯'安排的"^③。

但是，总体上分析西方理性主义哲学，主要是从两个视角出发。其一是本体论的视角，把对理性的理解与对世界本体的理解联系起来；其二是认识论和人性的视角，把理性的理解与对人性和人的能力的理解结合起来。^④

从本体论的角度看待理性问题，两个最为根本的问题在古代哲学家的哲学视野：一是世界的本原问题，一是人的理性能力问题。柏拉图开创了以理性主义为主导的西方哲学史。英裔美籍哲学家怀特海曾经说过，"两千五百年的西方哲学只不过是柏拉图哲学的一系列脚注而已"^⑤。亚里士多德则把理性看作人类品格中的最高部分，提出人的真正本质就是他的理性智慧。^⑥在古希腊哲学中，对理性的推崇是基本一致的，各哲学派别都将理性视作知识的源泉，它既是宇宙的原理，也是人类生活的最高准则。

---

① 王树松.论技术合理性 [M].沈阳：东北大学出版社，2006：2.

② 赵敦华.西方哲学简史 [M].北京：北京大学出版社，2001：14.

③ 北京大学外国哲学史教研室编译.西方哲学原著选读：上卷 [M].北京：商务印书馆，1999：39—40.

④ 欧阳康.人文社会科学哲学 [M].武汉：武汉大学出版社，2001：318.

⑤ 同上书：319.

⑥ 同上书：320.

西方"近代哲学之父"笛卡尔开近代理性主义之先河，他相信人的理性能力，"我思故我在"确立了近代哲学的理性乃至本体性特征："我只是一个在思维的东西，或者一个理性。"① 人在宇宙中的主体地位完全来自其理性的力量。②

德国古典哲学时期，康德、黑格尔分别对理性做了批判地反思。康德说，是休谟的怀疑论把他从独断论的迷梦中惊醒，莱布尼兹—沃尔夫体系试图完全从理性推论出整个认识论的设想被证明是不可能的。于是，康德在《纯粹理性批判》一开始就声明一切知识始于经验，但他又反对休谟的经验论，所以立即补充说，虽然一切知识始于经验，然而知识却不是起源于经验。知识是经验与理性结合的产物。③ 康德立足于前人的理性观点，通过其"三大批判"主张（即1781年"纯粹理性批判"、1788年"实践理性批判"和1790年"判断力批判"），旨在确立理性对人类的先天原理或先天规律，并寻求理性的对象和标准。通过对理性的两种基本形式，即理论理性和实践理性的认识，提出两个不同的世界：合规律的现象世界和合目的性的自在世界。而且较早地探讨了实践的合理性问题。他不仅提出了实践合理性的概念，而且认为实践合理性是行为的功能。

黑格尔（Wilhelm Fridrich Hegel）是近代哲学中"客观理性"的主要代表。黑格尔在自己的哲学体系里，把柏拉图和亚里士多德的理性主义发展到了极限和顶峰。在黑格尔看来，"'理性'是世界的主宰，是宇宙的实体，世界历史因此是一种合理的过程。"④ "凡是合乎理性的东西都是现实的，凡是现实的东西都是合乎理性的"⑤。因此，合理性是普遍性和单一性相互渗透的统一，合规律与合价值、合目的的统一。

（2）合理性概念和范畴考察

如上文所述，以理性为主旨对合理性进行间接论述的哲学家也很多，如

---

① 笛卡尔.第一哲学沉思录 [M].北京：商务印书馆，1986：26.
② 朱葆伟.理性与合理性论纲 [J].湖北大学学报（哲学社会科学版），2011（6）：20.
③ 胡辉华.合理性问题 [M].广州：广东人民出版社，2000：55.
④ 黑格尔.历史哲学 [M].王造时译.北京：生活·读书·新知三联书店，1956：47.
⑤ 林慰曾.遗产税制度比较研究 [J].沈阳工业大学学报（社会科学版）》，2017（7）；黑格尔.法哲学原理 [M].范扬等译.北京：商务印书馆，1979：11.

黑格尔较早论述了合理性是合规律与合价值、合目的的统一；康德不仅提出了实践合理性的概念，而且认为实践合理性是行为的功能，所研究的是物自体，解答的是"应当如此（何）"等问题。在20世纪上半叶，合理性问题就已成为胡塞尔、马克斯·韦伯、海德格尔和雅斯贝尔斯等哲学家研究的对象。而马克斯·韦伯则是第一个明确把合理性作为哲学范畴并提出合理性问题的人。但是，真正把握合理性概念本质的是马克思主义的合理性观念。[①]因此，本研究主要讨论上述三种关于合理性本质观念。

韦伯认为合理性是一个相关的概念，它是被归因于事物的。[②]韦伯将评价社会行为的合理性分为价值合理性和目的合理性。他认为，价值合理性是指由宗教、伦理、道德、审美等价值观念决定的行为，而目的的工具合理性是指有预期的目的和实现这种目的的工具、手段的行为。[③]从合理性的基础看，韦伯的价值合理性实际上是非理性的，只有目的合理的行动才是合乎理性的行动。[④]韦伯又将分析社会规范的合理性区分为形式合理性和实质合理性。形式合理性在理论层面上是指合乎逻辑性、规律性，在实践层面上是指合乎某种形式化规则和规范体系。实质合理性则是指合乎道义的、人伦的具体规则，以及可以由伦理道德调控的实践行为。实质合理性强调从人的生存发展及人性的无限丰富和自由解放出发，对社会规范所追求的目的、信仰和价值进行理性的权衡。[⑤]形式合理性与实质合理性是平起平坐、同等重要的。韦伯比其他学者更尊重客观事实，但在合理性的问题上却没有摆脱形而上学的羁绊，未能辩证地看到形式合理性与实质合理性两者之间的内在联系，也就难以从唯物史观的视角和角度去讨论社会历史的合理性问题。应该说，在两种合理性之间，实质合理性居于主导地位，起着支配作用。实质合理性在总体上制约、决定着形式合理性，而形式合理性对实质合理性具有一定的反作

---

① 王树松.论技术合理性 [M].沈阳：东北大学，2005.

② 朱葆伟.理性与合理性论纲 [J].湖北大学学报（哲学社会科学版），2011（6）：21.

③ 马克斯·韦伯.经济与社会：上 [M].林荣远译.北京：商务印书馆，1997：56.

④ 裴指挥.早期儿童社会规范教育的合理性研究 [M].南昌：江西人民出版社2009：24.

⑤ 余晓菊.实践合理性：人类走出困境的现实途径 [J].湖南师范大学社会科学学版，2003（2）：6；马克斯·韦伯.经济与社会：上 [M].林荣远译.北京：商务印书馆，1997：113—115.

用。① 当然，实质合理性在一定意义上依赖于形式合理性。赫伯特·西蒙说，合理性指的是一种行为方式，从规范的角度研究合理性问题，是要指出在一定的条件下为达到一定的目标（如社会贫富问题、公平问题的解决），应该如何去做。②

德国哲学家哈贝马斯等人为研究克服西方社会的现代危机，明确提出"合理性转向"是哲学向"后形而上学时代"转变的一个表现。③ 哈贝马斯认为，作为晚期资本主义社会所面临的现代危机，简言之，是由工具合理性（或目的合理性）所造成的"生活世界被体系殖民化"④。他更关注交往合理性，认为交往行为涉及的至少是两个具有语言能力和行为能力的主体之间的关系，是主体之间为达到相互理解而进行的交往。⑤ 合理性不是与人无关的自然现象和自在事件的合理性，不是主体获得语言知识的合理性，不是传达或表达的合理性，而是主体间交往和交流的行为及其方式的合理性。"合理性是具有语言能力和行动能力的主体的一种素质。"⑥ 因此，哈贝马斯理解的合理性是以主体间通过语言等进行协商、沟通和互动的交往实践为核心，是一种实践合理性。实现了对韦伯以意识哲学为基础的工具——工具——目的合理性（形式合理性）理论的批判、改造和超越。⑦

而后现代主义则反对现代文化的合理性观念的内容及其形成方式。在他们看来，合理性只能是一个相对主义的概念。对待合理性乃至一切观念，完全持有一种虚无主义的态度，其合理性观念仅仅存在于他们解构或摧毁的活动之中。⑧

---

① 陈溆，黄宏伟. 论哲学合理性与当代社会发展 [J]. 金融管理与研究，1998（3）：58—60.

② 樊勇，高筱梅. 理性之光：论发展的合理性及西部地区合理性发展 [M]. 昆明：云南大学出版社，2011：26——27.

③ 朱葆伟. 理性与合理性论纲 [J]. 湖北大学学报（哲学社会科学版），2011（6）：21.

④ 傅永军. 哈贝马斯交往行为合理化理论述评 [J]. 山东大学学报（哲学社会科学版），2003（3）：9—14.

⑤ 王树松. 论技术合理性 [D]. 沈阳：东北大学，2005.

⑥ 于·哈贝马斯. 交往行动理论 [M]. 洪佩郁，蔺菁译. 重庆：重庆出版社，1994：34.

⑦ 张丽，裴指挥，王云兰. 大学章程合理性的理论分析 [J]. 高等教育研究，2013（10）；陆自荣. 哈贝马斯与韦伯合理化理论之比较 [J]. 海南大学学报（哲学社会科学版），2004（1）：12.

⑧ 王树松. 论技术合理性 [D]. 沈阳：东北大学，2005年。

后现代论者认为文化现代性具有不合理的自我确证的方式，同时也反对以某种理性为基础把合理性视为合乎某一固定标准的观念。但是，后现代论者也承认合理性观念的存在，同时，他们认为不可能存在一个先天的、事前的、固定不变的和绝对的合理性标准。[①]这种相对主义被费耶阿本德给予积极的赞扬，得到利奥塔消极的拥护，而美国新实用主义者理查德·罗蒂（Richard Rorty）则以所谓"种族中心主义"给予其肯定。罗蒂称："成为种族中心论者，即把人类区分为两大类，我们只需对其中一类人证明自己的信念正当即可。这一类（即我们自己的本族）包括那些持有足够多的共同信念以便进行有益的对话的人。"[②]

在后哲学文化里，"合理性"是指"清醒的"或"合情理的"，而不是"有条理的"（methodical）。它是"文明社会中每个成员必备的道德德性：容忍、尊敬别人的观点、乐于倾听、依赖说服而不是压服。"[③]按照后哲学文化观点，这些道德德性坚持后哲学文化的最高准则——社会的协同性，并承担其责任，所以成为合理性的要求。同时，这种协同性并不希冀永恒和普遍，它是当时和当下的，即仅适合我们生活的社会。[④]

费耶阿本德的相对主义合理性观念表达的是一种实用主义原则。在他看来，在相对主义合理性观念占主导的后现代社会，不同的个人、不同的集团、不同的文明将从不同的学科、不同的社会制度、不同的宗教等获得利益。在强制性地推行普遍的合理性标准和真理标准的社会则导致了人为的灾难和空洞的承诺无法兑现的形式主义的肆虐。[⑤]

后现代主义哲学文化观，把协同性作为合理性的标准，即仅限于文化主体自己生活的社会，以主体之间的共同认可或团结一致为追求的目标[⑥]；使合理性与真理和客观性相分离，即以反本质主义、反基础主义为理论基础否定

[①] 胡辉华.后现代主义与合理性观念[J].首都师范大学学报（社会科学版），2000（2）：12—13.

[②] 罗蒂,R.协同性还是客观性,哲学和自然之境[M].李幼蒸译.上海：三联书店1987：418；胡辉华.后现代主义与合理性观念[J].首都师范大学学报（社会科学版），2000（2）：14.

[③] 罗蒂,R.作为协同性的科学,后哲学文化[M].黄勇译.上海：上海译文出版社，1992：78.

[④] 王树松.论技术合理性[D].沈阳：东北大学，2005.

[⑤] Cf.Feyerabent，P..Farewell to reason[M].etc.Verso.1987：39—40,61.

[⑥] 胡辉华.后现代主义与合理性观念[J].首都师范大学学报（社会科学版），2000（2）：14.

客观性，放弃对客观性的追求。因此，这种合理性观念把合理性的内涵只归结为合目的性，而否定其合规律性，人为地、主观地把合目的性与合规律性割裂开来、对立起来。其哲学蕴意，是以推崇主观性、相对性为特征的唯心主义与形而上学，其人文价值取向所导致的则是无理想、不崇高、无正义、自由主义、个人主义、游戏人生的思想与态度[①]。

马克思主义哲学以实践为基础来阐释合理性问题，把合理性作为确认和评价与人的行为相关事物所具有的"合理的"性质及其依据，是主体对事物和人与对象关系的合理化发展的一种追求。马克思主义哲学来看"合理性就是合规律性、合目的性和合规范性的统一，也是真理性与价值性的统一"[②]。马克思主义哲学的合理性理论是一种实践合理性理论。[③]这种实践合理性不是简单地等同于康德对实践合理性的认识，而是一种综合意义上的全面、辩证和深刻的合理性，是在实践理性的基础上，由马克思实践的唯物主义中内生出来的一种更高层次的合理性的认识模式，即基于人、实践及人生的无限丰富和自由解放，对人的所有实践活动在目的与手段、活动与结果、长远与近期、理论与实践方面进行理性规范。实践合理性理解为人从自身的目的、需要出发，根据对客观世界所做的正确认识，进行满足人类整体和长远的利益或生存、发展需要的实践活动能力。实践合理性的目的不在于追问人"能够做什么"，而是追问人"应该做什么""如何做什么"和"做了什么"。前者是衡量人的实践能力的尺度，后者则是对人的实践能力及其结果的理性审视。它包括实践"应如何""怎么样"和"是怎样"三个相互关联的内容和环节[④]。因此，实践合理性取决于四个因素，即实践观念和认识的合理性、遵从客观规律的主客体关系的合理性、实践手段和目的的合理性、实践结果的合理性。[⑤]

2. 合理性的本质及其范畴呈现

考察合理性问题的研究历史发现，合理性问题的研究历史久远，观点众

① 胡辉华.合理性问题 [M].广州：广东人民出版社，2000：9.

② 欧阳康.合理性与当代人文社会科学 [J].中国社会科学，2001（4）：23.

③ 赵红卫."教育是什么"的哲学思考 [J].河南社会科学，2015（8）：57—59.

④ 余晓菊.实践的合理性：人类走出困境的现实途径 [J].湖南师范大学社会科学学报，2003（2）：7.

⑤ 樊勇，高筱梅.理性之光：论发展的合理性及西部地区合理性发展 [M].昆明：云南大学出版社，2011：28.

多，研究成果浩如烟海。虽然哲学家们在合理性概念上没有完全达成共识，但关于合理性的探讨在整个西方哲学与文化中占有极其重要的地位，正如普特南所说，哲学"几乎与合理性理论有着同样久远的历史"。[①]

（1）合理性本质的认识

对合理性本质的认识，应当基于理性的认识。而"理性既是一种认识方法，与逻辑化、规范化、条理化相联系，也是一种评价方法，与完善化、理想化相联系。因此，理性就是指人类从自身内在本性和要求出发，运用人类特有的思维能力去正确认识和合理评价对象的能力"[②]。合理性在回答"应合乎什么样的理性"的同时，回答了"怎样合乎"等问题。它不单是纯粹地关注理念，而且以实践的高度注重工具、重视价值，尤其注重对目的本身的合理性进行反思。由此，也为我们正确把握合理性的本质指引了方向。

哲学上理性概念的发展，是对现实中理性本身的发展的思辨与反思。人类理性的发展历史也表明，理性的作用在于帮助和指导人们的活动，使之趋于合理化。因此，合理性所标示的便是人们合理地从事思维和行动的能力。合理性一方面是对理性的延展和回归，表现为：合理性抵触任何超现实的先验理性和绝对理性，是对传统的绝对理性的扬弃。相对于传统理性主义割裂地看待人类的认识与实践、手段与目的、理智与信念，合理性是理性对于人的本性、能力和目的表达一种自我反思和评价，并"理性地"反观和批判自身的局限性，审视和应对现实，修正偏颇，使之不断完善，从而也使理性回到应有的合理位置；另一方面，合理性是对理性外在标准的吸纳。通过工具的、价值的、伦理的以及实践的等评判标准的选择与补充，使合理性日臻完备。这样，合理性既依靠理性，又不唯一地取决于理性。合理性问题的提出，形成了对人的理性作用与功能的新的要求与规范。[③]

合理性是一个复杂的概念和范畴，具有多重含义和多个学科领域的理解。因此，如果仅仅从"合乎理性"来理解合理性，就会缩小"合理性"概念的外延。

① 费多益. 论科学的合理性 [D]. 北京：中国社会科学院，2001.

② 余晓菊. 实践合理性：人类走出困境的现实途径 [J]. 湖南师范大学社会科学学报，2003（2）：6.

③ 崔月琴. 合理性的凸显与传统理性主义批判 [J]. 长白学刊，2003（7）.

正如劳丹认为："我们需要有一个更为宽泛的合理性概念。"① 因此，他扩大了合理性问题的外延。劳丹说，由于进步性反映了科学的本质或科学存在的理由，进步性就有资格充当科学合理性的标准。科学的进步是没有人能够否定的。科学在解决问题时，无论是严格按照现有的理论所要求的合理性原则，还是在现有的理论框架内采取了不合理的或其他违反现有理论规范的手段（例如特设性假说），只要有助于解决问题，任何理论都可以被合理地选择。故此可以说，合理性与理性之间没有必然的联系，而只与问题的解决相关。因为进步与理性、真理之间没有必然的联系，尽管进步并不排除科学有可能获得越来越多的真理，也不排除这种进步是在理性的指导下取得的。劳丹以进步性的客观标准来定义合理性，部分地纠正了科学哲学对科学合理性的怀疑与误解，然而，其解决问题方式带有明显的实用主义的痕迹：能够解决问题的就是合理的，科学与神话或巫术没有什么不同。同时，虽然劳丹正确地意识到不能够以合乎理性来定义合理性，而应以进步作为合理性的本质规定，即合理性在于合乎标准，但是他对标准的理解则过于狭隘，这说明劳丹对合理性的理解是片面的。②

在古代，合理性的概念按照合乎理性来定义，合乎理性与合乎标准之间是相契合、相一致的，理性是一切价值原则的源泉。因此，古代的合理性观念包含一切价值观念在内；在现代，理性仅仅被理解为一种主体的能力，在合乎理性与合乎标准之间存在着无法弥合的裂隙，因此，现代的合理性观念只是合乎现代文化所树立的特定的标准。③

从性质上看，合理性作为一个规范性的评价概念，它同"善"的概念一样，是对事件的理由与标准之间关系的判断和评价，是对人的活动及其结果的评价，而不是对人本身和事物状态的描述或指称，其反映出人们所秉持的某种价值观念。合理性指对象合乎理性所确立的秩序、规则或"善"，即合乎人心目中的"理想""标准"或"价值观念"。④

---

① 拉瑞·劳丹.进步及其问题 [M].刘新民译.北京：华夏出版社，1999：126.

② 胡辉华.合理性问题 [M].广州：广东人民出版社，2000：145—147.

③ 胡辉华.合理性问题 [M].广州：广东人民出版社，2000：136.

④ 袁祖社.真理及其意义的人学解读：合理性的视界 [J].合肥联合大学学报，1998（11）.

合理性也是一个相对的概念。合理性标准在不同的学科和情境中有不同的具体要求和含义。合理性的标准是综合性的，是诸多具体标准的统一。世界上没有一个统一的、绝对的和唯一的合理性标准。合理性是具体的，有着极其丰富和多样的内涵，合理性标准是一个多样性统一的复合标准体系。而在对合理性的评价与合理性的实现中，人类社会实践无疑占据着最为根本的地位。从实践合理性的角度来看，各种类型的合理性都是合规律性、合目的性和合规范性的统一，它们构成合理性的基本内容。[①]

通过上述分析，对合理性本质的认识，应以马克思主义哲学的基本立场和方法进行系统的和辩证的分析。本书立足于已探讨的合理性的性质、内容和特点来揭示其本质。合理性的本质是复杂的、综合的，合理性是合规律性与合目的性的统一、合价值性与合工具性的统一、合主体需要与合客体效应的统一、合情与合理的统一。

（2）合理性的范畴呈现

通过对合理性范畴的历史考察，以及对其概念和本质的探讨，对合理性的范畴有了初步的、概括的和整体的认识。不同的研究者在分析和探讨合理性范畴时，存在一定的相似性。对主体行为进行合理性分析时，目的合理性与价值合理性是研究者的共同关注点；分析社会标准和社会规范的合理性时，形式合理性与实质合理性是研究者的共同关注点。同时，无论是对主体行为还是对社会规范和标准的合理性的探讨，研究者都强调研究对象的实践合理性。因此，本书对西北地区农村义务教育资源配置的合理性研究，将义务教育资源配置主体的行为的合理性以及配置和使用标准的合理性分析相结合，亦对县域义务教育基本均衡评估行为过程合理性及其标准的合理性分析相结合，即依循形式（工具）合理性、实质（价值）合理性和实践合理性相统一的范畴展开分析和研究，如图2.1所示。

---

① 王宏玉.刑事立法政策合理化涵义浅析[J].中国人民公安大学学报（社会科学版）》,2005（10）.

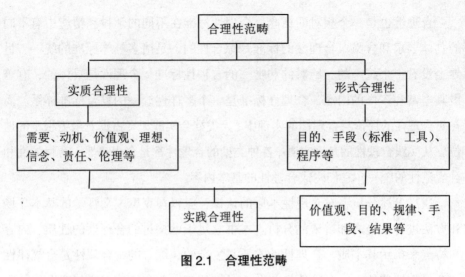

图 2.1 合理性范畴

3. 义务教育资源配置合理性是合理性理论的内在要求和具体反映

义务教育资源配置合理性是合理性理论在教育资源配置问题上的具体反映和内在要求。义务教育资源配置就其实质而言，是一种理性的认识活动和具体的实践活动的有效统一。从伦理学角度看，义务教育资源配置是一个具有合理性与现实性的伦理理念及伦理实践，如教育资源配置要合目的性和合规律性、公平性和公正性、合需要性和合责任性。就义务教育资源配置层面而言，城乡、校际分配的公平性和公正性是首要宗旨，应避免"差序格局"和"多元标准"，而且要结合社会和学校发展需要乃至师生教育教学需要，避免"配非所需"的盲目和"一刀切"式配置或者"配无所用"的"锦上添花"式配置。同时，义务教育资源的合理配置，也是保证义务教育均衡发展的基础，是各级政府应尽的责任和义务。就义务教育资源的合理使用而言，学校要创造条件，根据每一位教师的教学和学生的学习需要，公平、合理地使用教育资源，尤其是教学仪器设备的使用，这是学校领导和教职员工的责任。从唯物论和合理性角度上讲，义务教育资源配置在强调实践合理性的基础上，更是实质合理性、形式合理性与实践合理性的统一。对义务教育资源配置的合理性的认识和反思，也是人类理性和能动性的集中体现。因为义务教育资源配置的主体是人，主体的人是自然属性、社会属性和精神属性的统一体，因而，义务教育资源配置的合理性亦必然涉及自然的、社会的（包括政治的、经济的、文化的、历史的、制度的等方面）和需要、动机、价值观及伦理道德等方面。

义务教育资源配置的合理性是一个综合的合理性。无论在"工具合理性—价值合理性"上，还是在"形式合理性—实质合理性"上，或者在"理论合理性—实践合理性"上，义务教育资源配置的合理性的本质都集中表现在合乎主体的目的性和需要性、客体的规律性、配置行为和方式的公正性，而这四者又是内在联系、有机统一的，并与时代特征和地域文化性相吻合。义务教育资源配置的合理性的实质正在于对这种活动进行理性的评价、约束、规范和调控，使目的合理性、工具合理性、价值合理性及实践合理性的内容融为一体，实现科学的、公平的、公正的和可持续的义务教育资源配置。

"合理"与"不合理"的判定，是事实判断和价值判断的统一。义务教育资源配置的合理性，也是事实判断和价值判断的统一。义务教育资源配置存在区域差异、校际差异、个体和群体差异等现状，这是一种事实认定，同时，这种教育资源的配置不均，也成为内含各利益主体的理念、需要、目的、动机和利益标准的价值判定，是依据一定的价值标准对这种教育和社会现象做出的评价性描述。由此看来，义务教育资源配置的合理性取决于各利益相关者利益追求的合理性，取决于评价的标准和尺度的合理性，取决于教育资源配置者各自的观念和认识、行为目的和手段以及行为结果的合理性。

由义务教育资源配置的合理性可派生出合理的义务教育资源配置的目的和目标。若对合理的义务教育资源配置目的和目标进行追问，则有两个主要问题：其一，什么是合理的义务教育资源配置的目的和目标；其二，如何实现合理的义务教育资源配置的目的和目标。前者是基础方面，只有明确了什么是合理的义务教育资源配置目的和目标，才能围绕教育资源配置的合理目的和目标设计合理的实施方式和手段，如果义务教育资源配置目的和目标本身就是不合理的，那么义务教育资源配置的方式和手段的合理性也无从谈起。

因此，义务教育资源配置要体现合理性，就要对各种配置的目的和目标及实现每一目的和目标的各种方式和手段进行自觉反思，对义务教育资源配置进行价值判断和价值选择，探求其合理性限度并寻求合理性标准，以指导具体的义务教育资源配置问题的合理解决。

（三）公共选择理论

公共选择理论（public choicetheory）是作为政治经济学中一个独立或半

独立的分支学科出现的，是用经济学的原理和方法研究政治问题（主要是政府决策及其行为）的经济学理论，也是一门新的政治经济学科。它是用经济学的方法研究政治学领域问题的理论学科。

美国学者丹尼斯·穆勒（Dennis C. Mueller）把公共选择定义为"对非市场决策的经济学研究，或者是把经济学运用于政治科学的分析。其研究对象无异于政治科学"[①]。公共选择理论的研究对象是公共物品公共选择问题，公共选择就是指人们通过民主决策的政治过程来决定公共物品的需求、供给和生产相匹配的规则行为与过程，是把个体选择转化为集体选择的一种决策过程，是利用非市场决策的方式对资源进行配置，[②] 从而实现其社会效用的最大化。故此，公共选择本质上是一种政治决策过程。

1. 公共选择理论的理论产生

（1）公共选择理论产生的时代背景

公共选择理论的直接渊源可以追溯到18世纪法国学者孔多塞（de Condorcet）对"投票悖论"的研究[③]，另外，还有博尔达（de Borda）、查尔斯·道奇森（Charles L. Dodgson）等人关于投票程序的研究，[④] 但是，人们普遍认为公共选择理论产生于20世纪50年代。在这一时期公共选择理论产生，有其独特的时代背景。1929年，席卷资本主义社会的经济大危机爆发，自由竞争的市场经济机制受到极大的冲击，市场经济出现"萧条"，市场失灵，亚当·斯密（Adam Smith）"看不见的手"学说开始凋敝，人们对市场经济制度产生不满情绪并逐步蔓延。为此，一些西方资本主义国家开始采取国家干预经济的措施，在福利经济学和凯恩斯经济学理论的影响下，人们意识到国家必须运用行政手段来干预经济。但是，随着时间的变化，政府干预经济也出现了弊端，政府调控也出现"失灵"现象。人们开始研究这种非市场的政治—

---

① 丹尼斯 C. 穆勒 . 公共选择理论 [M]. 杨春学等译 . 北京：中国社会科学出版社，1999：4.

② 李稷，张沛 . 行为经济学视角下公众参与城市规划的动力机制优化 [J]. 现代城市研究，2018（6）.

③ de Condorcet, Marquis. Essai sur l'Application de L'Analyse à la Probability des Decisions Rendues?[M].la Pluraliste des Voix. Paris, 1785；董少林 . 公共选择理论视角下地方政府利益研究 [D]. 上海：复旦大学，2009.

④ de Borda, J. C. Memorie sur les Elections au Scrutin, Paris：Historie de I'Academie Royale des Sciences, 1781. Dodgson, Charles L. A Method of Taking Votes on More than Two Issues. 1876; reprinted in Black, "The Theory of Committees and Elections"[M]. Cambridge：Cambridge University Press, 1958.

集体决策为什么也会带来经济的失败。这促使了公共选择理论的产生。

（2）公共选择理论的形成与发展

公共选择理论的形成，离不开三位代表人物的贡献。他们分别是被誉为"公共选择理论之父"的英国北威尔士大学经济学教授邓肯·布莱克（Duncan Black 1908—1991）、美国经济学家詹姆斯·布坎南（James M. Buchannan, 1919—2013）和美国著名数理经济学家、斯坦福大学教授肯尼思·阿罗（Kenneth J. Arrow，1921—2017）[①]。

邓肯·布莱克于1948年发表了论文《论集体决策原理》，为公共选择理论奠定了基础。在该文中，他提出了投票人单峰偏好理论和中间人投票定理[②]。1958年，出版了代表作《委员会和选举理论》，首次提出了委员会决策（committee decision）问题[③]，并系统研究了委员会的投票选举问题，构建了投票选举理论的基本理论框架。[④]

布坎南因在公共选择理论领域著述颇丰而深具影响力，并获得1986年诺贝尔经济学奖。他于1949年发表了论文《政府财政的纯理论》[⑤]，布坎南和戈登·塔洛克（Gordon Tullock）合著公共选择理论的经典著作《同意的计算——立宪民主的逻辑基础》（1962）。他认为，对多数投票规则的研究重点是如何避免多数人对少数人的强制，从而获得一个让全体接受的决策结果。在该书中，著者首次将公共选择划分为在既定规则下的选择和对规则的选择两个层次，从而将政治理论划分为"普通政治"（ordinary politics）和"宪法的政治学"（constitutional politics）。该著作也因此而成为"立宪经济学"的奠基之作。[⑥]并与戈登·塔洛克等人先后在弗吉尼亚州的州立大学、科技学院和乔治·梅森

---

① 马海峰.公共选择理论视角下我国财政转移支付问题研究 [D]. 长沙：湖南大学，2010.

② Black, Duncan. On the Rationale of Group Decision Making[J].Journal of Political Economy, 1948,（56）：3—24.

③ Black, Duncan. The Theory of Committees and Elections[M].Cambridge：Cambridge University Press, 1958.

④ 阮守武.公共选择理论及其应用研究 [D]. 合肥：中国科学技术大学，2007.

⑤ Buchanan, James M.The Pure Theory of Government Finance：A suggested Approach [J].Journal of Political Economy, December 1949,（57）：496—505.

⑥ 詹姆斯 M. 布坎南，戈登·塔洛克.同意的计算——立宪民主的逻辑基础 [M]. 陈光金译.北京：中国社会科学出版社，2000；马海峰.公共选择理论视角下我国财政转移支付问题研究 [D]. 长沙：湖南大学，2010.

大学创办公共选择理论研究中心。

阿罗于1951年发表了为他后来赢得诺贝尔经济学奖的名著《社会选择和个人价值》。在该著作中，他提出了著名的"阿罗不可能性定理"，即以数理逻辑推理为工具论证了在公认的理性条件下，从个人偏好次序推导出社会偏好次序是不可能的。[①]

2. 公共选择理论的方法论

公共选择的基本行为假设是，"人是自利的、理性的效用最大化者"[②]。布坎南将公共选择理论的方法论概括为三点：个人主义的方法论、理性经济人假设和交易作为一种政治。

（1）个人主义的方法论

公共选择理论认为，人类的一切社会行为都应追溯到个人的角度来分析，个人的目的或偏好是经济学分析的出发点和基石，必须把个人的目的性放在首位。他们认为，个人是社会秩序的根本组成单位，而政府只是个人相互作用的制度复合体，个人通过制度复合体做了集体决策，去实现他们相互期望的集体目标，同时他们也通过制度复合体开展与私人活动相对立的集体活动。政治就是在这类制度范围内的个人活动。[③]这种方法论上的个人主义只是一种假设，现实中，个人的决策和选择并非是孤立的，个人的选择会随着制度环境的变化而变化；个人的目标选择和取向也可以是利他主义的，而非纯粹利己的。

（2）理性"经济人"假设

这是从"经济人"的角度考察不同决策环境中参与者的动机及行为逻辑。"经济人"假设是亚当·斯密最早系统运用的经济学范畴，即"人是关心个人利益的，是理性的效用最大化的追逐者"[④]。"经济人"假设也是西方经济学中研究经济个体的行为动机与行为逻辑的最基本的假设。认为人的行为都是基

① Arrow, Kenneth J. Social Choice and Individual Values [M].New York：Wiley, 1951；马海峰. 公共选择理论视角下我国财政转移支付问题研究 [D]. 长沙：湖南大学，2010.

② 丹尼斯 C. 穆勒. 公共选择理论 [M]. 杨春学等译. 北京：中国社会科学出版社，1999：4；马海峰. 公共选择理论视角下我国财政转移支付问题研究 [D]. 长沙：湖南大学，2010.

③ 宋官东. 教育公共治理及其机制研究 [D]. 沈阳：东北大学，2011；白贵. 当代公共财政理论与政策选择 [M]. 呼和浩特：内蒙古大学出版社，2004：60.

④ 马海峰. 公共选择理论视角下我国财政转移支付问题研究 [D]. 长沙：湖南大学，2010；许云霄. 公共选择理论 [M]. 北京：北京大学出版社，2006：21.

于对外部条件精细计算和稳定的理性序列的个人偏好，人都是依循效用最大化原则行事的。因为该假设在经济分析中的已有成功，并得到西方学术界较普遍的认同，所以，公共选择理论对个体行为分析中也采用了理性"经济人"假设，即认为政治领域的参与者也都是追求效用最大化者①。

（3）交易作为一种政治

公共选择理论学派把经济学的交易范式应用于对政治活动与政治决策过程的分析，把政治决策过程视作市场交易过程。经济市场的交易对象是私人产品，政治市场的交易对象是公共产品。通过交易形成的是协定、契约、规章和制度等公共物品。②人们从事的一切活动，都以起码的个人成本—收益计算为基础，政治市场中的每个人都以各自的效用函数进行相互的交易，以实现个人效用最大化。

3. 公共选择理论分析义务教育资源合理配置的可行性及必要性

首先，运用公共选择理论分析义务教育资源的合理配置和使用，具有一定的可行性。

（1）义务教育的公共产品属性符合公共选择理论的内容

公共产品理论是公共选择理论研究的主要内容之一。公共选择理论认为，政治决策和政府交易的对象是公共产品。依据社会产品的消费竞争性和排他性，可以将其分为私人产品（private goods）、公共产品（public goods）和混合产品（fused goods）。

私人产品具有消费的排他性和竞争性。因为它是消费者通过支付一定的费用而获得的物品与服务，所有权归购买者个人，严格排斥他人的消费；同时，私人产品消费，增加一个人的消费，就会减少另一个人的消费，具有竞争性。

公共产品是向社会整体提供的、集体消费和共同受益的产品和服务，具有消费的非竞争性和非排他性。每个人对该产品的消费都不会减少其他人对该产品的消费。如国防、法律、有效率的制度、公共场所的路灯等都属于公共产品的范畴。

混合产品是指介于公共产品和私人产品之间的产品。具有不兼具排他性

---

① 程旭敏 . 中国矿难原因和治理的研究综述 [J]. 山西煤炭管理干部学院学报，2009（2）：10.

② 许云霄 . 公共选择理论 [M]. 北京：北京大学出版社，2006：24.

和竞争性的特征。如公共桥梁、公共游泳池和公共影院等，是在消费上具有非竞争性，但可以较轻易地做到排他的产品。如公共渔场、牧场等，在消费上具有竞争性，却不具有排他性。[①]

义务教育是公益性事业，具有全民性、免费性、强制性、普惠性等特性。作为一项公益性事业，接受义务教育是每个适龄儿童的权利，学生享受义务教育产品时，彼此间不具有排他性；每个学生在消费义务教育产品的过程中也不会影响其他学生对这种产品的消费。可见，义务教育产品具有消费的非竞争性和非排他性，属于公共产品。[②] 义务教育公共品的本质特征决定了其由政府提供的必要性。

（2）理性"经济人"假设有助于分析义务教育资源配置的合理性问题

理性"经济人"假设是公共选择理论分析政府决策过程及其行为逻辑的前提。义务教育的公共产品属性决定了义务教育资源配置行为是政府决策行为的表现形式，"经济人"范式同样适用于分析义务教育资源配置及行为[③]。

从我国义务教育的性质及其政策分析来看，政府是义务教育的供给主体，这也是由义务教育的公共产品本质特征所决定的。义务教育资源配置的标准制定和方式的选择，都是由政府部门经过研究而制定，并在政府部门的宏观调控与监管下实施。其中，中央政府负责义务教育资源配置方面的政策顶层设计和制定，并加强全国范围内的宏观调控；省级政府在贯彻中央政策的基础上，结合地方实际情况，负责制定并统筹、规划、宏观调控和监督本省义务教育资源配置情况；县级政府负责县域内义务教育资源配置方面的具体配置方案制定、执行和监督。形成中央统一领导，省级政府统筹，以县为主管理的健全的义务教育均衡发展领导和管理体制。各级政府及教育行政部门的教育政策制定和推行，都是追求国家利益和教育效用的最大化，符合政府作为理性"经济人"的行为逻辑和行为动机。

在社会发展的不同时期，国家对义务教育资源配置的政策不同，不同的

---

① 杨公安. 县域内义务教育资源配置低效率问题研究——基于公共选择理论视角 [D]. 重庆：西南大学，2012.

② 同上。

③ 同上。

政策都是基于某种逻辑和国家利益。例如，20世纪七八十年代，为了适应社会发展对人才的需要，各地兴办了一些"重点学校"，目的是为了快出人才、早出人才，集中有限的教育资源，培养国家建设急需的拔尖人才，当然最终也产生了实际效果。从追求国家效用最大化的角度看，这种人为拉大教育差距的做法是产生了一定的效益。为了追求教育公平和社会公平，缩小社会差距，化解社会矛盾，促使城乡教育一体化，促进义务教育均衡发展是国家义务教育工作重点。县级政府作为义务教育的直接管理者、实施者，直接负责义务教育资源配置的方式选择和具体实施。如何在城乡之间、学校之间配置义务教育资源，由县级政府具体规划和决策。县级政府相关工作人员一方面考虑该县义务教育事业的整体发展，完成上级政府部门下达的任务，另一方面，教育工作投资大，周期长、见效慢，而且教育效果还具有一定的反复和反弹性。因此，在具体实施教育资源配置的过程中，相关县级政府官员则要进行利益权衡。依据经济人假设，这些政府工作人员在义务教育资源配置过程中，便会选择对自己最利于的配置方式。[①]

（3）义务教育资源均衡配置过程渗透着政府官员及利益集团的利益博弈

公共选择理论认为，政府机构中的官员也和经济市场中的商家一样，也是理性人，从事活动的目的也是为了追求自身利益最大化。国家义务教育均衡发展政策的制定和执行，每一级政府、教育行政部门中的决策者，都会权衡国家利益、集体利益和个人利益之间的关系。

优化义务教育资源配置，提高教育资源的使用效率，促进义务教育均衡发展，提高教育质量，推进教育公平和社会公平，是国家教育发展的重点。为此，国家不断完善义务教育政策和管理体制，加大义务教育投入，特别是向农村重点倾斜和扶持，取得了一定的成绩，区域差别、城乡差别、校际差别逐渐缩小。但是，笔者调研发现，W县在义务教育资源配置及均衡发展方面不仅存在教育资源配置不足问题，而且存在既配教育资源闲置和浪费问题。而对诸类问题产生的原因，根据已有研究分析和评价，并非诸多学者的研究结论所能完全解释，例如，经济发展水平还不高导致投资不足、教育制度和

---

① 杨公安. 县域内义务教育资源配置低效率问题研究——基于公共选择理论视角 [D], 重庆：西南大学，2012.

体制方面的原因、政府职责与职能原因、人口流动原因、地域原因、历史原因等。同时，研究发现，国家的义务教育政策、投入体制、学校规划布局、学生流动等不是造成义务教育资源配置不足和既配教育资源闲置浪费的主要因素。因此，本研究转换研究视角，借用公共选择理论，以新政治经济学的研究范式（即公共选择理论采用的研究范式），分析问题产生的根源。

政府是义务教育最核心的供给主体，学校中的师生乃至家长是义务教育资源配置结果的使用者和受益者。按照惯性思维，竭尽全力为民服务是政府及官员的法定义务，也是天经地义之事。但是，在国家加大义务教育资源投入和义务教育均衡发展达标验收后，怎么还会出现教育资源配置不足的问题呢？同时，学校教育资源不足，既然国家已经配置了，教师和学生怎么不使用而闲置浪费呢？家长怎么还不认同学校办学条件改善而想方设法让子女择校呢？公共选择理论认为，在决策过程中，行为人无论是政治家、政府官员，或者是日常经济活动中的自然人，都是自身利益最大化的追求者。在公共选择学者看来，人并不会因他所处的地位不一样而改变其本性，个人的行为生来就是要使效用最大化，直到受到抑制为止。[①] 政府决策失误、机构膨胀、效率低下以及寻租行为等，都是政治家、政府官员自利行为的后果在现实生活中的具体表现。[②] 故此，运用公共选择理论分析义务教育资源配置的合理性问题具有一定的必要性。

二、农村义务教育资源配置合理性分析框架的建构

（一）教育资源配置合理性评价指标选择

教育的目的在于培养全面发展的人才，而全面发展人才的培养，需要教育保障条件和教育对象的主观能动性及其实践活动的共同作用。影响人才培养的保障条件一般称为教育资源。本研究基于教育活动的构成要素以及教育公平理论，从县域义务教育均衡发展督导评估达标验收后，西北农村义务教

---

① 许云霄. 公共选择理论 [M]. 北京：北京大学出版社，2006：10—11.

② 杨公安. 县域内义务教育资源配置低效率问题研究——基于公共选择理论视角 [D]. 重庆：西南大学，2012.

育资源配置的合理性视角出发，以义务教育均衡发展的最基本条件为研究重点，因此，所讨论的教育资源主要包括人力、物力和财力三个方面。为了能够有重点、较系统地分析西北农村地区义务教育基本均衡发展督导评估验收达标后，农村学校教育资源配置的合理性，保证数据采集的有效性，监测指标的选择和国家"县域内义务教育校际均衡状况评估指标"不完全相同。学校人力资源包括教职工和学生，以教师资源配置为主，主要指办学规模，生师比，班级规模，师资数量和学历、职称、学科结构以及进修培训、评优评奖、工作负担、城乡轮岗交流，学生数量等；物力资源主要指学校的办学条件，如生均校舍面积和建设用地，教学、办公及生活用房、运动场地、图书资料、实验仪器、体育运动及劳技器材、现代信息技术设备等；财力资源主要指教育经费投入，如财政预算内财政拨款增长率、生均公用经费和生均事业费投入、教师津贴、仪器设备经费投入、基建维修经费投入等。为此，本研究选取人力资源、物力资源和财力资源 3 个一级指标，办学规模、生师比等 29 个二级指标，班级数平均班额等 55 个三级指标，如表 2.1 所示，对县域义务教育均衡发展督导评估达标验收后，西北农村义务教育资源配置的合理性进行监测和评价。

表 2.1　义务教育资源配置合理性监测指标体系

一级指标	二级指标	三级指标
人力资源配置	办学规模	班级数
		平均班额
	生师比	
	学历结构	专任教师学历合格率
		高学历教师百分比
	职称结构	三级及以下占教师总数的百分比
		二级职称占教师总数的百分比
		一级职称占教师总数的百分比
		高级职称占教师总数的百分比

续表

一级指标	二级指标	三级指标
人力资源配置	学科结构	兼科（两科及以上）教师比例
		信息技术课程专职教师比例
		音体美课程专职教师比例
	继续教育和培训	参加继续教育的教师人数
		年度接受培训教师的比例
	校长城乡交流	交流人数/年
		比例/年
	教师城乡交流	交流人数/年
		比例/年
	教师负担	教师周课时数
	教师工作满意度	工作满意度
		工作环境满意度
	教辅工勤人员配备	
	生均校园面积	
物力资源配置	生均校舍建筑面积	
	教学及辅助用房	实验室
		音乐教室
		美术教室（艺术教室）
		科技教室及活动室
		计算机教室
		电教器材室（多功能准备室）
		心理咨询室
		图书室
		劳动技术教室
	现代教育技术设施	生均计算机台数
		多媒体教室
		校园互联网开通率

一级指标	二级指标	三级指标
物力资源配置	图书资料及其设施	生均图书册数
		生均图书室面积
		教师阅览室
	体育运动场地及器材	体育活动器材室
		生均运动场面积
		100 米直道
		200 米环形跑道田径场
		体育器材配备
	办公用房	党政办公室
		教师办公室
		团队活动室
		总务仓库
		卫生保健室
		门卫传达室
		会议室
		文印档案室
物力资源配置	生活用房	教工宿舍
		学生宿舍
		食堂
		开水房
		浴室
		教工厕所
		学生厕所
	是否存在危房	

一级指标	二级指标	三级指标
财力资源配置	预算内财政拨款增长率	
	生均公用经费	
	生均事业费	
	教师津贴	
	乡村教师生活补助	
	基建、维修经费投入	
	仪器设备经费投入	
	社会捐资	
	勤工俭学收入	

（二）义务教育资源配置合理性原则

社会资源在总体上是稀缺的，而用于教育的资源亦是稀缺的，因此，在总体上，考虑国家的社会总资源配给于教育系统的种类及其比例，然后再考虑将社会总资源中分配给教育系统的资源，如何在各级各类教育机构之间合理分配。教育资源的配置往往和对其的使用联系在一起，只考虑资源配置而不注重其使用，会对有限的教育资源造成极大的浪费。教育资源的配置涉及多个利益主体，包括政府、学校和其他社会教育机构、师生和家庭等，不同的利益主体在其中的地位和职能不同，对教育资源配置价值和利益需求则不同。义务教育的公共产品属性决定了政府是义务教育资源的供给主体，而且不同层级的政府在教育资源配置中的角色和职能有别，其中，中央政府负责义务教育资源配置方面的政策顶层设计和制定，并加强全国范围内的宏观调控；省级政府在贯彻中央政策的基础上，结合地方实际情况，负责制定并统筹、规划、宏观调控监督，监督本省义务教育资源配置情况；县级政府负责县域内义务教育资源配置方面的具体配置方案制定、执行和监督。学校作为教育资源的直接接受者和使用者，在资源配置中，不仅对政府或其他部门配给的教育资源进行校本分配，更重要的是负责落实教育资源的合理使用，以发挥资源的使用效率。师生则是直接享用教育资源的主体，不仅要按照自身需求，合理、高效地享用教育资源，更重要的是要积极主动地去学习和适应教育资源的使用，尤其是对新型的教育设备和教育信息技术手段的使用。家庭也是教育资源的享用者和配置者。从分享教育资源的角度而言，政府或其他团体、个人对个别家庭进行专项教育投入，如困难家庭专项扶贫补助、学校对特殊家庭及其子女的教育扶助等。从教育资源的享用者角度出发，家庭如何合理使用这些资源？从教育资源的配置者角度出发，家庭愿不愿意送子女入学？对子女接受教育权，是选择学校还是选择家庭教育或其他社会教育机构？选择哪里的学校或者什么性质的学校？城市或农村？对学校或教育机构的支持和配合怎么样？以上种种，都是关涉家庭方面的因素。虽然教育法规（主要是《教育法》《义务教育法》和《未成年人保护法》）和制度明确做了规定，如教育是每个公民享有的权利和应尽义务，家庭必须送适龄儿童入学接受教育，义务教育需就近入学，家庭配合学校教育和管理子女等。但是，很多家庭在义务教育阶段未能很好履行这些规定，这也是当前教育发展中的一个难题。教育资源配置是一个比较复杂的系统工程，针对这些不同的利益主体，教育资源配置不单单是自上而下的谁配置、谁使用的线性关系，而是包含着各相关利益主体之间分配权和使用权等相互关联的价值追求和行为逻辑、分配秩序和规则。故此，首先，要明确谁是教育资源配置的主体，资源来自哪里？义务教育资源配置的主体是政府，这是无可辩争的，当然其他企事业单位或个人也可以以捐助的方式投入教育；其次，要考量按照什么价值标准和原则分配，即从供给侧考量教育资源配置的公平性和均衡性；再次，要明确教育资源配给哪里或者配给谁使用，即配置和使用的对象——学校、家庭、个人，或者其他社会教育机构。同时，教育资源配置还应考虑教育者和教育对象的需求。

因此，本研究认为，义务教育资源的合理配置，无论是人力资源和物力资源配置，还是财力资源配置，都是以教育公平和合理性理论为基础，使目的合理性、工具合理性、价值合理性及实践合理性相统一，以供给、需求和责任的协调一致为出发点的教育资源的动态调配过程。义务教育资源的合理配置，必须遵循公平性原则、教育性原则、需要性原则和责任性原则。

1. 公平性原则

公平性原则，是整个教育系统中教育资源配置的基本原则，体现在各级各类各区域教育之中。对义务教育资源配置而言，公平性原则更是首要原则。教育资源配置的公平性原则主要表现为：（1）资源配给机会平等，即对所有的教育机构和教育对象，都应使其平等地获得教育资源；（2）财政中立原则，即教育经费的投入不能因地区的富裕程度不同而有所差异；（3）差异性补偿原则，在体现前两项原则的前提下，特殊和具体情况要有区别，对弱势或者急需者，给予差别性对待和补偿。

2. 教育性原则

任何教育资源配置，都是服务于培养人这一教育目的。因此，教育资源配置不是为了"装扮"办学条件，不是为了"迎合"某种教育政策的需要，不是为了达到某种个人效用等，而是为培养德、智、体、美、劳及个性心理等方面全面发展的人服务的。

3. 需要性原则

教育资源配置，是国家推进教育公平和均衡发展之需要，是学校为实现人才培养目的之需要，是教师专业发展和学生学业发展之需要。因此，教育资源配置要体现"配为所需""配为所用"，剔除"锦上添花"之行为，实现"雪中送炭"之效用。

4. 责任性原则

教育资源配置的公平性、教育性的实现，资源配置主体的配置理念及行为责任是重要保障之一。行动和责任是两个密切相关的概念，有某种行为就必须承担其行为责任。义务教育是民生事业，既是每一个公民享有的权利，也是每一个公民和社会各界应履行的义务。对义务教育资源配置而言，政府作为资源配置的主体，必须履行好合理配置教育资源的责任，政府各相关职能部门和各级教育行政机构在义务教育资源配置中，亦应履行其责任。

总之，义务教育资源的合理配置，必须以促进学校培养全面发展的人才为目的，必须满足适应教育对象的身心发展和社会发展之需要，既要做到配置方式和手段的公平、公正、有效，又要履行资源配置主体的法律和制度责任，还要结合实际情况，合乎情理。义务教育资源配置的合理性，是合目的性与合规律性、合公平性与合责任性、合教育性与合需要性的统一。

三、本章小结

本章重点分析了本研究的理论基础教育公平理论、合理性理论和公共选择理论。教育公平既是一个历史的价值判断概念，又是一个结构性的动态发展概念、一个相对的概念。因此，具有历史性和现实性、发展性和永恒性、主观性和客观性、理想性和相对性等特点。

公共选择理论是用经济学的原理和方法研究政治问题（主要是政府决策及其行为）的经济学理论，也是一门新的政治经济学科。其方法论概括为三点：个人主义的方法论、理性经济人假设和交易作为一种政治。运用公共选择理论分析义务教育资源的合理配置和使用，具有一定的可行性和必要性：（1）义务教育的公共产品属性符合公共选择理论的内容；（2）理性"经济人"假设有助于分析义务教育资源配置和使用存在合理性问题；（3）义务教育资源均衡配置过程渗透着政府官员及利益集团的利益博弈。

合理性的本质是复杂的、综合的。合理性是合规律性与合目的性的统一、合价值性与合工具性的统一、合主体需要与合客体效应的统一、合情与合理的统一。义务教育资源配置的合理性是合理性理论在教育资源配置和使用问题上的具体反映和内在要求。义务教育资源配置的合理性，也是事实判断和价值判断的统一。教育资源配置和使用存在区域差异、校际差异、个体和群体差异等现状，这是一种事实认定，同时，也成为内含各利益主体的理念、需要、目的、动机和利益标准的价值判断。是依据一定的价值标准对这种教育和社会现象做出的评价性描述。由此看来，义务教育资源配置的合理性取决于各利益相关者利益追求的合理性，取决于评价的标准和尺度的合理性，取决于教育资源配置者和使用者各自的观念和认识、行为目的和手段以及行为结果的合理性。

教育的目的在于培养全面发展的人才，而全面发展人才的培养，需要教育保障条件和教育对象的主观能动性及其实践活动的共同作用。本研究基于活动的构成要素以及教育公平理论，从县域义务教育均衡发展督导评估达标验收后，西北农村义务教育资源配置的合理性视角出发，以义务教育均衡发展的最基本条件为研究重点，所讨论的教育资源主要包括人力、物力和财力三个方面。构建包括人力资源、物力资源和财力资源3个一级指标，办学规模、生师比等29个二级指标，班级数平均班额等55个三级指标，对县域义务教育均衡发展督导评估达标验收后，西北农村义务教育资源配置的合理性进行检测。

　　义务教育资源的合理配置是基于教育公平和合理性理论，是以供给、需求和责任的统一为基础的教育资源调配动态过程。义务教育资源的合理配置，必须遵循公平性原则、教育性原则、需要性原则和责任性原则。义务教育资源的合理配置，必须以促进学校培养全面发展的人才为目的，必须满足并适应教育对象的身心发展和社会发展之需要，既要做到公平、公正，又要履行资源配置主体的法律和制度责任。因此，义务教育资源配置的合理性，是合目的性与合规律性、合公平性与合责任性、合教育性与合需要性的统一。

第三章 W 县农村义务教育资源配置现状的合理性考察

　　教育资源是指保障并服务于教育活动以使教育目标达成的所有资源，包括人、财、物、时空、信息、制度等。本章从县域义务教育均衡发展和资源均衡配置的视角出发，以义务教育均衡发展的最基本条件为研究重点，因此，所讨论的教育资源主要包括人力、物力和财力三个方面。人力资源主要指师生数量以及质量，生师比，班级规模，师资数量和学历、职称、年龄、学科结构以及进修培训、评优评奖、城乡交流等；物力资源主要指学校的办学条件，如教学、办公及生活用房、运动场地、图书资料、实验仪器、体育运动及劳技器材、现代信息技术设备等；财力资源主要指教育经费投入，如生均公用和生均事业费投入、教师津贴、仪器设备经费投入、基建维修经费投入等。

　　教育资源配置是将有限的教育资源按照不同的使用目的和方向进行合理的分配，以提高教育资源的使用效率。义务教育资源配置主体不仅要从供给侧的公平性和均衡性角度出发，合理配置教育资源，而且须从需求侧考量教育资源与教育实践者和教育对象需求的适切性，以解决教育资源的供给与需求之间的矛盾，实现教育资源配置的公平性、均衡性和效率性的统一。教育资源配置必然涉及和体现合理性，是形式（工具）合理性、实质（价值）合理性与实践合理性的统一。因此，本书认为，教育资源配置是基于教育公平、均衡和效率理念，以供给和需求的统一为基础的教育资源调配和使用的动态过程，必须具有合理性。

因此，本章从教育资源的人力、物力和财力三个方面，考察 W 县义务教育均衡发展过程中，教育资源配置和使用现状的合理性问题。

一、W 县农村义务教育人力资源配置现状

人力资源是教育资源中最具活力、最具能动性、最核心的资源，是第一生产力。对学校教育来说，物力资源和财力资源的配置和使用最终都服务于人力资源，并通过人力资源发挥其使用效率。因此，人力资源的合理配置是教育资源整体合理配置的决定性方面。对学校而言，人力资源的主体主要是教职工和学生，其中教师又是最核心的人力资源，教师可以创造性地把其他教育资源的功能和作用加以整合和加工，使之变成学生易于学习和利用的教育资源，因此，教师既是教育教学的主导者，又是学生学习资源的加工创造者，同时，也是学生直接或间接学习的客体和榜样。在西北农村边远和贫困地区的学校，尤其是个别学校现代信息技术资源配置不足的情况下，教师的教育理念、教育教学的主体性、创造性、示范性显得尤为重要。为此，党和国家历来重视农村教师队伍建设，把教师资源配置作为义务教育资源配置的重要方面。对学校人力资源配置的考察，主要突出在教师资源的配置，因为教师资源配置在整个教育资源配置中具有主导作用。为此，对人力资源配置合理性的考察，主要依据的指标包括：教职工和学生数量，学校和班级规模、生师比，教师学历合格率，教师的学科结构、职称结构以及进修培训、评优评奖、城乡交流情况和教师负担及工作满意度等，通过这些指标，能够比较准确地反映样本学校人力资源的配置现状。本部分重点针对县域义务教育基本均衡督导评估达标后，W 县义务教育人力资源配置现状进行合理性考察。

（一）办学规模

1. 办学规模仍然存在城乡差异

为了促进义务教育均衡发展，结合本省实际，甘肃省政府2012年颁发《甘肃省义务教育学校办学基本标准（试行）》（以下简称"甘标2012"），"甘标2012"对本省义务教育阶段学校规模做了明确规定：农村小学规模一般不少于6个教学班，班额一般不超过45人，农村初中规模一般不少于18个教学

班，班额一般不超过50人。[①] 而《农村普通中小学建设标准》（以下简称"国标2008"）则依据生源对农村中小学的规模和班额规定：非完全小学为4班，30人／班；完全小学为6班、12班、18班，近期45人／班，远期40人／班；初中为12班、18班、24班，近期50人／班，远期45人／班。[②]

根据调查，样本县办学规模现状如下：

首先，城区学校总体班额过大，而农村学校班额过小。依据"甘标2012"中关于初中和小学办学规模的规定，样本学校中，城区初中、小学普遍存在平均班额过大的情况。调研发现，如表3.1所示，样本学校中，城区完全小学2015—2017年平均班额分别为56.55人和57人，超过了"甘标2012"中"城市小学班额不能超过45人"和"国标2008""近期45人／班"的规定，平均班额超标11人；城区初中2015—2017年平均班额分别为61.62人和57人，班级规模也超过了"甘标2012"中"城市初中不超过50人"和"国标2008"中"近期50人／班"的规定，平均班额超标10人。访谈中，很多城区学校校长对"大班额"和"城市拥挤"的情况意见很大，但是无能为力。

城区某样本小学校长抱怨："非本校辖区的学生太多，每年新生招生工作最头疼，家长调动各种社会关系'择校'，挤破头往我们学校涌。上级领导打招呼、亲朋好友频频求情、本校教职工进言……我们城区学校校长最害怕新生开学啊！学校的校舍就这么多，只能增加班额，每年都在增加，学校管理成本增加，管理难度加大，教学质量受到影响，颇感无所适从！"

相反，农村初中、小学存在班额过小的问题。如表3.1所示，在样本农村初中和小学（尤其是完全小学和教学点）中，存在因校均规模逐年减少而导致的班额减少的趋势，如在样本小学中，教学点2015—2017年每校平均仅为4个教学班，平均班额分别为19.17人和14人；农村初中2015—2017年校均规模分别减少51人和24人。

---

① 甘肃省人民政府办公厅关于转发省教育厅《甘肃省义务教育学校办学基本标准（试行）》的通知（甘政办发〔2012〕233号）[DB/OL].甘肃省政府网，2013–05–30.

② 《农村普通中小学建设标准》（建标109–2008）[DB/OL].百度文库，2014–10–21.

表 3.1　样本学校规模均值（单位：人、个）

学校类型		地域	2015 年			2016 年			2017 年		
			学校规模	班额	班级数	学校规模	班额	班级数	学校规模	班额	班级数
初中		城区	2504	61	41	2582	62	42	2649	57	47
		农村	563	45	13	512	41	12	488	41	12
小学	完全小学	城区	1575	56	28	1670	55	31	1798	57	33
	完全小学	农村	141	24	6	134	23	6	132	23	6
	中心小学		464	41	11	467	42	11	474	41	11
	教学点		77	19	4	69	17	4	56	14	4

其次，城区学校校均办学规模逐年增大，而农村学校校均规模逐年缩小。如表3.1所示，同为完全小学，2015—2017年，城区完全小学校均办学规模分别为1575人、1670人和1798人，农村完全小学校均办学规模分别仅为141人、134人和132人，城区完全小学校均办学规模分别是农村完全小学的11.17倍、12.46倍和13.62倍；就初中而言，2015—2017年，城区初中校均办学规模分别为2504人、2582人和2649人，农村初中校均办学规模分别为563人、512人和488人，城区初中校均办学规模分别是农村的4.45倍、5.04倍和5.43倍。并且农村小学、初中校均办学规模在逐年下降，而城区小学和初中校均办学规模在逐年增加，农村学校和城区学校在办学规模方面的差距在逐年加大。依据"教育部关于印发《县域义务教育均衡发展督导评估暂行办法》的通知"要求，"小学和初中的差异系数分别小于或等于0.65和0.55的县，方可通过义务教育发展基本均衡县的评估认定"[①]。但是，调查显示，如表3.2所示，2015—2017年，农村和城区初中办学规模的差异系数分别为0.96、1.06和1.08，农村和城区小学办学规模的差异系数分别为0.93、0.96和1.00，均呈逐年增大的趋势，城乡不均衡也呈逐年加大趋势。

---

① 教育部关于印发《县域义务教育均衡发展督导评估暂行办法》的通知 [DB/OL]. 中国政府网，2012–2–16.

表3.2　样本学校办学规模差异性比较

	初中					小学				
	N	极小值	极大值	均值	标准差	差异系数	N	极小值	极大值	均值	标准差	差异系数
2015年学生数	13	241	2971	848.85	813.19	0.96	22	62	1880	582.77	542.96	0.93
2015年班级数	13	7	45	16.69	12.34	0.74	22	6	36	12.68	8.74	0.69
2015年平均班额	13	10	66	43.69	13.62	0.31	22	10	69	39.80	14.57	0.37
2016年学生数	13	232	3030	816.62	862.05	1.06	22	70	1952	599.36	572.74	0.96
2016年班级数	13	6	45	16.54	12.70	0.77	22	6	36	13.32	9.78	0.73
2016年平均班额	13	10	67	40.92	13.70	0.33	22	12	65	39.77	13.54	0.34
2017年学生数	13	224	3017	808.69	875.13	1.08	22	74	2200	625.59	625.90	1.00
2017年班级数	13	6	47	17.62	14.13	0.80	22	6	36	13.59	10.34	0.76
2017年平均班额	13	10	640	38.08	12.64	0.33	22	12	66	39.18	14.59	0.37
有效的N（列表状态）	13						22					

2. 办学规模存在校际差异

样本学校办学规模呈现很大校际差异。调研发现，如表3.3所示，同为农村完全小学，JS小学2015—2017年学生规模分别为219人、201人和193人，而ML小学2015—2017年学生规模分别为62人、70人和74人，分别相差3.53倍、2.87倍和2.61倍；同为农村中心小学，2015—2017年MJ小学学生规模分别为1032人、997人和1004人，而DZ小学学生规模则分别仅为141人、143人和123人，分别相差7.32倍、6.97倍和8.16倍，校际规模的差距很大。同为教学点，2015—2017年，SBY小学校均规模分别为人48人、40人和28人，而XHZ小学校均规模分别为106人、98人和84人，XHZ小学分别是SBY小学的2.21倍、2.45倍和3倍，校际差距逐渐增大，但是校均规模逐年缩小。再如，同为农村初中，AH初中2015—2017年学生规模分别为1216人、1273人和1097人，而NB初中同年学生规模分别为241人、240人和236人，AH初中2015—2017年的学生规模分别是NB校的5.0倍、5.3倍和4.6倍，办学规模差异很大。同为城区学校，办学规模校际的差距亦很明显。如表2.3所示，同为城区完全小学，在2015—2017年中，BZ小学平均班额近67人，超额"甘标2012"规定"小学班额一般不超过45人"22人，超额48.89%，而JC小学则完全达标，并且是样本学校中仅有的达标学校。而两所城区样本初中，在2015—2017年，BJ学校三年校均规模分别为2037人、2134人和2281人，CG学校三年校均规模分别为2971人、3030人和3017人，CG学校三年校均规模分别是BJ学校的1.46倍、1.42倍和1.32倍，并且CG和BJ学校平均班额分别超标31.34%和10%。

表3.3 样本学校规模、班级规模及班级数 （单位：人、个）

学校类型	地域	学校名称	2015年			2016年			2017年		
			学生数	班级数	平均班额	学生数	班级数	平均班额	学生数	班级数	平均班额
初中	城区	BJ中学	2037	37	55	2134	38	56	2281	47	49
		CG中学	2971	45	66	3030	45	67	3017	47	64
	农村	AH初中	1216	25	47	1273	26	49	1097	23	48
		MJ初中	1054	24	44	1034	23	45	1024	23	44
		SH初中	470	12	10	430	10	10	385	10	10
		FY初中	372	8	45	304	6	50	241	6	40
		WN初中	560	10	56	424	11	39	422	11	38
		ZB初中	676	13	52	479	14	34	470	16	29

续表

学校类型	地域	学校名称	2015年			2016年			2017年		
			学生数	班级数	平均班额	学生数	班级数	平均班额	学生数	班级数	平均班额
初中	农村	YB初中	323	8	41	301	7	43	299	8	38
		AK初中	332	9	37	326	9	36	423	11	39
		DB初中	509	11	46	409	11	37	394	12	33
小学	农村	YT初中	274	8	36	232	8	34	224	8	30
		NB初中	241	7	33	240	7	32	236	7	33
	城区	ZL小学	1217	24	50	1473	25	59	1625	25	65
		BZ小学	1880	27	69	1952	30	65	2200	34	66
		JC小学	1640	36	45	1564	36	44	1580	36	45
		SY小学	1561	26	60	1689	33	51	1787	35	51
	农村	DZ中心小学	141	7	20	143	7	20	127	6	21
		TS中心小学	153	7	22	163	6	37	167	6	28
		WG中心小学	220	6	37	198	6	35	174	6	29
		GQ中心小学	308	6	51	277	6	46	281	6	47
		FY中心小学	313	7	45	318	8	45	318	8	40
		NB中心小学	409	12	35	444	11	41	389	10	39
		DB中心小学	439	9	49	496	10	50	569	12	47
		CB中心小学	547	13	39	574	14	40	581	14	42
		YB中心小学	616	13	47	615	13	47	634	13	47

续表

学校类型	地域	学校名称	2015 年			2016 年			2017 年		
			学生数	班级数	平均班额	学生数	班级数	平均班额	学生数	班级数	平均班额
小学	农村	WN中心小学	679	12	57	701	12	59	732	12	61
		SH中心小学	705	18	39	680	16	43	716	16	45
		MJ中心小学	1032	20	51	997	24	41	1004	24	42
小学	农村	JS完全小学	219	6	36	201	6	34	193	6	32
		ZC完全小学	214	6	35.6	189	6	32	174	6	29
		DQ完全小学	173	6	29	158	6	27	148	6	25
		LC完全小学	192	6	32	186	6	31	190	6	32
		ML完全小学	62	6	10	70	6	12	74	6	12
		SG完全小学	101	6	17	98	6	16	100	6	17
		SBY小学	48	3	16	40	2	20	28	2	14
		XHZ小学	106	5	21.2	98	5	20	84	5	17

另外，根据对 W 县教育局一位副局长（A 局长）的访谈得知，W 县存在一定比例的小规模学校和"空校"。如表3.4和图3.1所示，W 县小规模小学占比较大。全县现有小学360所（不包括"空校"），其中100名学生以下的小学有140所，占全县小学总数的38.89%，50名学生以下的小学有126所，占全县小学总数的35%，10名学生以下的小学有73所，占全县小学总数的20.28%。另外，还有66所"空校"闲置，未得到充分利用。

以下是研究者对 A 局长的访谈纪录。

研究者：请您谈谈本县农村小规模学校的现状。

A局长：截至2018年6月底，本县现有小学360所，其中学生人数100人以下的有140所，50人以下的有126所，10人以下的有73所。除此之外，还有66所"空校"（即没有一个学生的学校），这种小规模学校和"空校"还在不断增加。

研究者：请问这种小规模学校（尤其是"10人"以下学校和"空校"）产生的原因有哪些？

A局长：我认为主要有两个原因：其一，随着农村城镇化建设，部分乡村农业人口进城务工、经商、买住宅房，因而农村生源随之流入城区，导致农村生源不断减少，农村学校规模逐渐缩小。其二，农村家长的攀比心理。有些家长看到别人家孩子进城读书，自己也要想方设法让自己的孩子在城里上学，宁愿花高额的费用为孩子在城区租房、让爷爷奶奶陪读，认为这样比较"体面"，其实很多农村孩子不适应城区学校的教育教学方式，学习效果不一定好……

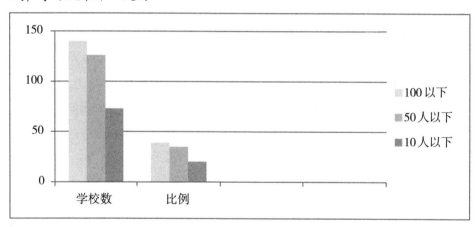

图3.1　W县农村小规模学校情况

表3.4　W县农村小规模学校情况（单位：个、%）

学生人数	小规模学校			小学总数
	100以下	50人以下	10人以下	
学校数	140	126	73	360
比例	38.89	35	20.28	

综上所述，样本学校中，办学规模城乡和校际差异大，城区小学、初中呈现班级规模过大、并逐年递增的趋势，而农村小学、初中呈现办学规模过小，且逐年递减趋势。学生人数的多少是学校规模大小的主要标志[①]，学校办学规模过小则会增加教育成本，引起办学规模经济效应下降；规模过大则给教师的教育教学管理带来压力，不利于照顾学生的个别差异和因材施教。

（二）生师比

生师比是评价一所学校人力资源配置和使用合理性的一个常用指标，体现的是学校的每位教职工服务和负担的学生数量，学生数过高或过低都会对教育资源配置公平和使用效率带来影响，学生数量过高教师的负担加重，过低则造成教育资源浪费。为此，国家的义务教育学校生师比标准一直随着社会和教育发展而不断调整，以实现教育资源的合理配置和使用，实现教育均衡和教育公平。2014年国家将县镇、农村中小学教职工编制标准统一到城市标准，即初中为1：13.5，小学为1：19.0。[②]调研发现，样本县农村义务教育学校的生师比存在如下的不合理性。

1. 农村学校生师比普遍低于国家标准，办学成本增加

调查显示，农村学校普遍生师比低于国家标准，且校际差异非常明显。如表3.5所示，2015—2017年教学点的生师比均值分别为16.85：1、12.30：1和10.65：1，与国家小学编制标准（19.0：1）相比分别低2.15%、6.7%和8.35%。

表3.5　样本学校 2015—2017 年生师比均值（单位：%）

学校类型	地域	2015 年			2016 年			2017 年		
		均值	最大值	最小值	均值	最大值	最小值	均值	最大值	最小值
初中	城区	11.69	13.14	10.24	11.89	13.11	10.67	11.91	12.84	10.97
	农村	10.87	15.6	6.18	9.73	12.16	5.33	9.54	15.03	6.05

---

① 王善迈. 教育经济学概论 [M]. 北京：北京师范大学出版社，1989：216.

② 中央编办，教育部，财政部关于统一城乡中小学教职工编制标准的通知 [DB/OL]. 中央机构编制网，2017-02-24.

续表

学校类型		地域	2015 年			2016 年			2017 年		
			均值	最大值	最小值	均值	最大值	最小值	均值	最大值	最小值
小学	完全小学	城区	19.19	20.54	18	19.03	20.6	17.5	19.22	21	17.87
	完全小学	农村	13.23	16.83	7.8	13.19	17	7.5	12.41	19	6.8
	中心小学		14.21	23.11	6.12	14.18	24.9	5.43	12.59	17.43	6.19
	教学点		16.85	17.7	16	12.30	13.3	11.3	10.65	12	9.33

2015—2017年，农村中心小学的生师比均值分别为14.21：1.14、18：1和12.59：1，与国家小学编制标准（19.0：1）相比分别低4.79%、4.82%和6.41%。农村完全小学的生师比均值分别为13.23：1.13、19：1和12.41：1，与国家小学编制标准（19.0：1）相比分别低5.77%、5.81%和6.59%。农村初中的生师比均值分别为10.87：1、9.73：1和9.54：1，与国家初中编制标准（13.5：1）相比分别低2.63%、3.77%和3.96%。

生师比低于国家标准，导致学校办学成本增加，教师教学教育工作量加大。虽然国家规定对不足100名学生的学校按照100人划拨生均教育经费，但是，小规模学校的各项基本开支和学生规模较大学校的基本一致。如研究者在对农村小规模学校校长访谈时，ML完全小学校长这样说："三年来全校学生平均不到70人，教师7人，6个教学班，为了不拖义务教育发展基本均衡评估的后腿，我们尽可能开齐各门课程，教师每周平均30节课，还要兼职其他教辅人员的工作，教师的负担实在太重了。'麻雀虽小五脏俱全'，学校的财务状况捉襟见肘，即便是拆东墙补西墙，也难以很好地发展，幸好评估专家未到我们学校考察，否则问题很多……"访谈中，小规模学校校长和教师的意见一致："小规模学校办学太难！"

2. 校际生师比存在明显差异

调查显示，如表3.5所示，同类学校之间生师比差异大，如同为农村中心小学，在2015年，生师比最大的小学（23.11：1）和最小的小学（6.12：1）二者相差16.99%；2016年，生师比最大的小学（24.9：1）和最小的小学（5.43：1）二者相差19.47%；2017年，生师比最大的小学（17.43：1）和最小的小学（6.19 : 1）二者相差12.24%。同为农村完全小学，2017年，生师比最大的小学（19 : 1）和最小的小学（6.8 : 1）二者相差12.2%。同为农村初中，2017年，生师比最大的初中（15.03 : 1）和最小的初中（6.05 : 1）二者相差8.98%。由此可看出，师资配置校际不均衡。

通过分析，样本学校中，农村学校的生师比低于国家相关编制标准，一方面，由于近年来我国人口增长率有所下降，学龄期儿童数也呈减少趋势；另一方面，随着城镇化的推进，部分农村进城务工者子女转入城镇学校，或者是农村家长为了追求城市学校的优质教育资源而择校，导致农村生源数量持续下降。同时，也反映出我国现行教师编制标准尚未充分体现农村地区学生居住分散、学校规模和班额小等特点，不能适应这些地区学校教育教学对教师的实际需求。

（三）专任教师学历合格率和高学历教师比例

专任教师学历合格率，是指某一级教育具有国家规定的最低学历要求的专任教师数占该级教育专任教师总数的百分比。专任教师学历合格率是衡量教师能力和素质的标准之一，各级教育教师的最低学历要求，按照《中华人民共和国教师法》中的相关规定：小学教师必须具备中等师范学校毕业及以上学历；初中教师必须具备高等师范专科学校或者其他大学专科毕业及以上学历。一般而言，教师的学历越高，教师队伍的整体素质相对越高。调研发现，W县农村义务教育学校教师的学历存在如下现状和问题：

1. 农村学校专任教师学历合格率低，仍存在城乡差异

随着国家和地方政府采用多种方式不断加大农村学校师资配置力度，样本校专任教师学历合格率在逐年提高。但是，调查发现，截至2017年，样本学校的专任教师学历合格率均低于同期全国和甘肃省平均水平。如表3.6所示，样本小学和初中专任教师学历合格率均值分别为95.99%和96.86%，分别比同期全国小学和初中均值（99.96%和99.83%）低3.97%和2.97%，分别比同期甘肃省小学和初中均值（99.96%和99.77%）低3.97%和2.91%。就不同类学校而言，样本农村小学中，教学点专任教师学历合格率均值为96.85%，比同期全国和甘肃省平均水平（99.96%）低3.11%；完全小学专任教师学历合格率为92.33%，比同期全国平均水平和甘肃省平均水平（99.96%）低7.63%；中心小学专任教师学历合格率为98.79%，比同期全国和甘肃省平均水平

（99.96%）低1.17%；农村初中专任教师学历合格率为95.48%，分别比同期全国平均水平（99.83%）和甘肃省平均水平（99.77%）低4.35%和4.29%。而城区小学教师学历合格率为100%，比同期全国和甘肃省平均水平（99.96%）高0.04%；城区初中专任教师学历合格率为98.19%，分别比同期全国平均水平（99.83%）和和甘肃省平均水平（99.77%）低1.64%和1.58%。

与此同时，样本小学专任教师学历合格率城乡和校际差别大。如表3.7所示，同为完全小学，城区小学专任教师学历合格率为100%，而农村小学还有7.67%的专任教师学历不合格，农村中心小学和教学点也分别有1.21%和3.15%的专任教师学历不合格。

表3.6 样本学校教师学历合格率均值与全国、样本省比较（单位：%）

	2015年		2016年		2017年	
	小学	初中	小学	初中	小学	初中
全国	99.9	99.7	99.94	99.76	99.96	99.83
甘肃省	99.83	99.44	99.86	99.63	99.96	99.77
样本校	-	-	-	-	95.99	96.86

数据来源：全国和甘肃省统计数据分别来源于2015—2017年"全国教育事业发展统计公报"和"甘肃省教育事业发展统计公报"，分别参见中华人民共和国教育部政府门户网站和甘肃省教育厅．样本学校数据根据调研数据整理而成。"-"表示缺值

表3.7 2017年样本学校教师学历结构、职称结构（单位：%）

学校类型		地域	教师学历结构					教师职称结构			
			研究生	本科	专科	高中阶段	高中阶段以下	高级	一级	二级	三级及以下
初中		城区	0.6	75.94	21.7	1.75	0.01	8.48	30.3	57.29	3.93
		农村	0.36	70.97	24.15	4.52	0	4.59	29.64	56.31	9.46
小学	完全小学	城区	0	57.75	33.2	9.05	0	20.05	44.5	28.67	6.78
	完全小学	农村	0	27.5	47.63	17.2	7.67	12.94	41.73	35.35	9.98
	中心小学		0	43.41	42.79	12.59	1.21	12.38	40.52	35.99	11.11
	教学点		0	20.5	69.2	7.15	3.15	42.17	43.23	14.6

2. 高学历教师比例低，存在城乡和校际差异

调查发现，样本学校高学历教师所占比例低，且城乡差异明显。如表3.7和表3.8所示，2017年，所有农村样本小学没有研究生学历的专任教师，而同期全国和甘肃省小学具有研究生学历的专任教师比例分别为0.95%和0.44%。农村小学中，教学点、中心小学、完全小学具有本科学历教师比例分别为20.5%、43.41%和27.5%，农村小学具有本科学历教师比例的均值为30.47%，而城区小学则为57.75%，农村小学具有本科学历教师比例比城区小学平均低27.28%，城乡和校际差异均很大。如表3.9所示，样本小学具有本科学历的专任教师人数和比例的城乡和校际差异系数分别为1.18和0.70，而具有高中以下学历的专任教师人数和比例的城乡和校际差异系数分别为2.60和1.45，均高于个国家规定的最低差异系数0.65。同时，所有样本小学具有本科学历教师平均比例为37.28%，而同期全国和甘肃省具有本科学历的专任教师比例分别为54.13%和57.83%，样本小学具有本科学历的专任教师平均比例分别比全国和甘肃省低16.85%和20.55%。

表 3.8　2017年全国、甘肃省和样本学校专任教师学历均值占比情况（单位：%）

	全国		甘肃省		样本学校	
	小学	初中	小学	初中	小学	初中
研究生毕业	0.95	2.60	0.44	1.54	0	0.48
本科毕业	54.13	82.02	57.83	81.67	37.28	73.45
专科毕业	40.19	15.20	33.47	16.56	48.21	22.93
高中阶段毕业	4.69	0.16	8.22	0.22	11.5	3.13
高中阶段以下毕业	0.04	0.02	0.04	0.01	3.01	0.01
合计	100	100	100	100	100	100

数据来源：根据全国2015—2017年教育统计数据计算而得。参见2015—2017年教育统计数据－中华人民共和国教育部门户网站。

对样本初中而言，如表3.7和表3.8所示，2017年农村初中和城区初中拥有研究生学历的教师所占比例分别为0.36%和0.6%，城乡差别大，农村和城市初中二者的均值为0.48%；如表3.10所示，样本初中具有研究生学历专任教

师人数和比例的城乡和校际差异系数分别为1.69和1.67，相反，具有高中和中专学历的专任教师（学历不合格）的人数和比例的城乡和校际差异系数分别为1.16和1.15，均远远高于国家规定的最低差异系数0.55。而同期全国和甘肃省具有研究生学历的专任教师比例分别为2.60%和1.54%，样本初中具有研究生学历的专任教师平均比例分别比全国和甘肃省低2.12%和1.06%。同时，样本初中具有本科学历专任教师平均比例为73.45%，而同期全国和甘肃省具有本科学历的初中专任教师比例分别为82.08%和81.67%，样本初中具有本科学历的专任教师平均比例分别比全国和甘肃省低8.63%和8.22%。

表3.9　2017样本小学专任教师本科和高中以下学历人数和占比差异（单位：人、%）

	N	极小值	极大值	均值	标准差	差异系数
本科人数	24	0	91	18.00	21.31	1.18
高中以下人数	24	0	1	0.13	0.34	2.60
本科比例	24	0	94	37.28	26.08	0.70
高中以下比例	24	0	17	3.01	4.35	1.45
有效的N（列表状态）	24					

表3.10　2017样本初中专任教师研究生及高中和中专学历人数和占比差异（单位：人、%）

	N	极小值	极大值	均值	标准差	差异系数
研究生人数	13	0	2	0.46	0.78	1.69
高中、中专人数	13	0	4	1.08	1.26	1.16
研究生比例	13	0	3	0.48	0.80	1.67
高中、中专比例	13	0	6	1.49	1.72	1.15
有效的N（列表状态）	13					

就具有本科及以上学历专任教师比例而言，样本学校同样低于甘肃省和全国均值。如表3.11和图3.2所示，2017年，样本小学专任教师具有本科及以上学历比例为37.28%，分别比同期全国（55.08%）和甘肃省（58.27%）比例

低17.8%和20.99%；样本初中专任教师中具有本科及以上学历比例为73.93%，分别比同期全国（84.62%）和甘肃省（83.21%）比例低10.69%和9.28%。因此，样本学校具有高学历专任教师的比例比较低。

表3.11 2017年全国、甘肃省和样本学校专任教师本科及以上学历均值占比（单位：%）

	全国		甘肃省		样本学校	
	小学	初中	小学	初中	小学	初中
研究生毕业	0.95	2.60	0.44	1.54	0	0.48
本科毕业	54.13	82.02	57.83	81.67	37.28	73.45
合计	55.08	84.62	58.27	83.21	37.28	73.93

数据来源：2015—2017年教育统计数据：各地基本情况 – 中华人民共和国教育部门户网站。

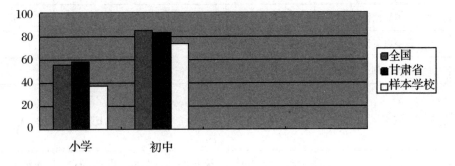

图3.2 2017年全国、甘肃省和样本学校专任教师本科及以上学历均值占比

（四）教师职称结构

1. 教师职称城乡和校际分布不平衡

调查发现，样本学校教师职称分布不平衡，城乡和校际差异明显。就样本农村小学而言，如表3.7所示，2017年，教学点、中心小学、完全小学高级职称教师所占比例分别为0.12.38%和12.94%，城区小学则为20.05%，农村小学高职称教师比例明显低于城区小学；相反，教学点、中心小学、完全小学三级及以下职称教师所占比例分别为14.6%、11.11%和9.98%，而城区小学则为6.78%，城区小学低职称教师的比例比农村小学低3.2%。对于样本初中来说，呈现完全相同的现状，2017年，农村初中高级职称教师的比例为4.59%，

城区初中则为8.48%，农村初中比城区初中低3.89%；与此相反，农村初中三级及以下职称教师所占比例为9.46%，而城区小学则为3.93%，城区初中低职称教师的比例比农村初中低5.53%。如表3.12所示，样本小学高级职称专任教师人数和比例的差异系数分别为1.53和1.01，三级及以下职称专任教师人数和比例的差异系数分别为2.41和1.38，远远高于国家最低差异系数标准0.65；样本初中高级职称专任教师人数和比例的差异系数分别为1.57和0.61，三级及以下职称专任教师人数和比例的差异系数分别为1.18和1.21，也明显高于国家最低差异系数标准0.55。

表3.12　2017年样本学校教师高级职称和三级及以下职称差异（单位：人、%）

	小学						初中					
	N	极小值	极大值	均值	标准差	差异系数	N	极小值	极大值	均值	标准差	差异系数
高级及以上人数	24	0	31	5.52	8.42	1.53	13	0	29	5.38	8.46	1.57
三级及以下人数	24	0	17	2.19	5.28	2.41	13	0	10	2.83	3.35	1.18
高级及以上比例	24	0	31	11.34	11.50	1.01	13	0	12	5.51	3.34	0.61
三级及以下比例	24	0	42	10.62	14.62	1.38	13	0	26	6.69	8.09	1.21
有效的N（列表状态）	24						13					

2. 高职称教师数量少，低于国家和本省标准

调查发现，如表3.13所示，2017年，样本小学具有高级职称教师的平均比例为11.34%，而同期全国和甘肃省具有高级职称的小学专任教师比例分别为50.17%和39.41%，样本小学具有高级职称的专任教师平均比例分别比全国和甘肃省低38.83%和28.07%。与此同样，样本初中具有高级职称教师的平均比例为5.51%，而同期全国和甘肃省具有高级职称的初中专任教师比例分别为18.99%和10.99%，样本初中具有高级职称的专任教师平均比例分别比全国和甘肃省低13.48%和5.48%。高职称教师比例低，一方面对其他老师激励性不强，使农村教师对国家的"惠农"政策失去期望，降低自我效能感，另一方面，影响农村教师教育教学的积极性和教育教学质量。

表 3.13　2017 年全国、甘肃省和样本学校专任教师职称均值占比情况（单位：%）

	全国		甘肃省		样本校	
	小学	初中	小学	初中	小学	初中
高级 ※	50.17	18.99	39.41	10.99	11.34	5.51
一级	32.01	42.14	46.99	37.55	42.23	30.37
二级	4.48	28.71	4.95	46.12	35.81	57.43
三级及以下	13.34	10.16	8.65	5.34	10.62	6.69
合计	100	100	100	100	100	100

※：小学教师高级职称包括小学高级和中学高级职称，因此，此表中小学高级职称数据为小学高级和中学高级二者之和。

数据来源：根据"全国2015—2017年教育统计数据：各地基本情况"计算整理而成。2015—2017年教育统计数据：各地基本情况 – 中华人民共和国教育部门户网站。

（五）教师学科结构

合理的师资学科结构，不仅是学校办学条件的基本要求，更是学生有效学习知识和技能全面性的保证，也是学科和课程教学专业性的要求和体现，还是减轻教师教学负担和工作压力的要求和体现。随着各级政府和教育部门采用各种方式和途径配置师资，农村义务教育学校的师资队伍建设逐渐趋于合理，数量和质量不断提升。样本学校教师学科结构现状如下：

1. 样本农村小学师资学科结构欠合理，部分学科师资配备不齐、结构性缺编严重

调查显示，W县师资配置城乡不均衡依然存在：农村样本小学师资队伍仍然存在学科结构欠合理，个别学科师资配备不齐、比例失调、结构性缺编严重；除了语文、数学、思想政治等学科师资配备较充足外，部分农村小学英语教师配备仍然不足，而音乐、美术、体育、信息技术、劳动技术以及心理教育等学科专任教师仍然严重不足。

表 3.14　2017年学科教师缺失的样本学校情况 （单位：所、%）

学校＼学科		英语		体育		科学		音乐		美术		信息技术		劳技		心理	
		数量	比例	数量	比例	数量	比例	数量	比例	数量	比例	数量	比例	数量	比例	数量	比例
小学	农村	2	10	11	55	13	65	9	45	11	55	12	60	18	90	16	80
	城区	0	0	0	0	0	0	0	0	0	0	0	0	2	50	1	25
初中	农村	0	0	0	0	0	0	1	9.1	0	0	0	0	3	27	4	36
	城区	0	0	0	0	0	0	0	0	0	0	0	0	0	0	0	0

如表3.14所示，2017年，在样本农村小学中，仍有2所小学没有英语教师，占样本农村小学的10%；11所学校无专业体育教师，占农村样本小学的55%；13所学校无科学教师，占农村样本小学的65%；9所学校无音乐教师，占农村样本小学的45%；11所学校无美术教师，占农村样本小学的55%；12所学校无信息技术教师，占农村小学的60%；18所学校没有劳技教师，占农村样本小学的90%；16所学校没有心理健康教师，占农村样本小学的80%。其中在2所样本教学点中，均未配备专业的体育教师、音乐教师、美术教师、科学教师、信息技术教师以及劳技教师和心理健康教师。

2. 师资配置的校际、城乡差异大

调查发现，在学科教师配备方面，样本小学各学科专业教师配备率低于初中，且农村学校明显低于城市学校，城乡和校际差别大。

在城区样本小学中，2所小学无劳技教师配备，占城区样本小学的50%，1所学校无心理健康教师配备，占城区样本小学的25%，其他学科教师均配备比较齐全。在城市样本初中，2017年城区初中各学科教师配备比较齐全；而在农村样本初中，有1所学校没有配备专业音乐教师，占样本的9.1%，3所学校未配备劳技教师，占样本的27%，4所学校未配备心理健康教师，占样本的36%。 如表3.15所示，样本学校的英语、体育、音乐、美术、信息技术、劳动技术和心理健康专业教师配置的城乡和校际差异非常明显，样本小学各学科教师的配置的差异系数依次为0.81、1.34、1.16、1.30、1.39、2.42和1.81，均明显高于国家规定最低差异系数0.65；样本初中各学科教师的配置的差异系数依次为1.01、1.01、0.78、0.77、0.64、0.94和0.85，也明显高于国家规定最低差异系数0.55，而且，样本小学的城乡和校际的不均衡性高于样本初中。

表3.15　2017年样本学校部分学科教师配置差异（单位：人）

	小学						初中					
	N	极小值	极大值	均值	标准差	差异系数	N	极小值	极大值	均值	标准差	差异系数
英语教师数	24	0	10	3.54	2.86	0.81	13	4	36	11.15	11.28	1.01
体育教师数	24	0	7	1.62	2.16	1.34	13	0	8.00	2.31	2.32	1.01
音乐教师数	24	0	5	1.25	1.45	1.16	13	0	5.00	1.62	1.26	0.78
美术教师数	24	0	6	1.29	1.68	1.30	13	1	5	2.08	1.61	0.77
信息技术教师数	24	0	5	0.92	1.28	1.39	13	1	3	1.54	0.98	0.64
劳动技术教师数	24	0	2	0.21	0.51	2.42	13	0	3	0.92	0.86	0.94
心理健康教师数	24	0	3	0.46	0.83	1.81	13	0	1.00	0.85	0.85	
有效的 N（列表状态）	24						13					

另外，在农村样本初中，即便部分学校配备了音、体、美等学科的教师，但是数量有限，学科班师比例太低，相比学校的规模，教师数量远远不能满足教学的基本需求。调查显示，在样本农村初中，仅有1名音乐教师的学校有7所，仅有1名体育教师的学校有6所，仅有1名美术教师的学校有8所，而样本农村初中2017年平均有12个教学班，1名教师难以胜任如此多班级的学科教学任务。因此，对于学科教师缺乏的课程，只能由其他学科的教师兼任，由于专业性的限制导致课程的教学质量和整体的教育质量难以保证。据对学生的访谈所知，这些学校音乐、美术、信息技术等课程基本形同虚设，而变成语文和数学老师的作业辅导课；体育课就是学生跑跑步、随意玩篮球或排球。学生访谈中发现，如表3.16所示，农村样本学校均没有开设劳动技术课；76.55%的小学和13.74%的初中未开设或开设了没有上信息技术课，23.45%

的小学和86.26%初中每周上课1次；音乐和体育课开设较好，只有教学点没有开设，个别课程的上课内容较随意；45.36%的样本小学开设了美术课，54.64%的小学未开设或开设但没按照要求上课。初中的开设情况较好，只有9.67%的学校没有按照要求上课。另外，访谈发现，近十多年来，每年为期半年或一年的师范院校顶岗实习老师，缓解了农村学校师资学科性短缺的问题，这也是教育行政部门不配足学科教师的缘由之一。

表3.16　2017年样本农村学校音、体、美、信息技术和劳动技术课开设情况（单位：%）

课程及其开设情况		小学	初中
音乐	开设并按课程要求上课（每周1节）	90.2	95
	开设但没上课（作业和其他课程辅导等）	9.8	5
美术	开设并按课程要求上课（每周1节）	45.36	90.33
	未开设或开设但没按照要求上课（作业和其他课程辅导等）	54.64	9.67
体育	开设并按课程要求上课（每周1节）	95	98.2
	开设但没上课（作业和其他课程辅导等）	5	1.8
信息技术	开设并按课程要求上课（每周1节）	23.45	86.26
	未开设或开设但没上课（作业和其他课程辅导等）	76.55	13.74
劳动技术	开设并按课程要求上课	0	0
	未开设	100	100

（六）教师在职培训学习

教师在职学习培训是教师专业化发展及其自身素养提升的要求和途径之一，也是提高学校办学质量的有力保障之一。党和国家特别重视教师培训工作，2012年国家明确规定，实行五年不少于360学时的教师全员学习培训制度，推行教师培训学分制度。[①]

1. 教师参加各级培训的比例不高，参培层次较低。城乡和校际差别大

如表3.17所示，2016—2017年，样本学校中参加国家级培训的农村小学

---

① 国务院关于加强教师队伍建设的意见（国发〔2012〕41号）[DB/OL]. 中国政府网，2018-1-23.

仅7所，占所有样本初中的29.17%，城区小学1所，占所有样本小学的4.17%（但占城区样本小学的50%）。在样本初中中，参加国家级培训的农村初中8所，占所有样本初中的61.53%，城区初中2所，占所有样本初中的15.38%。但是，城区样本初中100%都选送教师参加国家级培训。参加省级培训的农村样本小学为9所，占所有样本小学的37.5%；而城区小学2所，占所有样本小学的8.33%，但占城区样本校的50%。对样本初中而言，参加省级培训的农村样本初中为8所，占所有样本初中的61.53%；而城区2所样本初中，均选送教师参加省培。农村样本小学参加市级和县级培训的比例分别为37.5%和50%，而城区样本小学均在该年度未参加这两级培训；农村样本初中参加市级和县级培训的比例分别为61.53%和69.23%，城区样本初中参加这两级培训比例均为50%。

2. 农村样本小学和初中参与校本培训率均较高、部分学校未参加任何培训

如表3.17所示，在校本培训方面，农村样本小学和初中参与率均较高，分别为45.83%和76.92%，而城区样本小学和初中参与率均为50%。但是，该年度未参加任何培训的样本农村小学4所，占比16.67%；城区小学1所，占样本小学比例为4.17%（占城区样本小学25%）；农村初中1所，占比7.69%。据访谈发现，由于样本学校师资本身配备不足，加之当年培训费用难以落实，或者是教师本人工作和生活负担重，无精力参加培训，因此无法选送老师参培。另外，64.33%的教师认为培训的内容与教师的教育教学需求不匹配，因此，培训的效果受到影响。

表3.17　2016—2017年教师参加培训的样本学校情况　（单位：所、%）

培训类型学校		国家级培训		省级培训		市级培训		县级培训		校本培训		未参加培训	
		数量	比例	数量	比例	数量	比例	数量	比例	数量	比例	数量	比例
小学	农村	7	29.17	9	37.5	9	37.5	12	50	11	45.83	4	16.67
	城区	1	4.17/25	2	8.33/50	0	0	0	0	2	8.33/50	1	4.17/25
初中	农村	8	61.53	8	61.53	8	61.53	9	69.23	10	76.92	1	7.69
	城区	2	15.38/100	2	15.38/100	1	7.69/50	1	7.69/50	1	7.69/50	0	0

（七）城乡教师和校长轮岗交流

城乡教师和校长轮岗交流，是均衡师资配置、加强师资教育观念、教育知识技能、管理方式更新的一种有效途径，也是加强教师队伍建设的有力措施。2012年9月20日《关于大力推进农村义务教育教师队伍建设的意见》明确规定，建立健全县（区）域内城乡教师校长轮岗交流制度。[①]调查发现，样本学校在城乡教师和校长轮岗交流方面现状如下。

1. 城乡教师和校长轮岗交流制度参与率低、流于形式

如表3.18所示，在校长城乡轮岗交流方面，2017年，只有1所样本农村小学和1所城区初中的校长分别进行了为期半年和一年的城乡轮岗交流工作，分别占所有样本学校的2.7%，其他样本学校均没有开展这项工作。在城乡教师轮岗交流方面，2017年，样本小学分别有2所城区小学和2所农村小学进行了为期半年的城乡教师轮岗交流工作，占所有样本小学开展此项工作学校的8.33%，占城区样本小学的50%；仅有4所样本初中也进行了为期半年的城乡教师轮岗交流工作，占所有样本初中开展此项工作学校的30.77%；各有1所样本农村和城区小学开展了为期1年的城乡教师轮岗交流工作，占所有样本小学开展此项工作学校的4.17%；分别有4所样本农村初中和1所城区初中也开展了为期1年的城乡教师轮岗交流工作，分别占所有样本初中开展此项工作学校的30.77%和7.69%，占城区样本初中的50%。

2. 城乡教师和校长轮岗交流参与率城乡差异大

如表3.18所示，2017年，75%的样本农村小学和38.46%样本农村初中没有开展一次和任何一种形式的城乡教师和校长轮岗交流活动。而在样本城区学校中，仅有1所小学未参与。

本书只按照参与这项活动的学校比例进行分析，如果按照参与轮岗交流的教师和校长人次分析，比例更低。这对城乡义务教育师资均衡和合理配置以及优质资源共享、相互学习和共同发展极为不利。

---

① 教育部、中央编办、国家发展改革委、财政部、人力资源社会保障部.关于大力推进农村义务教育教师队伍建设的意见（教师[2012]9号）[DB/OL].中国政府网，2018–1–23.

表 3.18 2017 年城乡教师校长轮岗交流的样本学校情况 （单位：所、%）

交流类型 学校		校长交流半年		校长交流1年		教师交流半年		教师交流1年		未参加交流	
		数量	比例	数量	比例	数量	比例	数量	比例	数量	比例
小学	农村	1	2.7	0	2.7	2	8.33	1	4.17	18	75
	城区	0		0		2	8.33/50	1	4.17/25	1	4.17/25
初中	农村	0		0		4	30.77	4	30.77	5	38.46
	城区	0		1		0	0	1	7.69/50	0	0

（八）教师工作负担

通过对教师的访谈发现，W 县样本初中和小学教师的工作负担比较重。如表 3.19 和图 3.3 所示，在样本小学中，40.54% 的教师认为工作负担"很重"，17.58% 的教师认为工作负担"较重"，22.96% 的教师认为工作负担"合适"，仅有 18.92% 的教师认为工作负担"不重"，因此，工作负担"较重"以上的教师比例占 58.12%。在样本初中，37.5% 的教师认为工作负担"很重"，12.5% 的教师认为工作负担"较重"，20.83% 的教师认为工作负担"合适"，29.17% 的教师认为工作负担"不重"，可以看出初中一半以上的教师处于高负担工作。

表 3.19 样本学校教师工作负担 （单位：人、%）

		很重	较重	适当	不重	合计
小学	人数	30	13	17	14	74
	比例	40.54	17.58	22.96	18.92	100
初中	人数	18	6	10	14	48
	比例	37.5	12.5	20.83	29.17	100

调研发现，样本学校教师工作负担重的原因主要包括：其一，上级教育行政部门要求按照生师比"国标2008"和"甘标2012"配置教师，在生源不断萎缩、部分年老体弱的教师又不能正常胜任教学工作等待退休的情况下，本来缺编的教师数量得不到补充，教师的周课时小学平均在 15~16 节左右，

初中平均为12节左右，样本小学和初中教师周课时最高分别为30节和21节，此外，教师还要承担学生的作业和各种兴趣小组辅导。其二，样本小学和初中均没有专职的行政人员和教辅人员，绝大多数老师都要身兼数职，除课堂教学之外，还兼任班主任、会计、团队辅导员、值周人员和其他一些行政职务，因此工作负担加重。

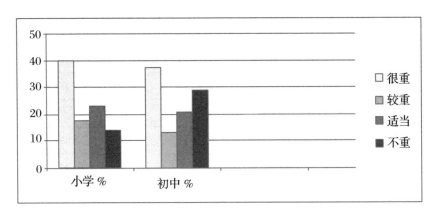

图 3.3　样本学校教师工作负担

二、W县农村义务教育物力资源配置的现状

物力资源是学校办学和发展的物质保障，是师生有效开展教育教学活动的物质基础。义务教育物力资源的合理配置和使用，不仅关系着学校教育教学活动能否顺利进行，而且体现着义务教育均衡发展和教育公平。本研究主要选用生均校舍建筑面积、生均绿化面积、教学及教学辅助用房、办公用房、生活用房、危房面积、体育运动场地、生均图书馆所和藏书量、报刊资料及数据库、现代信息技术设备、教学仪器设备以及校园网络开通情况等指标，[①]分析W县农村义务教育物力资源配置现状的合理性。

调查发现，与国家有关农村中小学建设标准相比，样本学校物力资源配备现状亦不容乐观。

---

① 段晓芳，慕彦瑾．教育公平视域下的义务教育资源配置 [J]．教育测量与评价（理论版），2009（5）：20—22.

（一）生均用地和校舍建筑面积

1. 生均校舍建筑面积城区学校低于国家标准，而农村学校则高于国家标准

表 3.20　2017 年样本学校生均占地、校舍面积与全国及甘肃省标准比较（单位：m²）

学校类别			校均规模	生均占地面积	生均校舍建筑面积
初中	样本初中	城区	47 班 2649 人	5.55	5.275
		农村	12 班 488 人	33.38	20.25
	全国初中	城区	–	24.79	12.09
		农村		57.45	18.04
	甘肃省标准		–	36.37	13.57
小学	样本小学	完全小学 城区	33 班 1798 人	6.5	4.93
		完全小学 农村	6 班 132 人	24.7	9.44
		中心小学	11 班 474 人	8.29	9.49
		教学点	4 班 56 人	43.75	10.92
	全国小学	城区	–	12.35	6.11
		农村	–	41.75	10.13
	甘肃省标准		–	32.78	7.97
完全小学（国标 2008）			6 班 270 人		基本标准 7.85，规划标准 8.25
初中（国标 2008）			18 班 900 人		基本标准 7.01，规划标准 8.92

调查发现，样本农村中小学生均校舍面积普遍高于国家建设标准。而城区小学、初中则低于国家建设标准。如表 3.20 所示，样本农村完全小学 6 班生均校舍面积为 9.44m²/生，高于国家基本建设标准面积 1.59m²/生，高于国家规划建设标准面积 0.92m²/生。样本农村初中生均校舍面积为 20.25m²/生，高于国家基本建设标准面积 13.24m²/生，高于国家规划建设标准面积 11.33m²/生。

样本城区小学、初中学校普遍生均校舍面积平均达标率低，反映了样本城区学校校舍拥挤，物力资源利用效率相对较高，但这在一定程度上加大了教师的工作负担和教育教学管理的难度，对小班教学产生不利影响，造成教

育资源的过度使用。[①]而样本农村学校普遍生均校舍面积高于国家建设标准和国家规划标准，这无疑会造成教育资源的浪费。

2. 生均占地面积低于全国以及甘肃省平均水平，且城乡学校差异大

在生均占地面积方面，样本学校中，除了教学点生均占地面积高于同期全国小学以及甘肃小学平均水平之外，其他学校均低于全国以及甘肃省平均水平，且城乡学校差异大。如表3.20所示，2017年样本城区初中学校生均占地面积为5.55m²，而同期全国城区初中以及甘肃省生均占地面积分别为24.79m²、36.37m²，样本城区初中生均占地面积分别低于同期全国城区初中以及甘肃省初中生均占地面积19.24m²和30.82m²。

2017年样本农村初中学校生均占地面积为33.38m²，而同期全国农村初中以及甘肃省生均占地面积分别为57.45m²、36.37m²，样本农村初中生均占地面积分别低于同期全国农村初中以及甘肃省初中生均占地面积24.07m²和2.99m²。同为初中，城区学校和农村学校生均占地面积差异非常明显。2017年样本城区初中学校生均占地面积为5.55m²，而同期样本农村初中学校生均占地面积为33.38m²，城区初中生均占地面积低于农村初中生均占地面积27.83m²。

2017年样本小学中，城区完全小学生均占地面积为6.5m²，而同期全国城区小学以及甘肃省小学生均占地面积分别为12.35m²、32.78m²，样本城区完全小学生均占地面积分别低于同期全国城区小学以及甘肃省小学生均占地面积5.85m²和26.28m²。2017年样本小学中，农村完全小学生均占地面积为24.7m²，而同期全国农村小学以及甘肃省小学生均占地面积分别为41.75m²、32.78m²，样本农村完全小学生均占地面积分别低于同期全国农村小学以及甘肃省小学生均占地面积17.05m²和8.08m²。同为完全小学，城区学校和农村学校生均占地面积差异非常明显。2017年样本城区完全小学生均占地面积为6.5m²，而同期样本农村完全小学生均占地面积为24.7m²，城区完全小学生均占地面积低于农村完全小学生均占地面积18.2m²。

---

① 段晓芳，慕彦瑾. 教育公平视域下的义务教育资源配置 [J]. 教育测量与评价（理论版）,2009（5）：20—22.

（二）教学用房和教学辅助用房配备

调查发现，样本中小学的教学及教学辅助用房方面存在以下问题。

1. 教学用房和教学辅助用房普遍不足

如表3.21所示，在样本学校中，2017年农村初中有81.82%的学校尚缺劳技教室及器材室，63.64%的学校尚缺语言教室及资料室，90.91%的学校尚缺电教器材室，36.36%的学校尚缺心理咨询室，90.91%的学校尚缺科技活动室，45.45%的学校尚缺教师阅览室，18.18%的学校尚缺学生阅览室。在样本学校中，2017年城区初中有50%的学校尚缺音乐教室，50%的学校尚缺劳动技术设备陈列教室及电教器材室，科技活动室以及教师阅览室。

在样本农村小学中，2017年有10%的完全小学缺少实验室，33.33%的完全小学和41.67%的中心小学尚缺音乐教室，50%的完全小学和中心小学尚缺美术教室。所有的完全小学和91.67%的中心小学尚缺劳技教室及器材室，83.33%的完全小学和中心小学尚缺语言教室及资料室，33.33%的完全小学尚缺计算机教室，66.67%的完全小学和75%的中心小学尚缺电教器材室，33.33%的完全小学尚缺图书室、心理咨询室、科技活动室和学生阅览室。

在教学点中，2017年所有的教学点均无实验室、音乐教室、美术教室、劳技教室及器材室、语言教室及资料室、计算机教室、电教器材室、心理咨询室、科技活动室、体育活动及器材室、教师阅览室。

在城区小学中，2017年完全小学所有学校均尚缺劳动技术设备陈列教室及器材室、语言教室及资料室以及电教器材室。有25%的学校尚缺美术教室和图书室，75%的学校尚缺科技活动室，50%的学校尚缺教室阅览室。

2. 教学用房和教学辅助用房城乡、校际差异大

样本中小学的教学及教学辅助用房配备不足且存在明显的城乡差异和校际差异。如表3.22所示，同为初级中学，在音乐教室、劳技教室及器材室、电教器材室、科技活动室、教师阅览室的配备方面，城区初中缺失率均为50%，而农村初级中学缺失率则分别为81.82%、90.91%、90.91%和45.45%。同时，在语言教室及资料室、心理咨询室、学生阅览室的配备方面，城区初中配备齐全，而农村初中的缺失率分别为63.64%、36.36%、和18.18%，城乡差异明显。

表3.21　2017年样本校教学及教学辅助用房尚缺情况（单位：%）

	初中		小学			
	农村	城区	教学点	农村完全小学	城区完全小学	中心小学
实验室	0	0	100	10	0	0
音乐教室	0	50	100	33.33	0	41.67
美术教室（艺术教室）	0	0	100	50	25	50
劳技教室及器材室	81.82	50	100	100	100	91.67
语言教室及资料室	63.64	0	100	83.33	100	83.33
计算机教室	0	0	100	33.33	0	0
电教器材室	90.91	50	100	66.67	100	75
图书室	0	0	50	33.33	25	0
心理咨询室	36.36	0	100	33.33	0	58.33
科技活动室	90.91	50	100	100	75	75
体育活动及器材室	0	0	100	33.33	0	25
教师阅览室	45.45	50	100	83.33	50	75
学生阅览室	18.18	0	50	33.33	0	41.67

在音乐教室、计算机教室、心理咨询室、体育活动及器材室、学生阅览室的配备方面，城区完全小学配备齐全，而农村完全小学则有33.33%的学校没有配备。

样本学校教学用房和教学辅助用房不仅城乡差异大，而且同一地区，不同类别学校之间差异也大。同为农村小学，2017年所有的教学点均无实验室、音乐教室、美术教室、劳动技术设备陈列教室及器材室、语言教室及资料室、计算机教室、电教器材室、心理咨询室、科技活动室、体育活动及器材室、教师阅览室，这与农村完全小学、中心小学差异巨大。

样本学校教学用房和教学辅助用房配备不足，同时城乡差异大的情况，不仅会严重影响农村学生公平、全面地接受义务教育，影响义务教育和素质教育的质量，而且也会影响义务教育的均衡发展。

3.配有的教学及辅助用房使用低效

W县为了通过义务教育基本均衡评估达标验收，加大了教学及其功能性教学辅助用房的配备力度，除农村教学点之外，农村学校功能性教学辅助用房得到不同程度的配备。但是，调查发现，部分学校对功能性教学辅助用房的使用率低。例如，很多学校计算机教室的使用率低，尤其是农村小学更加突出。如表3.16所示和访谈发现，76.55%的农村小学因未开设或开设了没有上信息技术课，计算机教室常处于关闭状态，仅有23.45%的农村小学每周上课1次（或每学期上课2次），而且仅对四、五年级学生开设，因此当问及学生"你是否掌握了信息技术知识和计算机基本操作能力"时，超过80%的学生回答"没有掌握"，只是"会操作开关机和网页浏览"。对于实验室而言，农村样本小学的使用率也很低，调查发现，如表3.22所示，仅有11.11%的农村小学（主要是城乡接合部的中心小学）按照课程设置开设实验课，每周一次实验课（主要是科学课实验），55.56%的小学本学期开设过一次实验课（自均衡评估验收开始建立实验室），22.22%小学有实验室但没有上过实验课，11.11%小学没有建立实验室。对于心理咨询室而言，所有的农村样本小学几乎没有使用过。音乐教室、美术教室也只有在开展兴趣小组活动时才使用。

表 3.22　2017年农村样本小学实验课开设情况（单位：所，%）

	根据课程要求，每周一次实验课	每学期一次实验课（建实验室以来）	有实验室，没上实验课	没有实验室，无实验课	合计
学校数	2	10	4	2	18※
占比	11.11	55.56	22.22	11.11	100

※ 注：图2所样本教学点没有在义务教育基本均衡评估之列，因此没有配备实验室，未在统计之内。

（三）办公用房配备

样本学校在办公用房配备方面，现状如下。

1.城区学校配备齐全，而农村学校缺失严重

调研显示，样本学校中城区初中、小学办公用房配备比较齐全，而农村样本学校办公用房大部分缺乏，尤其是农村小学以及部分农村初中。如表3.23和图3.4所示，在样本学校中，16.67%的农村完全小学尚缺教师办公室，

83.33%的农村完全小学尚缺团队活动室、门卫传达室、党政办公室、卫生保健室、文印档案室；33.33%的农村完全小学尚缺总务仓库。33.33%的中心小学尚缺卫生保健室、文印档案室。41.67%的中心小学尚缺团队活动室，8.33%的中心小学尚缺教师办公室和门卫传达室，16.67%的中心小学尚缺党政办公室、总务仓库和会议室。教师办公用房的配备不足，为教职工的教育教学工作带来不便，使教职工没有一个舒适的工作环境，影响了教师对学校工作的满意度。

表 3.23　2017 年样本学校办公用房缺少比例　（单位：%）

	初中		小学			
	农村	城区	教学点	农村完全小学	城区完全小学	中心小学
教师办公室	0	0	0	16.67	0	8.33
团队活动室	50	0	50	83.33	0	41.67
门卫传达室	0	0	100	83.33	0	8.33
党政办公室	0	0	50	83.33	0	16.67
卫生保健室	0	0	100	83.33	0	33.33
总务仓库	0	0	50	33.33	0	16.67
会议室	0	0	50	100	0	16.67
文印档案室	18.18	0	100	83.33	0	33.33

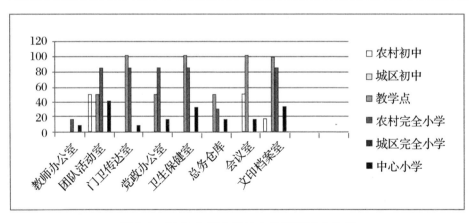

图 3.4　2017 年样本学校办公用房缺少比例

在教学点，所有的学校均缺失门卫传达室、卫生保健室、文印档案室，50%的学校缺少团会活动室、党政办公室、总务仓库以及会议室。

在样本初中学校中，城区学校办公用房配备比较充足，而在农村学校中，有50%的学校缺少团队活动室，18.18%的学校缺少文印档案室。

2. 同为农村学校，教学点与农村完全小学办公用房配备率低

在样本学校中，16.67%的农村完全小学尚缺教师办公室，83.33%的农村完全小学尚缺团队活动室、门卫传达室、党政办公室、卫生保健室、文印档案室，33.33%的农村完全小学尚缺总务仓库。在教学点中，所有学校均未配备门卫传达室、卫生保健室和文印档案室，有50%的教学点未配备团队活动室、党政办公室、总务仓库及会议室。而同为农村学校的中心小学各种办公用房配备率则高于样本农村完全小学和教学点。

总之，样本学校办公用房的配备不足和使用低效，在一定程度上严重影响了教育教学活动的开展。某些学校虽然不同程度地配有，但是都比较拥挤，办公条件较差。尤其是样本学校传达值宿室缺失，为校园的安全保卫工作埋下一大隐患。

同时，访谈发现，很多农村小学未配备学生寄宿宿舍和食堂，学校辐射周边生源地接近6公里，很多家长每天接送学生花费很多时间，极不方便，家长对此极不满意。为此，有的家长只有选择送子女去城区学校读书，在校外租房，打工的同时照顾小孩。这不仅加剧了城乡办学规模的不均衡，城区学校校容压力和管理压力出随之增大，在外住宿也加重了家庭经济负担。

（四）学校危房

样本学校校舍建设情况虽然近几年有很大改善，但是通过调查了解到，样本学校校舍中还有相当比例的土木结构存在，且砖混结构、砖木结构、土木结构中均有相当面积的危房。调查显示，如表3.24所示，样本学校中，完全小学中依然有16.67%的学校存在危房。

表3.24　2017年样本学校危房比例（%）

	小学			初中
	教学点	完全小学	中心小学	
农村	0	16.67	0	0
城区	–	0	0	0

注："–"表示缺值。

（五）体育运动场馆及器材配备

样本学校在体育运动场馆及器材配备方面现状如下。

1. 体育运动场地配备与国家标准相距甚远

如表3.25所示，在样本学校中，除了城区初中、完全小学100 m直跑道和200m环形跑道田径场配备完备外，有18.18%的农村初中、16.67%的农村完全小学以及33.33%的中心小学缺少100 m直跑道；9.09%的农村初中、66.67%的农村完全小学、58.33%的中心小学缺少200m环形跑道田径场。同时，部分学校虽然有直跑道和环形跑道，但其规格不符合国家标准。如JG小学的直跑道只有40m，这与国家标准相距甚远。再如，JC小学全校1600多学生，没有60米直跑道，更不用说环形200米环形跑道田径场或300米环形跑道田径场，学生的课间操在楼梯和教室门前走廊做，锻炼的质量暂且不说，安全问题令人担忧。同时，在农村完全小学中有16.67%的学校没有体育场。样本学校体育运动场地配备不足，不利于体育课程的开设以及体育活动的开展，同时也不利于学生综合素质的提升，不利于学生的全面发展。

表 3.25　2017 年样本学校体育运动场配备与全国和甘肃省比较（单位：m²、%）

			生均运动场	100m 直道	200m 环形跑田径场
初中	样本初中	城区	3.6	100	100
		农村	7.85	81.82	90.91
	全国初中	城区	8.12	–	–
		农村	14.8	–	–
	甘肃初中		10.49	–	–
小学	样本小学	完全小学 城区	2.08	100	50
		完全小学 农村	6.51	83.33	33.33
		中心小学	3.07	66.67	41.67
		教学点	24.11	100	100
	全国	城区	4.64	–	–
		农村	11.77	–	–
	甘肃小学		5.05	–	–

注："–"表示缺值。

2. 生均体育运动场面积部分学校仍低于同期全国以及甘肃省平均水平

在生均体育运动场面积方面，除了教学点高于同期全国和甘肃省平均水平，农村完全小学高于同期甘肃省平均水平外，其他学校均低于同期全国以及甘肃省平均水平。如表3.25所示，2017年样本城区初中生均运动场面积为3.6m²，而同期全国城区初中生均运动场面积为8.12m²，甘肃省初中生均运动场面积为10.49m²，样本城区初中生均运动场面积分别比同期全国和甘肃省平均水平小4.52m²和6.89m²。

而在样本小学中，2017年城区样本完全小学生均运动场面积为2.08m²，而同期全国城区小学生均运动场面积为4.64m²，甘肃省小学生均运动场面积为5.05m²，样本城区完全小学生均运动场面积分别比同期全国和甘肃省平均水平小2.56m²和2.97m²。2017年农村样本完全小学生均运动场面积为6.51m²，而同期全国农村小学生均运动场面积为11.77m²，甘肃省小学生均运动场面积为5.05m²，样本农村完全小学生均运动场面积比同期全国平均水平小5.25m²，但比同期甘肃省平均水平大1.46m²。2017年样本中心小学和教学点生均运动场面积分别为3.07m²和24.11m²，而同期全国农村小学生均运动场面积为11.71m²，甘肃省小学生均运动场面积为5.05m²，样本中心小学比同期全国平均水平小8.64m²，比甘肃省平均水平小1.98m²。而教学点生均运动场面积则分别比全国平均水平和甘肃省平均水平大12.4m²和19.06m²。同时，样本学校在运动场的配备方面，农村初中仍有1所学校尚无运动场，在中心小学中也有2所学校无运动场。

另外，按照国家规定，12个班（含12个班）以下的小学和中学体育器材配备分别不少于30和34种，12个班以上的小学和中学体育器材配备分别不少于37和39种，各种球类等低值易耗器材设备，应及时补充。[①]调查显示，农村样本中小学均没有完全达到国家规定的标准，大部分学校只有篮球、排球、羽毛球、乒乓球、短跳绳等体育器材，而且个别农村小学受运动场地达标率所限，以及出于节约开支和各种校园安全因素考虑，这些器材使用的频率不高。

---

① 教育部，卫生部，财政部关于印发《国家学校体育卫生条件试行基本标准》的通知（教体艺[2008] 5号）[DB/OL]. 中国政府网，2018-1-23.

（六）图书、阅览室及生均图书资料配备

1. 图书、阅览室配备不均衡

图书室是师生获得知识的信息库，是学生和教师的精神粮仓。调查显示，部分样本学校的图书室、教师阅览室、学生阅览室配备不足，城乡和校际差别大。如表3.26和图3.5所示，在图书室的配备方面，2017年，样本学校中除了初中和中心小学配备齐全外，教学点、农村完全小学、城区完全小学图书室的配备率分别为50%、66.67%和75%，这意味着在样本中，仍然有50%的教学点、33.33%的农村完全小学、25%的城区完全小学没有图书室。

表3.26　2017年样本学校图书室、教师阅览室、学生阅览室配备情况（单位：%）

	初中		小学			
	农村	城区	教学点	农村完全小学	城区完全小学	中心小学
图书室	100	100	50	66.67	75	100
教师阅览室	54.55	50	0	16.67	50	25
学生阅览室	81.82	100	50	66.67	100	58.33

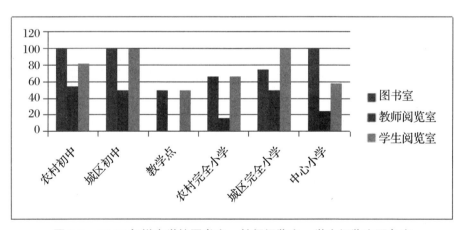

图3.5　2017年样本学校图书室、教师阅览室、学生阅览室配备率

在教师阅览室的配备方面，2017年样本农村初中和城市初中配备率分别为54.55%和50%，而在小学中，教学点、农村完全小学、城区完全小学、中心小学的配备率分别为0.16.67%、50%和25%。教师阅览室配备率极低。

在学生阅览室配备方面，2017年农村初中和城区初中配备率分别为

81.82%和100%，而在样本小学中，教学点、农村完全小学、城区完全小学、中心小学的配备率分别为50%、66.67%、100%和58.33%。

2. 生均图书资料配备率低

样本学校普遍图书资料匮乏，陈旧，难以满足师生求知的欲望。如表3.27和表3.28所示，样本农村初中和城区初中2017年的生均图书量分别为33.6册和23.2册，而国家规定初中生均图书量为30册，样本农村初中生均图书量比国家标准多3.6册，但比同期全国均值少9.34册，比甘肃省均值少0.62册。而城区初中生均图书量为23册，比国家标准少6.8册、比同期全国均值少10.84册，比甘肃省均值少11.02册、比甘肃省标准少1.8册。

表3.27 国家关于农村中小学图书室使用面积、藏书量的规定

学校类别及规模		图书标准（册／生）	藏书量（册/m²）	图书室使用面积（m²）		
				合计	其中	
					藏书面积	其他面积
完小	6班	20	600	22	9	13
	12班	20	600	30	18	12
初中	12班	30	500	36	36	–
	18班	30	500	54	54	–

注："–"表示缺值。

而样本小学虽然生均图书配备符合甘肃省标准，但所有样本小学生均图书册数均低于同期全国均值，同时又高于同期甘肃省均值。如表3.28所示，农村完全小学2017年生均图书拥有量为18.75册，比国家标准少1.25册，比全国均值少6.48册，但比甘肃省均值大9.55册。城区完全小学2017年生均图书拥有量为16.03册，比国家标准少3.97册。比同期全国均值少6.48册，但比同期甘肃省均值多6.83册。

中心小学2017年生均图书拥有量为21.69册，比国家标准多1.69册，但是，在中心小学中有6所学校，生均图书册数低于国家标准的学校有3所，占中心小学总数的50%。

表3.28　2017年样本校生均图书配备（单位：册/生）

生均图书配备	初中		小学			
	农村	城区	农村			城区
			教学点	完全小学	中心小学	完全小学
样本学校	33.60	23.2	16.91	18.75	21.69	16.03
全国均值	42.94	34.04	24.57			22.51
甘肃均值	34.22		9.2			
国家标 2008	30		20			
甘肃省标准	≥ 25		≥ 15			

在样本学校中，城区初中、完全小学生均图书拥有量均低于国家标准，且低于农村初中、农村完全小学。如表3.29所示，同为初中，2017年样本农村初中生均图书量为33.6册，而城区初中生均图书量23.2册，城区初中生均图书拥有量比农村初中少10.4册。在样本完全小学中，农村完全小学2017年生均图书拥有量为18.75册，城区完全小学2017年生均图书拥有量为16.03册，城区完全小学比农村完全小学少2.72册。

另外，在样本学校中有90.91%的农村初中缺失电子阅览室，而所有的城区初中均无电子阅览室。

样本学校不仅生均图数量少，而且图书陈旧或者缺乏可读性，在被调查的学校现有图书中，绝大多数图书出版时间久远，20世纪90年代以前的图书占了绝大部分，反映新知识、新技能、新信息的图书资料少，适合中小学生阅读和参考的文学、艺术、历史、科技等书籍数量少，相同著者、可读性不高的图书较多，有的多达上百本。据访谈所知，这部分图书大部分都是作者捐赠或者低价购买的，以应付相关部门的教育检查。

3. 图书资料室及图书资料利用率低

农村样本学校的图书室和阅览室不仅配备不均衡，而且对现有的图书资料利用不足。因为不同学校的图书管理制度不同，加之很多学校没有专职的图书管理员，借阅极为不便，校际图书利用率差异大。就农村样本初中而言，大多实行学生自愿借阅制度，但是65%的学校规定了每周的借阅日期（星期一或星期四）。样本小学图书管理比较复杂，校际差异大。访谈显示，对于"你常去学校图书室看书或借阅书报吗"这个问题，不同学校和不同学生的回答不一致。如表3.29所示，只要学校图书管理制度允许，33%的学生每天借阅图书；61%的学生认为管理员经常不在图书室，没法借阅图书；31%的学生是由班主任统一借书给学生阅读，每周一次，平时图书室不开门；20%的学生由班主任统一组织借阅，两周一次；15%的学生认为班级有图书角，每天借阅图书，对学校图书室的书自愿借阅；30%的学生对图书室的书不感兴趣，不常借阅。对教师而言，很多老师也认为学校图书室的图书对教育教学的帮助不大，可读性不高，自己通常根据需要通过网络查找资料，很少借阅学校图书。

表 3.29　2017 年样本小学学生图书借阅情况

学生自愿借，每天借阅	学生自愿借，管理员组织不常在，没法借阅	班主任统一借书给学生，一周一次，图书室平时关门	班主任统一组织借书，两周一次	班级有图书角，每天借阅，学校图书室借阅自愿	很多图书不感兴趣，不常借
33%	61%	31%	20%	15%	30%

（七）现代教育技术设备配备

1. 生均计算机配备低于同期全国均值

调查显示，如表3.30和图3.6所示，在生均计算机配备方面，2017年全国城区初中和甘肃省初中均为0.19台/人，而样本城区初中为0.08台/人，"甘标2012"的标准为0.1台/人，样本城区初中生均计算机台数分别低于同期全国城区初中和甘肃初中0.11台/人，低于"甘标2012"规定的0.02台/人。

2017年全国农村初中和甘肃省初中生均计算机配备均值分别为0.21台/人和0.19台/人，而样本农村初中为0.12台/人，"甘标2012"为0.1台/人，样本农村初中生均计算机台数分别比同期全国农村初中和甘肃初中少0.09台/人和0.07台/人，比"甘标2012"规定多0.02台/人。

2017年，样本农村小学中，完全小学、中心小学、教学点生均计算机配备均值分别为0.1台/生、0.1台/生、0.05台/生，而同期全国农村小学和甘肃省小学生均计算机配备均值分别为0.14台/人和0.13台/人，样本农村完全小学和中心小学生均计算机配备均值分别比同期全国农村小学和甘肃小学均值少0.04台/人和0.03台/人，但比"甘标2012"规定的0.02台/人。而教学点则生均计算机配备均值分别比同期全国农村小学和甘肃小学均值少0.09台/人和0.08台/人，比《甘肃省义务教育学校办学基本标准》的标准少0.03台/人。

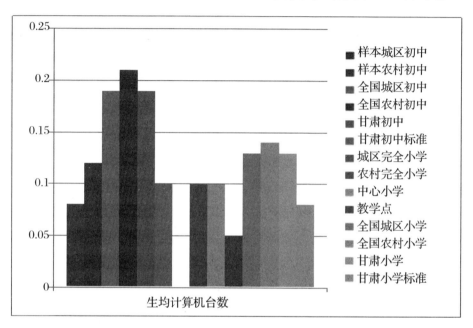

图3.6　样本学校生均计算机台数与全国、甘肃平均水平及标准比较

表3.30　样本学校现代教育技术设备配备与全国、甘肃均值比较（单位：台/人、间、%）

学校类别			生均计算机数	生均网络多媒体教室	均计算机教室	接入互联网学校
初中	样本初中	城区	0.08	0.02	0.001	100
		农村	0.12	0.03	0.005	90.9
	全国初中	城区	0.19	0.03	0.23	98.32
		农村	0.21	0.03	0.34	98.66
	甘肃初中		0.19	0.03	0.31	
	甘肃省标准		0.1	—	—	—

学校类别				生均计算机数	生均网络多媒体教室	均计算机教室	接入互联网学校
小学	样本小学	完全小学	城区	0.001	0.02	0.09	100
			农村	0.1	0.02	0.006	50
		中心小学		0.1	0.02	0.003	58.33
		教学点		0.05	0	0	0
	全国小学	城区		0.13	0.02	–	98.12
		农村		0.14	0.03	–	94.84
	甘肃小学			0.13	0.05	–	–
	甘肃省标准			0.08	–	–	–

注："–"表示缺值。

2. 生均网络多媒体教室、计算机教室配备率低

在生均网络多媒体教室配备方面，如表3.23所示，2017年样本城区初中比同期全国城区初中少0.01间/生，但与同期甘肃省初中均值相等。而样本农村初中则与同期全国农村初中、同期甘肃省初中均值相等。

在样本小学中，在生均网络多媒体教室配备方面，2017年城区完全小学为0.02间/生，同期全国城区小学和甘肃省均值分别为0.02间/生和0.05间/生，城区完全小学生均网络多媒体教室配备均值等于同期全国城区小学均值，但比甘肃省均值少0.03间/生。

而在样本农村小学中，2017年样本农村小学中，完全小学、中心小学、教学点，生均网络多媒体教室配备均值分别为0.02台/生、0.02台/生和0台/生，而同期全国农村小学和甘肃省小学生均值分别为0.03台/人和0.05台/人，样本农村完全小学和中心小学生均网络多媒体教室配备均值分别比同期全国农村小学和甘肃小学均值少0.01台/人和0.03台/人。而教学点学校则无网络多媒体教室。

在生均计算机教室配备方面，样本初中均低于同期全国和甘肃省同类学校均值。同时在生均计算机教室配备方面，样本初中与同期全国平均水平和甘肃省平均水平差异非常大，例如，2017年样本城区初中和农村初中生均计

算机教室配备间数分别为0.001间/人和0.005间/人，而同期全国平均水平分别为0.23间/人和0.34间/人，二者分别相差0.229间/人和0.335间/生。而与同期甘肃省平均水平分别相差0.309间/生和0.305间/生。

在样本小学，生均计算机教室配备方面，城区小学和农村小学差距大，如2017年城区完全小学生均计算机教室配备均值为0.09间/生，而农村小学中完全小学、中心小学、教学点均值分别为0.006间/生、0.003间/生和0间/生，差距非常明显。

3. 校园网开通率低

在校园网开通方面，样本学校除了城区初中、城区完全小学全部开通率校园网外，其他样本学校均没有完全开通校园网。且在农村小学中，教学点均未开通校园网。在样本学校中，除了城区初中和城区完全小学校园网开通了高于同期全国城区初中和城区小学校园网开通率外，其他如样本农村初中和样本农村完全小学、中心小学、教学点校园网的开通率分别比同期全国同类学校校园网开通率低7.76%、44.84%、36.51%和94.84%。

4. 现代信息技术设备使用不充分，资源浪费严重

受信息技术学科教师和信息技术设备配置不足以及学校管理制度的影响的影响，样本学校现代信息技术设备使用不充分，校际和城乡差异大。除了8.33%和33.33%的农村小学分别没有多媒体和计算机教室之外，如表3.31所示，样本小学多媒体教室、计算机教室和校园网的周使用次数均值分别为6.35次、2.18次和2.96次，其城乡和校际差异系数分别1.30、1.23和1.44，均高于国家规定的最低要求0.65次；样本初中均配有多媒体教室、计算机教室和校园网，其周使用次数均值分别为16.8次、2.73次和13.2次，其城乡和校际差异系数分别0.80、1.54和0.99，均高于国家规定的最低要求0.55次。对农村学校而言，每周如此低的信息技术设备使用率，如何培养学生的现代信息技术知识和技能？如何促进学生的全面发展？如何提高人才培养质量？这样不仅有损于农村学校学生的受教育过程公平，更不利于教育结果公平，而且造成教育资源的极大浪费。

表 3.31　2017 年样本学校信息技术设备周使用信息技术设备周使用率（单位：次、%）

	小学						初 中					
	N	极小值	极大值	均值	标准差	差异系数	N	极小值	极大值	均值	标准差	差异系数
多媒体教室	22	1	34	6.35	8.27	1.30	13	1	36	16.80	13.47	0.80
计算机教室	18	0	8	1.77	2.18	1.23	13	1	15	2.73	4.20	1.54
校园网	24	0	10	2.05	2.96	1.44	13	0	35	13.20	13.10	0.99
有效的 N（列表状态）							13					

三、W 县农村义务教育财力资源配置现状

财力资源是学校发展的最基本保障。近年来，随着国家对农村义务教育的重视，财政投入力度进一步加大，经费增长速度明显加快。《中国农村教育发展报告2017》研究表明，2016年，国家财政性教育经费为31396.25亿元，占全国教育经费总投入的80.73%，比上年增长7.44%。2016年全国普通小学生均公共财政预算教育事业费支出达到9557.89元，比上年增长8.14%。其中，农村为9246.00元，比上年增长7.80%；全国普通小学生均公共财政预算公用经费支出达到2610.80元，比上年增长7.25%。其中，农村为2402.18元，比上年增长6.99%。2016年全国普通初中生均公共财政预算教育事业费支出达到13415.99元，比上年增长10.83%。其中，农村为12477.35元，比上年增长9.94%；全国普通初中生均公共财政预算公用经费支出达到3562.05元，比上年增长5.98%。其中，农村为3257.19元，比上年增长5.28%。教育经费投入不断增长，农村义务教育增速低于全国平均水平。[①]

尽管随着义务教育的全免费和均衡发展的推进，农村义务教育的投入不断加大，但是与城市学校、与全国平均水平相比，农村义务教育仍然存在投入不足的情况，区域差异明显。因此，研究西部农村地区义务教育投入现状、

---

① 邬志辉. 中国农村教育发展报告2017[N]. 中国教师报,2017-12-27.

教育资源投入的合理性不仅有利于促进教育公平、促进义务教育均衡发展，而且可以提高有限的教育资源的利用效率。调查发现，W县样本学校的财力资源配置和使用存在如下不合理现象。

（一）生均事业费

1. 生均事业费逐年增长，但低于同期全国平均水平

调查显示，样本学校财政总拨款和生均事业费逐年增长，但生均事业费仍然低于全国平均水平。就样本小学而言，如表3.32所示，2015—2017年，城区小学财政总拨款分别为230.04万元、265.42万元、293.05万元，年增长率分别为9.5%、15.38%、10.41%，生均财政预算事业费分别为1447.21元、1535.2元和1688.97元，增长率分别为1.53%、6.1%和3.48%，但与全国平均水平相比仍有一定的差距，如2015年和2016年全国小学平均生均事业费拨款分别为8838.44元和9557.89元，全国农村小学生均事业费拨款分别为8576.75元和9246.00元，2015年和2016年城区小学生均事业费拨款分别比同期全国平均水平少7391.23元和8022.69元，比同期全国农村小学少7129.54元和7710.8元。在样本农村小学中，除个别年份因学生人数减少而拨款有所减少外，整体上拨款也呈现上升趋势，如完全小学2015—2017年财政总拨款分别为21.62万元、21.5万元、30.5万元，年增长率分别为11%、−0.56%、41.86%，2015—2017年样本农村中心小学生均财政预算事业费分别为1157.89元、1248.67元和1660.08元，生均事业费呈逐年增长趋势，增长率分别为6.66%、7.84%和32.95%。但与全国平均水平相比仍有一定的差距，如2015年和2016年样本农村中心小学生均财政预算事业费分别为1157.89元、1248.67元，而同期全国小学生均事业费拨款分别为8838.44元和9557.89元，全国农村小学生均事业费拨款分别为8576.75元和9246.00元，样本农村中学小学生均事业费拨款分别比同期全国平均水平少7680.55元和8309.22元，比全国农村平均水平少7418.86元和7997.33元。而农村教学点和完全小学生均事业费同样在增加，与同期全国小学平均水平以及全国农村小学平均水平同样相差很大。

表 3.32 2015—2017 年样本小学财政总拨款及生均财政预算教育事业费增长情况
（单位：万元、%、元）

	学校		年度	财政总拨款	年增长率 %	生均财政预算事业费	年增长率
样本小学	城区	完全小学	2015	230.04	9.5	1447.21	1.53
			2016	265.42	15.38	1535.2	6.1
			2017	293.05	10.41	1688.97	3.48
	农村	教学点	2015	6.83	2.32	1127.39	1.34
			2016	7.51	9.96	1221.67	8.36
			2017	7.12	−5.19	1270.38	3.99
		中心小学	2015	50.06	8.76	1157.89	6.66
			2016	94.18	88.13	1248.67	7.84
			2017	83.47	−11.37	1660.08	32.95
		完全小学	2015	21.62	11	1137.84	1.62
			2016	21.5	−0.56	1241.63	9.12
			2017	30.5	41.86	1434.38	15.52
全国小学			2015	–	–	8838.44	15.07
			2016	–	–	9557.89	8.14
			2017	–	–	–	–
全国农村小学			2015	–	–	8576.75	15.84
			2016	–	–	9246.00	7.80
			2017	–	–	–	–

注："–"表示缺值。

样本初中和样本小学呈现出同样的趋势。如表 3.33 所示，2015—2017 年样本城区初中财政总拨款分别为 204.02 万元、207.56 万元和 211.92 万元，呈逐年增长，增长率分别为 1.21%、1.74%、2.1%，样本城区初中生均事业费拨款分别为 1974.54 元、2194.28 元和 2274.37 元，而 2015 年、2016 年全国初中生均事业费分别为 12105.08 元、13415.99 元，全国农村初中生均事业费分别为 11348.79 元、12477.35 元，2015 年和 2016 年样本城区初中生均事业费拨款分别比全国初中少10130.54元、11221.71元，比同期全国农村初中少9374.25元、10283.07元。

表3.33　2015—2017年初中财政总拨款及生均事业费增长情况（单位：万元、%、元）

	学校	年度	财政总拨款	年增长率	生均财政预算事业费	年增长率
样本初中	城区	2015	204.02	1.21	1974.54	1.54
		2016	207.56	1.74	2194.28	11.13
		2017	211.92	2.1	2274.37	3.65
	农村	2015	186.16	4.36	1765.54	3.90
		2016	205.47	10.37	2091.08	18.44
		2017	169.3	−17.6	1912.51	−8.54
全国初中		2015	–	–	12105.08	16.85
		2016	–	–	13415.99	10.83
		2017	–	–	–	–
全国农村初中		2015	–	–	11348.79	16.86
		2016	–	–	12477.35	9.94
		2017	–	–	–	–

注："–"表示缺值。

2015—2017年，样本农村初中生均事业费拨款分别为1765.54元、2091.08元、1912.51元，生均事业费逐年增长，增长率分别为3.90%、18.44%、−8.54%。而2015年、2016年全国初中生均事业费分别为12105.08元和13415.99，全国农村初中生均事业费分别为11348.79、12477.35元，因此，2015—2016年，样本农村初中生均事业费拨款分别比全国初中少10339.54元、11324.91元，比同期全国农村初中少9583.25元、10386.27元。

2. 小学生均事业费增长率低于全国平均水平

如表3.32所示，2015—2016年城区完全小学生均事业费的增长率分别为1.53%，6.1%，同期全国小学的增长率分别为15.07%和8.14%，城区完全小学生均事业费增长率分别比全国小学生均事业费增长率低13.54%和2.04%。

而在农村小学中，2015—2016年样本农村中心小学生均财政预算事业费增长率分别为6.66%和7.84%，而同期全国小学平均生均事业费拨款的增长率分别为15.07%和8.14%，农村中心小学生均事业费增长率分别比全国小学生均事业费增长率低8.41%和0.3%。

2015—2016年样本农村中心小学生均财政预算事业费增长率分别为6.66%和7.84%，而同期全国农村小学平均生均事业费拨款的增长率分别为15.84%和7.8%，2015年农村中心小学生均事业费增长率比全国农村小学生均事业费增长率低9.18%，但2016年则比全国农村平均水平高0.04%。

（二）生均公用经费

样本学校生均公用经费投入，和生均事业费有相同的趋势，即逐年增长，但低于全国平均水平。调查显示，就样本小学而言，如表3.34所示，2015—2017年样本城区小学（即城区完全小）学生均公用经费分别为569.76元、614.46元和616.94元，逐年增长，增长率分别为1.92%、7.85%和0.4%，但与全国小学平均生均公用经费拨款相比还有一定差距，如2015和2016年样本城区小学生均公用经费拨款分别为569.76元和614.46元，同期全国小学生均公用经费拨款分别为2434.26元和2610.80元，城区完全小学生均公用经费分别比全国农村小学少1864.5元、1996.34元。

表 3.34　2015—2017 年样本小学生均公用经费及其他项目投资情况
（单位：元、%、万元）

学校		年度	生均财政预算公用经费	年增长率	基建项目投资	社会捐资、集资	勤工俭学	其他
样本小学	城区小学 完全小学	2015	569.76	1.92	127	0	0	0
		2016	614.46	7.85	6	0	0	0
		2017	616.94	0.4	3.75	0	0	0
	农村小学 教学点	2015	500	1.32	0	1.15	0	0.35
		2016	600	20	0	0	0	0
		2017	600	0	0	0	0	0

学校		年度	生均财政预算公用经费	年增长率	基建项目投资	社会捐资、集资	勤工俭学	其他
样本小学	农村小学 中心小学	2015	568.36	4.42	30	0	0	4.493
		2016	625.05	9.97	36	0	0	0.11
		2017	697.12	11.53	2	0	0	0
	完全小学	2015	600	6.67	0	0	0	0.7
		2016	600	0	0	0	0	0.73
		2017	600	0	0	0	0	0.67
全国小学		2015	2434.26	8.58	–	–	–	–
		2016	2610.80	7.25	–	–	–	–
		2017	–	–	–	–	–	–
全国农村小学		2015	2245.30	6.81	–	–	–	–
		2016	2402.18	6.99	–	–	–	–
		2017	–	–	–	–	–	–

注:"–"表示缺值。

而在农村小学中,2015—2016年样本农村中心小学生均财政预算公用经费分别为568.36元和625.05元,而同期全国小学平均生均财政预算公用经费分别为2434.26元和2610.80元,全国农村小学平均生均财政预算公用经费分别为2245.30元和2402.18元,2015年和2016年农村中心小学生均财政预算公用经费分别比全国小学生均事业费少1865.9元和1985.75元,比同期全国农村生均财政预算公用经费少1676.94元、1777.13元。2015—2017年教学点的生均财政预算公用经费分别为500元、600元、600元,农村完全小学则均为600元,这与同期全国平均水平以及全国农村平均水平相差更远。

表3.35　2015—2017年样本初中生均公用经费及其他项目投资情况（单位: 万元、%、元）

	学校	年度	生均财政预算公用经费	年增长率	基建项目投资	社会捐资、集资	勤工俭学	其他
样本初中	城区初中	2015	800	0	62	0	0	0
		2016	800	0	110	0	0	0
		2017	800	0	42	0	0	0
	农村初中	2015	813.07	3.04	39.67	0	0	10.14
		2016	846.95	4.17	30.52	0	0	4.89
		2017	817.89	−3.43	92.76	0	0	4.43
全国初中		2015	3361.11	7.70	–	–	–	–
		2016	3562.05	5.98	–	–	–	–
		2017	–	–	–	–	–	–
全国农村初中		2015	3093.82	6.12	–	–	–	–
		2016	3257.19	5.28	–	–	–	–
		2017	–	–	—–	—–	–	–

注：“–”表示缺值。

对样本初中而言，调查显示，2015—2017年，样本城区初中生均公用经费也逐年增长，但仍然低于同期全国初中和农村初中的总体水平。如表3.35所示，2015—2017年，样本城区初中生均公用经费拨款均为800元。而2015年、2016年全国初中生均公用经费拨款分别为3361.11元和3562.05元，全国农村初中2015年、2016年生均公用经费分别为3093.82元、3257.19元，样本城区初中生均公用经费分别比全国初中少2561.11元、2762.05元，比同期全国农村初中生均公用经费少2293.82元、2457.19元。2015—2017年，样本农村初中生均公用经费拨款分别为813.07元、846.95元和817.89元，年增长率分别为3.04%、4.17%和−3.43%，但与同期全国初中和全国农村初中平均水平相距甚远。例如，2015年、2016年全国初中生均公用经费拨款分别为3361.11元和3562.05元，全国农村初中2015年、2016年生均公用经费分别为3093.82元、3257.19元，样本农村初中生均公用经费分别比全国初中少2548.04元、2715.1

元，比同期全国农村初中生均公用经费少2280.75元、2410.24元。

（三）办公经费

调查显示，样本学校的生均公用经费配置基本执行国家规定的最低基本标准[①]。现实中，随着物价的不断上涨和学校各项额外开支的加大，如此低的公用经费的使用效率极高，几乎是"入不敷出"，为了保证学校正常运转，经常是"寅吃卯粮"。访谈中，很多校长抱怨：

为了义务教育基本均衡评估验收达标，教育管理部门为学校投资建设了一些功能教室，投入了一些设备，有些还是城区学校淘汰下来的，需要维修保养后才能使用。因此，学校需要临时聘用一些工勤人员，产生了许多额外的费用，如设备的维护费，临聘人员的工资，仪器运行电耗费、折旧费，教师培训费，自来水费，寄宿生管理费，营养餐加工费，本来高昂的冬季取暖费等，学校几乎不能正常运行了，教师的班主任、教辅等兼职工作都是义务的，没经费补助，就连日常的教师评优评奖的奖励，也只能发荣誉证书，没有物质和奖金。义务教育均衡评估验收后，学校的日子反而更不好过了！

这也反映了当前农村学校，尤其是100人左右的小规模学校的经费严重不足的问题。另有校长抱怨：

现在农村学校学生营养餐补助及寄宿生补助，以现金的方式按照人头直接发给家长，这样学校的经费开支和食品安全压力会减轻。因为，食堂的建立、食品和饭菜采购、运输、加工和相关工作人员的工资等费用的开支太大，公用经费远远不够这些开销，而且学校还担心饭菜质量，每个学生及家长的要求不同，家长和学生对饭菜质量也有不同的意见。更重要的是食品安全问题，学校压力实在太大了。强烈建议农村学校不提供食堂，直接发生活补助现金给学生，或者实行后勤社会化，让学校教师能够安心地教书育人。

---

① 国务院关于进一步完善城乡义务教育经费保障机制的通知（国发〔2015〕67号）[DB/OL]. 教育部门户网站，2018-1-23.

通过以上分析，样本学校生均经费低于全国平均水平，这一方面说明样本省、县教育投入不足，另一方从教育资源的利用角度而言，生均经费的降低意味着样本县教育经费利用效率的极大提高。但是，如果生均经费太低，也有可能导致新一轮的教育不均衡出现和影响教育质量。因此，从教育经费利用的角度而言，生均经费投入低，意味着经费利用效率高，但是过低的生均经费则表明教育投入不足，在一定程度上会不利于义务教育质量的提高。

另外，样本县教育经费投入方式和途径单一，教育财力资源配置不足。调查显示，样本学校的教育经费主要依靠政府财政拨款。样本学校的教育经费，无论是教育事业费还是教育基本建设费，都单一依靠政府财政拨款，而社会捐资、集资、勤工办学以及其他的经费来源几乎没有；同时，教育经费配置的政府财政拨款，主要源于中央和省级政府，县级政府财政投入很难得到稳定的保障。如表3.34和表3.35所示，就社会捐资和集资而言，样本学校中，只有教学点2015年有1.15万元社会捐资外，其他学校该项投入均为零。这种单一的政府经费投入，在一定程度上保证了农村义务教育经费的按时和依据标准拨付，体现了标准的统一和公平，但是，因不同的地域条件及办学条件的历史和现状的差异，不同的学校在经费的实际获得和使用途径上会出现获得性不公平。

综上所述，样本省2015—2017年小学、初中生均事业费拨款、生均公用经费拨款虽然逐年增长，但仍然低于同期全国农村同类学校以及同期全国同类学校平均水平。这说明近年来国家对义务教育拨款逐渐增多，但地处西部的甘肃省义务教育阶段学校的投资与全国农村义务教育阶段的学校以及全国义务教育阶段生均拨款相比还有一定的差距，从教育经费利用的角度而言，生均经费投入低，意味着经费利用效率高，但是过低的生均经费则表明教育投入不足，在一定程度上会不利于义务教育质量的提高。

四、本章小结

本章从县域义务教育均衡发展和资源均衡配置的视角出发，以义务教育均衡发展的最基本条件为研究重点，以西部的甘肃省 W 县为个案，系统考察了 W 县义务教育人力、物力和财力资源配置的现状及问题。

研究表明，W 县农村义务教育资源配置的不合理性，外在表现为教育资源配置不足和既配有资源闲置浪费，具体表现在人力资源、物力资源和财力资源三个方面。

人力资源配置的不合理性主要表现为办学规模存在城乡和校际差异，城区学校班额大且逐年增长，而农村学校班额过小而逐年减小；生师比校际差异明显；专任教师学历合格率、高学历和高职称教师比例低，校际和城乡差别大；体育、音乐、美术、信息技术等学科教师配置不足；城乡教师和校长轮岗交流制度几乎流于形式；行政、教辅和工勤人员配置不足，教师的工作负担较重。

物力资源配置和使用的不合理性主要表现为生均校舍面积和体育运动场所、教学和辅助用房以及计算机配置等达标率低，校际和城乡差异大；个别学校因专业师资缺乏和管理理念所致，既配教学设备闲置浪费严重。

财力资源配置和使用的不合理性主要表现为经费投入单一，县级政府对学校补助性经费投入不足；学校办公经费不足；班主任津贴、师生的获奖补助以及工勤人员的开支落实难度大。

第四章　西北农村义务教育资源配置的合理性困境及探缘

一、W县农村义务教育资源配置的合理性分析

通过对W县农村义务教育资源配置现状的调查，发现该县即便在2016年通过了县域义务教育基本均衡评估达标验收，样本学校的义务教育资源配置现状却依旧堪忧，无论在人力资源、物力资源还是财力资源的配置方面，均存在一定的不合理性。诚然，合理与否的判定，是事实判断和价值判断的统一。义务教育资源配置的合理与否，也是事实判断和价值判断的统一。义务教育资源配置的城乡差异、校际差异、个体和群体差异等现状的存在，这是一种事实认定和表象呈现，同时，这种事实和表象背后隐含着各利益相关者的主体观念、需要、目的、动机和利益标准及行为逻辑的价值判断，是依据一定的价值标准对这种教育和社会现象做出的评价性描述。义务教育资源配置的合理性取决于各利益相关者利益追求的合理性，取决于评价的标准和尺度的合理性。因此，义务教育资源配置的不合理性表现为事实的或表象的不合理性和内在的或价值的不合理性。

（一）W县农村义务教育资源配置的事实不合理性

W县农村义务教育资源配置的外在不合理性，就整体而言，表现为教育资源配置不足和已配有资源闲置浪费并存的现象。这种事实具体反映在人力资源、物力资源和财力资源三个方面。结合上文的调研分析，概括归纳如下。

W县农村义务教育人力资源配置的不合理性主要表现为办学规模城乡和校际差异大，城区学校总体班额过大且办学规模逐年增大，而农村学校班额过小且校均规模逐年减小；生师比低于国家标准，校际差异明显；专任教师学历和职称结构不合理，学历合格率、高学历和高职称教师比例低，校际和城乡差别大；教师学科结构不合理，体育、音乐、美术、信息技术等学科教师配置不足；教师在职培训比例和参培层次不高，城乡和校际差异明显；城乡教师和校长轮岗交流制度几乎流于形式；无专职的行政、教辅和工勤人员配置，很多学校由教师兼任，加之教学工作量大，教师的工作负担较重。

物力资源配置的不合理性主要表现为生均校舍面积和体育运动场所、教学和实验用房、办公和生活用房、图书阅览室、计算机等达标率低，校际和城乡差异大；农村小学教学仪器设备（尤其是现代教育技术设备）存在配备严重不足，或者为城区学校更新换代而二次分配，功能和性能难以保证；个别学校或因无专业教师指导操作，或受运行成本（如电耗费和维修费）所限，或者仅仅是为了应付相关部门的督导评估和检查，致使已配的教学设备闲置浪费严重；为均衡评估验收而配建的相关教育教学辅助室所（如心理咨询室、义务保健室等）因无专业人员配备或亦因运行成本问题而根本没有发挥任何使用价值。

财力资源配置的不合理性主要表现为经费投入单一，县级政府对学校补助性经费投入不足，学校运转依靠中央和省级财政统一下拨经费；学校办公经费不足，日常开支受限，对于教师的培训差旅补助无法落实，设备的运行和维护费、水电费、冬天取暖费开支大；班主任津贴、师生的获奖补助以及工勤人员的开支落实难度大，导致班主任工作积极性不高，教师兼职压力大；学校经费仅能保障最基本的运转。

资源配置的不合理现象，隐含和渗透着资源配置和使用主体的理念、需要、动机、价值观及相关利益诉求和行为依据、行为方式等存在的不合理性。集中体现在与实质合理性、形式合理性与实践合理性要求的背离或偏移。

（二）W县农村义务教育资源配置内在的或价值的不合理性

义务教育资源配置的合理性就其本质而言，是一种实质合理性、形式合理性与实践合理性的有效统一，是综合性的合理性。因为义务教育资源配置的主体是人，人的行为结果总是受其行为的需要、动机、目的、价值取向等层面的个体倾向性因素影响，是由其行为的实质合理性、形式合理性与实践合理性来体现的。因此，W县农村义务教育资源配置内在的或价值的不合理性表现在实质合理性、形式合理性与实践合理性三个层面。

1. 实质合理性层面

实质合理性，是一种主观意义上的合理性，是一种关于不同价值之间的逻辑关系的判断，[①]是合理性评价的主观尺度。实质合理性行为只服务和服从于尊严、义务等伦理的、政治的、宗教的信念，主观上认同行动具有排他的和无条件的价值，无视行为的后果和完成的条件，因此，它强调的是社会对行动的关注度而非行动的效率，主要体现为目的与后果的价值。

县域内义务教育均衡发展是国家和中央政府为了缩小县（市、区）城乡义务教育之间的差距，推进县域内城乡义务教育一体化，提高和巩固义务教育质量，实现教育公平和社会公平，为争取教育现代化的大发展和全面建成小康社会奠定坚实基础。[②]因此，县域内义务教育均衡发展是国家和中央政府对教育发展的战略目标，更是各级政府义务教育发展的战略任务和政治任务。这种服务于国家政治的、经济的和社会发展的价值信念，自上而下地成为各级政府阶段性价值目标。中央政府制定了相应的评估标准和阶段性目标实现的时间表，也明确了各级政府在实现这一价值目标中的职能和责任；教育部制定了《县域义务教育均衡发展督导评估暂行办法》（2012）等系列指导性方案；各级政府及教育行政主管部门，为了实现这一终极的价值目标和履行本部门的职责，也制定一系列相应的规定和实施细则。凡此种种，充分体现了义务教育办学主体——政府的至上的绝对价值观和责任信念，即为了尽快推进义务教育均衡发展，实现教育公平，政府的决策是权威的和强制的，主观上认同加快推进义务教育均衡这一行动具有排他的和无条件的价值，不管这种"短、频、快"的均衡评估督导行为所衍生的非预期的现实后果，以及这

---

① 张学东. "结构"内外的"行动"——试比较韦伯与吉登斯关于"行动"的论述 [J]. 长春工业大学学报（社会科学版）,2008（7）.

② 国务院关于深入推进义务教育均衡发展的意见（国发〔2012〕48号）[DB/OL]. 中国政府网,2012-09-07.

一任务完成的主、客观条件如何，都要完成这一政治任务和行为目标，以彰显政府的义务教育办学主体地位、职责和义务，以扩大民众对政府致力于推进义务教育均衡发展这一行动的社会关注度，追求公众对这一政府行动的单维满意度评价，而忽视了该行为所产生的多维满意度评价，忽视了人才培养目的实现的规律性。

因此，各级政府和教育行政部门在制定县域内义务教育均衡发展督导评估办法和标准，以及在具体的督导评估行动中，只考虑单维的实质（价值）合理性，只考虑义务教育均衡发展这一目标实现后的社会影响价值，而忽视了评估标准使用和督导评估程序中的客观性、科学性。这种自上而下的科层制式的目标实施和监管机制，虽然具有层级分明、责权清晰、规范有序、追求高效等特点，但是，这种自下而上的负责和"服从"，上级对下级的"绩效"考核，也容易滋生官僚主义和非正常的沟通，会导致下级想方设法迎合上级，显示其"尽职尽责"，造成程序的非正当性和价值合理性的偏离或遮蔽。

调查发现，部分农村学校，为了使教育经费得以节约，而又能达到上级部门的义务教育均衡评估目标，虽然在县域义务教育均衡督导评估中配置了相应的教育资源，但是却很少使用。例如，在某农村初中调研时发现，该校生物实验室配置了实验仪器，能够满足一个标准班级的实验教学。当问及实验课程的开设情况时，相关领导和老师均说"正常开设实验课"，还指向黑板上实验老师工整、漂亮的实验授课板书。但隔段时间，当研究者第二次到访该校时，发现黑板上的实验授课内容和板书"依然如故"。在之后的非正式访谈时知悉，那是为了迎合评估而特意"制造的"。因为"评估专家一般不会很认真地深入实验课堂听课，只是走马观花式的'看看'、'问问'、'拍拍照'、查查相关评估资料。""我们接受的各种教育评估太多了，基本都是那样。再说专家也忙，'看'的学校很多，没有时间仔细'研究'的。"更有意思的是，在非正式访谈中，"当事人"在谈及对"县域义务教育均衡督导评估"的认识时，侃侃而谈，居然介绍经验："评估专家进校检查时，学校介绍人员一定要多讲讲国家和省、县级政府及教育主管部门为均衡评估做出的很多努力，一定要多介绍本校的办学条件的大变化，资源配置的齐备，多引导专家查看学校的'亮点'，占据主动权，不给专家留有询问的机会；对师生和家长访谈也是如此……这些工作在评估前都要做好充分的准备和演练……讲得好，还会被领导表扬和评优嘛。"对义务教育均衡发展评估的不合理认识及不正确观念，导致县域义务教育发展基本均衡评估及资源配置的实质（价值）合理性偏移。

县域内义务教育均衡督导评估过程中，各级政府及各利益相关者为了实现自身的"层级目标价值"，规避责任，其行动逻辑和出发点很大程度上在于追求自身目标和利益的实现，而并非完全追求最终的有效率和有价值，其目的在于"做完事"而非"做好事"和"做有价值的事"。因此，对义务教育资源的配置只关注用什么方式尽可能配齐，而对于配置的资源能否使用或使用的效果怎样，却疏于监管。据调查所知，各级政府虽然明确规定了对下级政府及其责任人在义务教育均衡发展中不力行为的"问责制"，但是未能很好地落实。

义务教育均衡发展及教育资源配置和使用过程中，不同利益相关者不合理的价值观念、需要和行为逻辑等，不利于实现县域义务教育发展基本均衡评估及资源配置和使用的实质合理性。

2. 形式合理性层面

如前文分析，目的合理性指依据有预期的目的和实现该目的的手段、工具而做出行为评价和判断的合理性。目的合理性又分为工具合理性和选择合理性两种类型。对实现既定目的所采用的工具和手段的合理选择，即工具合理性；对行为之目的的合理权衡和选择，即选择合理性。韦伯认为，行为的工具合理性只考虑达到既定目的所运用手段和工具的有效性，行为的选择合理性考虑的是根据一定的价值、有效的手段和现实条件等选择目的的合理性。[①]形式合理性指手段和程序的可预测、可操作和可计算性，是合理性的客观尺度，其关涉事实是一种关于不同事实之间的因果关系判断。工具合理性和形式合理性具有相似性，又被韦伯统称为形式（工具）合理性。

县域义务教育资源配置及均衡发展督导评估，是以主体人为核心的个体和群体行为，都有既定的目的和选择实现目的的手段、工具和程序。因此，

---

① 马克斯·韦伯.经济与社会：上卷 [M].林荣远译.北京：商务印书馆，1997：56.

对县域义务教育资源配置及均衡发展评估的行为评价，契合形式合理性的评价意义。

如上文已做论述，推进城乡一体化义务教育资源配置，提高义务教育资源的使用效率，实现城乡义务教育均衡，是国家发展的战略决策，是一项政治任务。就其目的的选择和确定而言，是中国政府基于国家发展战略、义务教育发展的价值、国家和人民群众的利益，以及当前社会经济发展的现实条件而做出的历史性和战略性选择，其目的是明确的，价值和意义是深远的，符合国家、社会和教育发展规律的。我国经过25年的努力（从1986年到2011年秋季开学），全国实现了"普九"，从起点上实现了教育公平。但是适龄儿童"上好学"的问题形势依然严峻，义务教育区域间、城乡间、学校间和群体间的差距依然显著。[①] 因此，必须优化义务教育资源配置，实行城乡义务教育均衡发展。县域内义务教育均衡发展是教育发展的基本和基础性目标，是为了有步骤地均衡城乡教育资源配置和改善义务教育学校办学条件，给国家发展义务教育和推进教育公平的政策制定提供阶段性和现实依据，而不是行政指令和政绩要求。

但是，在县域义务教育资源配置和使用及其均衡评估中，国家和省级评估"标准"或相关规定的制定及内容的表述，存在相互交叉，文本表述欠清晰，刚性不足或过于刚性，评估指标过于指向县级政府等问题，致使在"标准"和"规定"的具体落实中，个别部门以规定中的个别模糊性要求和遗漏为由，推卸责任，影响了县域义务教育资源合理配置及其均衡发展评估的客观性、可行性和实效性，使形式合理性的程度降低。

首先，政策文本的内容表述欠清晰，存在交叉现象。作为刚性文件，教育部颁发的《县域义务教育均衡发展督导评估暂行办法》（以下简称《办法》），在"对义务教育发展基本均衡县的评估"认定内容和指标的规定中，"校际均衡8项指标"重点评估县级政府均衡配置教育资源情况和"对县级人民政府推

---

① 国务院关于深入推进义务教育均衡发展的意见（国发〔2012〕48号）[DB/OL]. 中国政府网，2018-2-22.

进义务教育均衡发展工作评估"17项指标[①]，两项内容中的"指标"除了有交叉重复，如"生师比达到省定编制标准"。而且评估的指向完全是县级人民政府。这里的"县级人民政府"毫无疑问是县政府，这种评估指向对突出县政府在义务教育资源配置和均衡发展中地位和作用是肯定的。但是，这种评估指向使县级政府大包大揽县域内义务教育的一切权力，这样反而会使政府管理一些不该管的教育事务，如开齐开足课程、学科教师配备、减轻学生课业负担、学生体育健康达标、学生巩固率等，这些本来属于学校内部的教育工作内容，是县级人民政府下属的教育行政主管部门的责任，变成县政府的责任，致使县级政府陷入事无巨细的学校教育和管理工作之中，反而不利于县级政府对中央和省级财政教育支付的统筹管理，对县域义务教育的县级财政转移支付和学校的整体布局规划研究投入受限。县级政府权力太大，管得太多，又是县域的最高行政管理部门，同级监管受限，容易滋生教育腐败，反而对县级政府统筹均衡发展县域义务教育不利。这种"评估内容"指向单一的评估手段和工具，对实现"县域义务教育均衡发展"这一目的未必会产生实效，难以形成因果对应的关系，形式合理性难以体现，本研究的实地调研证明了这一点。

其次，对评估程序的结果评价和处理缺乏刚性和主体性。《办法》中对县域内义务教育均衡发展评估认定的程序表述为"依据省级制定的督导评估办法和标准，县级人民政府先进行自评，自评达标并报地市级复核后，申请省级评估；省级将督导评估通过县的有关材料送达国家教育督导团，申请审核认定并组织实地检查；教育部根据国家教育督导团的审核结果，公布并授牌"。这种逐级申请上报评估督导的程序，虽然层级分明，责任清晰，程序严密，易于负责和追责，但是也易于卸责。而且《办法》对督导评估中的不当行为的问责和追责，未能明确责任主体，处罚的责任主体不明确，缺乏刚性，不利于行为目的的实现，产生形式合理性无助。

再次，相关规定的文本表述含糊不清，具有一定的矛盾性。就教师编制及队伍建设数量而言，政策规定和表述要么含糊，要么前后矛盾，甚至在同

---

① 教育部关于印发《县域义务教育均衡发展督导评估暂行办法》的通知（教督〔2012〕3号）[DB/OL]. 教育部门户网站，2018-2-22.

一政策规定的表述中，也出现文本前后矛盾。例如，《中央编办、教育部、财政部关于统一城乡中小学教职工编制标准的通知》中规定，"坚决贯彻中央严格控制机构编制和本届政府财政供养人员只减不增有关精神"和"按照严控总量、盘活存量、优化结构、增减平衡的要求"①，这里"只减不增"与"增减平衡"存在明显的表述矛盾。到底是严格减少现有中小学教师编制，还是动态调整，增减平衡？另外，这种政策文本内容的表述，也会产生歧义，甚至显露出政府政策和决策短视，这在一定程度上削减了民众对政府的信任和信心。这样的决策不仅难以落实，无法发挥政策的现实效应，无法指导实践，而且决策行为更是不具有前瞻性和持续性。

另外，"坚决贯彻"和"严格控制本届政府财政供养人员只减不增"，这与《中共中央、国务院关于全面深化新时代教师队伍建设改革的意见》中"充分考虑新型城镇化、全面二孩政策及高考改革等带来的新情况，根据教育发展需要，在现有编制总量内，统筹考虑、合理核定教职工编制"②的规定也是相互矛盾的。"新型城镇化、全面二孩政策"，很容易理解为未来中小学适龄儿童的数量会有增长，教师数量相应也会增长，教师编制数同样应该增长，而"在现有编制总量内，统筹考虑、合理核定教职工编制"意味着在控制现有教师编制总数不变的前提下，为"二孩政策"带来的教师数量增长留有空编，而未来新增教师数量和余留空编数如何测算？另外，这种"严格控制本届政府财政供养人员只减不增"的规定，又如何解决现阶段义务教育学校教师数量不足（尤其是农村偏远地区）的问题？这种含糊不清、相互矛盾的规定，在义务教育均衡发展评估评定和资源配置时又如何执行？评估工具的形式不合理性，导致评估行为和结果不准确或无法有效评估，最终容易造成评估和执行过程流于形式。

最后，某些标准制定缺乏现实和合理性依据，缺乏发展和动态的视野，过于刚性和机械，表述不明确，为评估义务教育均衡发展指导和督导评估带

---

① 中央编办教育部财政部关于统一城乡中小学教职工编制标准的通知 [DB/OL]. 中国机构编制网，2015–03–10.

② 中共中央国务院关于全面深化新时代教师队伍建设改革的意见 [DB/OL]. 中国政府网，2018–01–31.

来不便。"农村小规模学校"的学生数界限不明确，学校规模不足50人、10人的教学点也属于小规模学校，如何达到"不少于6个教学班"？"城市小学规模一般不少于24个教学班，初中规模一般不少于18个教学班"的合理性依据又是什么？这与教育部负责编制的《农村普通中小学校建设标准》中"学校规模和班额宜根据生源情况规定设置"的规定相矛盾。

3. 实践合理性层面

实践合理性，是个体从自身的目的、需要和利益出发，在正确认识外部世界及其客观规律的基础上，从事满足人类生存和发展需要的实践活动的能力。它是合目的性、合规律性与合实践性的统一，是目的合理性、工具合理性和价值合理性的有机统一，是主观尺度和客观尺度的有机统一。因此，实践合理性取决于四个因素，即实践观念和认识的合理性、遵从客观规律的主客体关系的合理性、实践手段和目的的合理性、实践结果的合理性。[①]

义务教育资源合理配置，无论其配置的主体是谁、配置的目的和机制如何、配置的对象是谁、配置的方式和手段是什么、配置的结果怎么样，都必须是在这些方面有机结合的基础上才有意义，都需要在具体实践中得以体现。因此，义务教育资源配置的合理性，也是合目的性、合规律性与合实践性的统一，是目的合理性、工具合理性和价值合理性的有机统一。

从上文的分析中发现，W县义务教育资源配置，在实践合理性层面，表现出诸多的不合理性。在义务教育资源配置的具体过程中，由于各利益相关者各自的目的、需要和价值取向的不完全一致性，在教育资源配置方式和手段选择上的差异性，导致了如上文所述诸多不合理的结果。例如，为了合理配置教师资源，实现资源共享，国家相关政策制定了城镇学校优秀教师和校长定期向乡村学校流动的轮岗交流制度。但是，调研发现，这一制度在W县几乎流于形式。因为在该制度执行中，需要派位轮岗交流的校长和优秀教师大部分都是高职称，他们往往从自身的需要和利益出发进行权衡：第一，轮岗交流对己唯一有利的是评职称时的加分，自身已经是高职称，不需要再评职称；第二，到乡村学校从事教育教学，教育对象的知识基

---

① 樊勇，高筱梅.理性之光：论发展的合理性及西部地区合理性发展[M].昆明：云南大学出版社，2011：28.

础、学习能力和学习习惯与城镇学校学生有别，自己的教学效果会受到很大影响，未必能发挥自身的优势，也许会给自身带来负面评价；第三，乡村学校的交通、住房、医疗卫生和生活服务等无法和城区相提并论，自身难以适应；第四，自己不去乡村轮岗交流，也不会受到教育行政部门和原单位处罚，也不会影响自己现在的工作，等等。对教育行政部门而言，城乡教师和校长轮岗交流制度只有奖励条例，而无相关处罚制度，教育行政管理部门也无法强制其执行。

再如，W 县农村学校信息技术资源配备及使用也存在一定的不合理性。调研发现，第一，由于教育资源配置主体的认识性偏差和惯性思维，对信息技术资源配置时，通常采用先硬件后软件、先配物后配人的配置方式；第二，督导评估时更关注的是教育信息化评价体系中的"硬指标"；第三，学校领导认为，目前信息技术几乎人人每天接触，不需要信息技术专业教师，等等。这些原因致使农村中小学信息技术专业教师配备不足，同时，已有信息技术设备使用率低。如在访谈中，某校长认为："微机室每上一节课，就需要花费很多的电费，如果每个班按课表正常开信息技术课，加上平时的维修费、保养费等，一年下来光微机室一项就需要花去万元，占到学校总办公经费的四分之一。为了节省办学资金，我们只好将微机室关门，有评估检查时再开门。"另外，访谈发现，家长对学校开设信息技术课程心存疑虑，他们担心信息技术课程的开设，会使学生产生电脑依赖、网络游戏成瘾，以及受到不良网络信息的侵害，从而影响子女的身心健康和学习成绩。

再如，国家制定的生均经费配置标准较低且缺乏弹性，同一标准在不同规模的学校中，存在经费投入总量的很大差异。在义务教育资源均衡配置中，出现不符合规律性和现实性的状况，在一定程度上反而会加大义务教育的不均衡发展。第一，过于强调公用经费配置的生均标准，未能很好区别不同办学规模学校之间的获得公用经费的总量均衡，会带来校际经费投入不公平和不均衡，对于办学规模较小的学校发展不利；第二，未能很好考虑学校的地域特性和发展实际状况，如物价上涨因素，自然环境因素（如高寒和酷热），校舍及设备维护维修等学校运行中出现的额外开支情况等，形成投入与需求不对称，造成学校发展受阻。

综上分析，W 县农村义务教育人力资源、物力资源和财力资源配置的不合理性，无论在事实或表象层面，还是在实质合理性、形式合理性与实践合理性层面，都普遍存在，出现了合理性困境。这种义务教育资源配置不合理性的产生与形成，与教育资源配置主体的观念、需要、价值取向和行为逻辑等都密切相关，并且有深刻而复杂的根源。

二、农村义务教育资源配置的合理性困境探缘

通过对 W 县义务教育资源配置及均衡发展现状的合理性考察和分析，W 县义务教育资源配置存在合理性悖论，即本来是一种合理性的行为，却表现出一系列不合理的结果和效应，陷入一种合理性困境。作为义务教育办学主体的政府，长期重视对西部贫困地区农村义务教育的投入，给予很多政策倾斜，西部农村义务教育取得了很大的发展，并且 W 县也在2016年通过教育部县域义务教育基本均衡督导评估验收。无论从国家和政府的义务教育政策目的和价值、实施程序还是预期效果分析，理应极具合理性。但是，实地调研发现，W 县义务教育资源配置及均衡发展现状，仍然呈现出一系列不合理的境况，实质合理性出现偏移、形式合理性无助、实践合理性低效在义务教育人力资源、物力资源和财力资源的配置中普遍存在。这种资源配置的不合理性何以产生？这种教育资源配置不合理性的根源是什么？本研究将对其进行探讨。

（一）西北农村地域性因素

西北地区独特的地域性和历史文化性，使得其自然环境、经济环境、文化环境和社会环境等因素，为教育资源配置带来相对不利的影响。就样本县而言，其自然条件、经济发展水平、农村人口文化素质、落后的思想观念和基础教育发展水平等，对该县义务教育资源配置和均衡发展有很大影响。

1. 自然条件影响

W 县地处甘肃省南部，是秦巴山区的一个山大沟深、交通不便的国家级贫困县。该县境内高山、河谷、溶洞、丘陵、盆地交错，峰峦叠嶂，沟壑纵横。复杂的地质结构导致地震、滑坡、泥石流、山体崩塌等地质灾害频繁发

生，是"5·12"地震的重灾区。洪涝、干旱、冰雹、低温冻害和植物病虫害等灾害分布范围广、发生频率高。依据马克思提出的级差地租理论，地形、气候等自然条件的好坏，影响土地的收益和地租的差异。严酷的自然条件和脆弱的生态环境，不利于当地的经济社会和文化教育等的整体发展。

2. 经济发展滞后

W 县属于典型的山区农业县，农业在全县经济中长期居于主导地位。因特殊的自然地形和地理环境，可供种植连片土地面积狭小，耕地结构欠佳，只能以小面积农作物种植为主，农业基础设施落后，农业机械化程度和科技推广应用水平不高，农业生产仍然处于"靠天吃饭"状态。粮食产量低而不稳定，特色农业开发步伐缓慢，农业基础十分脆弱。特别是在特色农业发展方面，与近年来产业规模的快速扩张相对应，有面积无产量、有产量无质量、有质量无市场、有市场无效益的问题显得较为突出。[①]这种以传统农业为主的农村经济发展模式的相对落后，使农民人均收入普遍较低。如表4.1和图4.1所示，2017年，W 县全县人均可支配收入城镇居民为23223元，农村居民为6716元；而同期，全国人均可支配收入城镇居民36396元，农村居民为13432元，甘肃省人均可支配收入城镇居民27763元，农村居民为8076元，全国和甘肃省城镇居民人均可支配收入分别是 W 县的1.57倍和1.20倍，全国和甘肃省农村居民人均可支配收入分别是 W 县的2倍和1.20倍，W 县的居民人均可支配收入均低于全国和甘肃省的均值，农村经济发展水平较低，致使全县的经济发展滞后，县级财政困难，影响县级财政对义务教育经费的配套投入。

表 4.1　2017 年 W 县人均可支配收入与全国和甘肃省比较　（单位：元）

城镇居民人均可支配收入			农村居民人均可支配收入		
全国	甘肃省	W 县	全国	甘肃省	W 县
36396	27763	23223	13432	8076	6716

数据来源：《甘肃发展年鉴》2017

---

① 陇南市县域经济发展情况分析 [DB/OL]. 甘肃省统计局，2018-09-29.

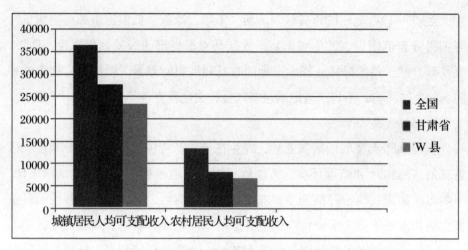

图 4.1 2017 年 W 县人均可支配收入与全国和甘肃省比较

3. 农村人口文化素质较低

表 4.2 样本学校农村家长受教育水平（单位：人，%）

学历	高中	初中	小学	文盲	合计
人数	14	28	37	9	88
比例	15.91	31.82	42.05	10.23	100

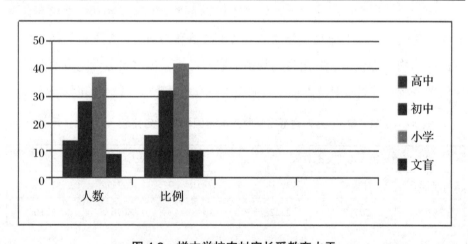

图 4.2 样本学校农村家长受教育水平

在样本学校接受访谈的 111 名家长中，农村从业人员 88 名，其中女性 38 名，男性 50 名。访谈发现，农村人口受教育的程度普遍偏低，文化综合素质不高。如表 4.2 和图 4.2 所示，接受访谈的农村家长中，小学及以下文化程度的占50.28%（其中文盲占10.23%），初中文化程度占31.82%，高中文化程度的只占15.91%。同时，传统教育中的"重男轻女"思想观念严重。如表4.3所示，接受访谈的农村家长中，具有高中文化程度的男女比例分别为83.33%和16.67%，具有初中文化程度的男女比例分别为81.82%和18.18%，具有小学文化程度的男女比例分别为37.04%和62.96%，文盲的男女比例分别为14.29%和85.71%。家长较低的文化素质和落后的思想观念，为家庭教育和学校教育都带来一定程度的不利影响，进而影响到教育资源配置，如从众式的给子女盲目择校，对子女的教育方式单一等。

表4.3 样本学校农村不同性别家长受教育水平（单位：人，%）

学历	高中		初中		小学		文盲	
性别	女	男	女	男	女	男	女	男
人数	2	12	5	23	23	14	8	1
比例	16.67	83.33	18.18	81.82	62.96	37.04	85.71	14.29

4. 落后的思想观念

由于自然环境、历史等因素的影响，西北农村地区，特别是一些偏远贫困地区，人们的思想观念仍然处于相对落后、保守和封闭的状态，对新的观念以及政策的贯彻落实，存在一些自觉或不自觉地淡漠、蒙混甚至消极应对和抵触。加之国家和上级政府对县域义务教育基本均衡评估达标的刚性要求，在规定的年度内必须完成相应的达标比例，因此，在教育资源配置过程中，资源相关配置主体的思想观念消极，目的不在于如何合理、有效地配置资源，而在于怎么配置教育资源才能够应付并通过上级部门的评估验收。因此，导致教育资源配置的不合理。

5. 义务教育发展基础薄弱

虽然国家先后推行了"西部地区义务教育工程""2003—2007年'两基'攻坚计划"等针对性强的西部项目，加上各种各样的海外援助项目、东部地区对口支援项目等，西部地区教育的基础设施重要条件得到了极大的改善。但是，由于W县经济发展水平较低，县级教育投入不足；加之该县远离省会城市，没有享受过"中英甘肃省基础教育项目"和"欧盟甘肃省基础教育项目"的支持；受"5·12"特大地震的影响，办学基础设施受损严重等诸多原因，导致义务教育历史"欠账"太多，目前义务教育的发展基础仍然薄弱，对目前教育资源配置及均衡发展产生非常不利。

随着国家西部大开发战略的实施和教育政策的倾斜，国家和甘肃省对其的财政转移支付力度加大，很多地方的校园建设成了当地农村最漂亮的建筑物，家长对子女的教育投入也很大，农村学生进城租房在城区学校读书的比例占40%。并且W县在2016年6月通过了县域义务教育发展基本均衡国家督导评估验收。因此，单独从自然条件、经济发展水平、农村人口文化素质以及义务教育发展基础等原因，用传统的思维方式，难以完全解释这种义务教育资源配置的合理性困境的产生原因。笔者认为，利益相关者的自利行为应该成为这一问题产生的分析重点，因此，从公共选择理论视角，作如下分析。

（二）行为者个人效用最大化

按照公共选择理论方法论中的"理性'经济人'假设"，社会活动的个体，无论是经济个体还是政治个体，他们有基本相同的行为特征，即追求利益和效用的最大化。在义务教育资源配置和使用中，涉及诸多行为者利益主体，包括政府及其官员、学校及其教职员工，学生及其家长等，不同的利益主体在其中的地位和职能不同，对教育资源配置价值和利益需求不同。义务教育的公共产品属性决定了政府是义务教育资源的供给主体，也是教育资源配置主体，在义务教育资源配置中完全起决定性作用，具有至高的权力。对学校中的教职员工和学生及其家长来说，只具有对政府配置的教育资源的使用权，是义务教育资源的使用主体。对家长而言，直接使用教育资源的权利也是极其有限的，会受到当地政府或学校的一些制度的限制，但是这并不影响其对学校教育资源配置和使用利益需求。因此，这些利益主体，在义务教育资源配置和使用过程中，都在不同层面、以不同的方式影响着教育资源的合理配置和使用。

1.政府官员的自利行为影响义务教育资源的合理配置

政府是指国家进行统治和社会管理的机关，是国家表示意志、发布命令和处理事务的机关，实际上是国家代理组织和官员的总称。政府的概念有广义和狭义之分，广义的政府是指行使国家权利的所有机关，包括立法、行政和司法机关；狭义的政府是指国家权力的执行机关，即国家行政机关。[1] 本研究指的是狭义的政府。英国政治家爱德蒙·伯克（Edmund Burke）认为"政府是人类智慧为满足人类需要而创造的一种发明。人们拥有的权力，应该是这种智慧所提供的权力"[2]。政府的行为一般以公共利益为服务目标，在公共领域里，以强制手段（国家暴力）为后盾，具有凌驾于其他一切社会组织之上的权威性和强制力；[3] 有严密的组织机构和一定数量的政府官员，按照一定的原则和程序行事。因此，政府的决策和行为都是由其组织成员实施的。由于政府是义务教育资源的投入和配置主体，在县域义务教育资源配置及其均衡发展中，除生均公用经费由中央和省级政府按比例统筹支付外，县级政府直接负责义务教育学校的其他一切教育资源配置。配置方式和配置对象的选择，配置数量和时段的确定，完全由县级政府及其委托代理人（政府官员或工作人员）决定。因此，义务教育资源是否合理配置，直接和政府及其官员的决策能力、决策水平和行为逻辑相关。而政府行为的行政权威性、自上而下式的单向意志性和类法律行为的强制性，致使对其的决策和规定，下属和下级部门都必须无条件地接受。学校隶属于政府，自主权很小，学校没有权力与政府"讨价还价"，只能无条件接受政府的教育资源配置。

正如公共选择理论的代表人物图洛克（1965）和布坎南所言，"官员在寻求个人利益最大化方面与市场中的'经济人'没有任何区别"[4]。"公共服务"一词要求政府官员要以某种方式为广大的公共利益服务，而实际上他们的行为用更狭义的自私自利来做实证解释会更好。[5] 英国经济学家、政治理论家詹

---

① 陈娅. 法治政府建设中的"法"建设问题研究 [J]. 经济研究导刊,2018（10）：192—194；李鹏. 公共管理学 [M]. 北京：中共中央党校出版社，2010：38.

② 米俊绒. 论现代政府与公民关系的嬗变及其匡正 [J]. 中国行政管理,2008(5)：59—62；丹尼斯 C. 穆勒. 公共选择理论 [M]. 杨春学等译. 北京：中国社会科学出版社，1999：13.

③ 李浩. 政府与公众关系的经济学分析——基于交换权力的普遍视角 [J]. 现代商业,2010（36）：189—190.

④ Tullock,Gordon.The Politics of Bureaucracy[M].Washington DC：Public Affairs Press,1965；Buchanan,James M,Tollison,Robert D The Theory of Public Choice：Political Applications of Economic[M]. Ann Abbor,MI：University Michigan Press,1972.

⑤ 弗朗西斯·福山. 国家建构 [M]. 黄胜强，许铭原译. 北京：中国社会科学出版社，2007：49.

姆斯·穆勒曾断言，"毫无疑问，假若把权力授予一群称之为代表的人，如果可能的话，他们也会像其他人一样，运用他们手中的权力谋求自身利益，而不是谋求社会的利益"①。依据理性"经济人"假设，任何行政官员都是追求个人效用最大化的"合理的经济官僚"，其目的在于个人效用的最大化。官员在参与政府决策或进行社会资源分配时都会出于某种自身利益的考虑，即权力的凸显，政绩的显现，薪酬、职位和社会声誉的提升等。因此，他们会考虑最能达到这些目的的教育资源配置的对象、类型、数量、方式和手段等。尤其是城区学校，始终是官员们心目中的"窗口学校"和"政绩学校"，"为官一任，兴教一方"的古语被演绎为"为官一任，兴校几所"，他们会以各种"项目"名义加大对这些城区学校的投入，不断为其更新教育教学设施设备，将这些学校建成富有"特色"和质量的学校，但凡上级部门领导视察或考察本县社会各行各业发展，或者考察教育发展状况时，他们就会有教育政绩和"亮点"，同时，为自己的"兴教有方"成绩显著和特色鲜明增加"政治资本"。其他的农村边远学校的教育资源，要么配备城区学校更新换代下来的资源，要么只能是限量投入和配置。"因为边远和交通不便的学校在评估的时候，只看文本资料和数据，很多情况下，评估专家是不会去这些学校的。"加之个别学校的讨好，或者其他社会组织相关人员有求，政府工作人员的行为会受到贿赂、"政治献金"、家人接受好处或承诺将来雇佣等因素的影响，导致义务教育资源配置的不公平和不合理行为的发生，出现城乡、校际的教育资源配置的不均衡。

2. 学校领导、教职工及家长的自利行为导致义务教育资源配置不均和使用低效

按照公共选择理论，学校中的校长和教职工，既是学校利益的代表者，更是自身利益的最大化者。校长作为学校的法人代表和直接负责人，会从自身利益出发考虑问题：学校的发展规模、办学水平和办学质量，也直接影响着自己的教育绩效和社会声誉，影响着自身的津贴和福利，影响着学校的办学命运，因为当前很多学校办学规模的在不断萎缩，有些学校因办学规模太

---

① 王刚.新时代社会主义公仆意识与国家权力观建设[J].学术探索,2018((4)：27—31；丹尼斯C.穆勒.公共选择理论[M].杨春学等译.北京：中国社会科学出版社，1999：303.

小，直接被政府重新规划或撤并，校长的职位自然也会受到影响。

对教育资源的使用而言，凡是在使用中会产生经费开支的教育教学设备，既然校领导决定尽量少使用，教师自己也不去争着或建议使用，如现代信息技术教学设备、各种实验消耗用品等。为了减少这些会增加经费开支的教学设备使用频率，学校也制定了非常严格和烦琐的使用流程管理制度。调查发现，多媒体教室和计算机教室的使用管理流程非常烦琐。在建有多媒体教室和多功能教室的农村学校，由于信息技术资源有限、设备价格不菲、设备维护和维修滞后，以及使用电费成本增加等原因，很多中小学制定了严格和复杂的信息技术设备使用管理制度。教师使用信息技术设备，需要在一周前向学校相关领导递交书面申请，并签订使用者责任书，经领导签字后，交由专任教育技术设备管理教师备案；设备使用过程要有详细书面记录（使用日期及时长、设备使用前后完好程度、使用教师及班级、讲授科目及内容等）；设备使用结束后，需要签署验收单等。这样，一节课使用信息技术设备，程序复杂，涉及人员众多，填写多种表册，增加了授课教师教学工作量和负担，致使大多数教师尽可能不用信息技术设备备课和授课。[1] 凡此种种，在一定程度上反而造成对学校教育资源分配和使用的低效。

对家长而言，也是更多地考虑让自己子女获得"更有利的"受教育条件，为子女争得更多优质教育资源享有权。虽然《义务教育法》和国家相关规定明确要求"家长送子女就近入学"，但是很多家长为了给子女争取优质教育资源（先进的教学设备、优秀的教师、便利的交通和生活条件、优质的生源等，这些"优质教育资源"自然集中在城区学校），对义务教育"就近入学"规定置之不理，想方设法"择校"。农村生源不断涌入城市，造成城市学校"校容量"受限，"大班额"难以消除，生师比增大，教师的工作量也因此增大，城区学校因此扩大校园建设规模，重新争取更多的教育资源，导致教育资源重新配置不足；农村学校生源持续减少，某些农村小规模学校甚至变成"空校"，造成教育资源浪费。这使城乡和校际教育资源配置和使用的差异长期存在。

---

① 段晓芳，慕彦瑾."数字鸿沟"难填平：西部农村校信息技术教育之忧 [J]. 中小学管理,2016（8）：56.

（三）相关职能机构间的利益博弈和政绩共同体

按照公共选择理论学派的观点，政府机构一般被统称为官僚机构，政府官员一般称为官僚。官僚一词最早出现在18世纪的法国，最初是指所有的政府官员。随着西方文官制度的建立，其一般指涉那些经过考试选拔而非经选举产生的、不受政府更迭影响的政府官员。公共选择理论学派将各行政机构统称为官僚机构。[①] 本研究也依循这种观点。官僚机构一词在人们的日常观念中，经常具有贬义色彩，往往成为行政不力、效率低下和工作作风浮夸等的代名词。在公共选择理论学派看来，官僚机构只是一种客观存在的组织形式，和其他的社会组织和机构一样，也有自己专业的管理人员、规范的管理制度和完备的机构建制。但是从官僚机构产生和形成的历史看，其既具有合理性的一面，也具有一定的局限性。就其合理性而言，"在西方社会理性文化历史进程中，官僚制体现了现代文明的重大技术进步，它是一切现代社会的特征和制度构成"[②]。就其局限性而言，马克思认为官僚是在国家中形成的且特殊的闭关自守的集团，公共事务与官职之间之所以能发生关系，在于国家脱离了社会，并且因此在国家—官僚—市民社会之间，官僚是国家用以管理自己、反对市民社会的全权代表，而且，每个市民都可以成为国家官吏。官僚阶层自身属于特殊利益集团，官僚政治是一个知识等级制度，将官员束缚在追逐升迁的职业中，并保证他们比其他人更安全稳定。[③] 官僚机构理论的系统研究者马克斯·韦伯，更是区别了魅力型、传统型和法理型三种管理和统治类型，后两者属于官僚制。

公共选择理论学派的代表人物，美国学者威廉姆·A.尼斯坎南（William A.Niskanen）则用经济学方法研究官僚机构的内在组织，把官僚机构的运作纳入公共选择分析中，并在其1971年发表的《官僚与代议制政府》中分析认为，官僚与所有普通人一样，是理性的经济人，追求个人利益如薪金、地位、权力、晋升等的最大化。大部分政府官僚机构是以达到某种目的和功能而

---

① 许云霄.公共选择理论 [M].北京：北京大学出版社，2007：139.

② 张光.公安机关警务机制改革的理论解读 [J].公安研究,2011（6）：80—83；雷蒙·阿隆.社会学主要思想 [M].葛智强等译.上海：上海译文出版社，1988：87.

③ 丁峰.行政集权·官僚政治·腐败——兼对当前中国政治社会中腐败现象的再思考 [J].内蒙古社会科学,1998（6）：4—11.

产生的，如税收、教育、卫生、交通等官僚机构。而美国学者安东尼·唐斯（Anthony.Downs）则结合自己在政府机构中任职的经历，将官僚动机的多样性置于核心地位，提出了理性官僚自利行为的一般动机模型。它们一般包括五个自利动机和四个潜在的利他目标。五个自利动机为：权力（在机构内外的权力）、薪金、威望、便利（将个人努力最小化）、安全（权力、薪金、威望和便利在未来有损失的最小可能性）。①四个潜在利他目标为：个人忠诚（对团队、机构整体、政府或国家的忠诚）、责任使命感、为良好的工作绩效而自豪、渴望服务于"公共利益"。官僚行为中的工具性动机为：第一，官员总是扭曲向上司或政治家传递的信息，从最有利的角度汇报自己或本部门的行为。第二，官员以自由裁量的方式回应上级或政治家的决定，随即迅速地执行与自身利益相一致的决定，并贬低那些不一致的决定的重要性。第三，从大致相当的政策选择中做出抉择时，官员们总是偏爱那些对自己利益有利的结果。第四，官员们"寻求"新政策方案的行为，极大地受到自我利益的影响。②

在义务教育资源配置中，为了防止义务教育阶段学生辍学或流失，保证生源配置的均衡和学校办学规模，为了突出政府在义务教育发展中的主体地位和责任，明确地方各级人民政府的义务教育责任，并形成各级政府的职能部门联动的机制，《国务院办公厅关于进一步加强控辍保学提高义务教育巩固水平的通知》（国办发〔2017〕72号）中强调：为了控制我国一些地区特别是老少边穷地区仍不同程度存在的失学辍学现象，要求建立健全"控辍保学"工作机制，省级人民政府要全面负责区域内义务教育"控辍保学"工作，健全"控辍保学"目标责任制，县级人民政府要履行"控辍保学"主体责任；并建立义务教育入学联控联保工作机制：各级综治委、校园及周边治安综合治理专项组、工商部门、公安部门等要加强文化市场管理和校园周边环境综合治理，禁止学校周边开办不利于儿童少年身心健康的娱乐活动场所，禁止营业性歌舞厅、电子游戏厅、网吧等接纳未成年学生。司法行政部门要做好面向农村贫困地区的"控辍保学"相关法治宣传教育和法律援助工作。民政部门要将符合条件的家庭经济困难学生纳入社会救助政策保障范围。用人单

---

① 贾丽杰. 制度约束、土地财政与地方政府互动机制研究[D]. 天津：天津大学, 2012.

② 何兵. 司法职业化与民主化[J]. 法学研究, 2005（4）：100—113.

位不得违法招用未满16周岁的未成年人。人力资源社会保障部门要加大对违法招用未成年人的单位或个人的查处力度，共青团、妇联、残联、社区要在"控辍保学"工作中发挥各自的作用。① 这种"联控联保工作机制"，规定中除省、县级人民政府之外，涉及十几个政府相关职能机构及其相关官员的责任。按照官僚机构理论观点，这些官僚机构都有自己的工作目标、职责和利益要求，各机构中不同层级的官员，都是理性的效用最大化者，其行为动机具有自利性和多样性。

政府机构之间在各自利益问题上未必一直处于博弈中。随着利益指向和分配的变化，也会出现政绩共同体倾向。所谓政绩共同体②，又称为政绩联盟或利益共同体，一般是指在同一官僚机构中，上下级之间为了共同的利益不受损失而形成的利益链条的"攻守联盟"。但是随着利益指向和分配的变化，在不同的同级别利益群体之间，面对同一利益必须由多个利益主体共同或联合完成，在这种情况下，利益难以进行差别分配，谁都不愿意独立行动去完成任务而获得利益，而且也不能独立获得利益。因为机构之间是同级关系，所以，为了"共同发展"，也会形成他们之间信守承诺、共同进退的"政绩联盟"。

义务教育资源配置中，各利益相关官僚机构的利益博弈和政绩共同体的存在，致使教育资源配置和使用的各种不合理现象长期存在，影响了国家的义务教育均衡发展和教育公平及社会公平。

（四）教育寻租与搭便车

1. 教育寻租

寻租，是指对非生产性经济利益的追求或对既得利益的维护和进行再分配的非生产性活动或行为。寻租与政府及权利主体的干预、垄断有关；寻租浪费稀缺资源，造成资源配置的异化。③ 寻租是一种非生产性活动，但它却能改变生产要素的产权关系，把更大一部分社会财富装入私人腰包。因为寻租的手段和方式往往是隐蔽的或者曲折的，即便是直接的游说，也是采用迂回

---

① 国务院办公厅关于进一步加强控辍保学提高义务教育巩固水平的通知（国办发〔2017〕72号）[DB/OL]. 教育部门户网站，2017-09-05.

② 于建嵘. 破解"政绩共同体"的行为逻辑 [J]. 廉政文化研究，2011（3）：95.

③ 西广明. 教育评估中"寻租"现象研究 [J]. 中国高教研究，2009（10）：26—28.

战术，贿赂、拉关系、走后门等方式更是曲折，不宜直接显示，导致不同政府部门及官员之间的争权夺利，影响政治声誉。寻租行为妨碍公共政策的制定和执行过程，降低行政运转速度甚至危害政权稳定。寻租导致腐败的产生，也成为政府失灵的一个重要根源。

教育寻租是指在教育资源特别是优质教育资源严重缺乏的情况下，为满足教育消费群体对教育资源的竞争性需求，教育资源（主要是指无形的教育资本）的供给主体（政府、团体或个人）基于价值或效益最大化，[①] 通过公共教育权力或制度的漏洞或弹性，或者主动设置寻租，以获取不当额外收益的行为。教育寻租不仅使教育资源配置更加不均衡，而且还会造成教育资源的更大浪费，导致教育腐败和教育公共环境破坏，影响政府的公众形象。教育寻租和教育腐败形影相随。

在义务教育资源配置中，不同的利益主体具有不同的地位和作用，但都是利益最大化者，都可能成为教育寻租的设租者和寻租者。政府及其教育行政部门作为义务教育资源供给主体和配置主体，垄断着教育资源的分配会成为寻租者的对象。县级教育行政部门，更是中小学的直接行政领导部门，学校更多教育资源的获得、校长职位的获得与稳固、学校的各种利益的获得，在很大程度上通过制度分配不能得到预期的需要，因而，学校通过各种渠道接近行政官员，以各种方式满足自己的需要。

义务教育发展不均衡的一个典型现象和根源，即择校的存在，成为双向教育寻租的核心。学校通过向政府寻租之后，作为教育资源配给主体，政府掌握的教育资源这一租金，转化为学校优质的教育资源和教育机会，这样也使学校及其领导和教师也成为寻租者和设租者。中小学校长负责制的实施，使校长的权力成为家长为子女择校、择师（很多家长对学校教师的教育教学水平的认同与选择的结果，为了让子女进入优秀教师授课的班级，"公关"校长方式最有效）而寻租的首要目标。此外，有些办学质量高、教学设备条件优越的中小学，学校学位紧张情况下，校长把择校名额作为对教师的福利，按比例分配给教师，这样教师也成为家长的寻租目标和设租的主体。教师为

---

① 邓凡茂、郭金波. 南京地区基础教育"寻租"现象的社会学透视 [J]. 教育理论与实践, 2004（5）：12—16.

了自己的工作调动、职称评定、评优评奖，或者其他方面的既得利益的获得或维护，也通过各种方式寻租。

当然，政府及其官员是教育资源分配和再分配的最大受益者，同时也是普通人的一部分，他们子女也有优质教育资源的需求，他们也会通过寻租，满足自身利益和需要。对择校而言，政府官员们更多通过其掌控的权力，"以权择校""权学交易"成为他们择校寻租常用手段，"打招呼""批条子""单位共建"是其具体表现形式。[①]

为了子女的教育，家长也成为教育寻租者，利用各种人际关系和金钱寻租。也有部分家长是其他社会资源的拥有者，如企业负责人、其他行业的掌权者，等等，也会成为学校和政府及其官员的寻租目标。

因此，义务教育资源配置中，各种相关利益主体的交互寻租关系，造成了义务教育资源配置在一定程度上的非正常化运作，导致了义务教育资源配置及均衡发展中不合理现象的发生，致使义务教育的城乡、校际差距长期存在。

2. 教育中的"搭便车"

"搭便车"理论，是由美国经济学家曼柯·奥尔逊（Mancor Olson）于1965年发表的《集体行动的逻辑：公共利益和团体理论》（The Logic of Collective Action Public Goods and the Theory of Groups）一书中提出的。"搭便车"行为的产生，很大程度上与产权界定或产权配置的无效率有关。"搭便车"问题是一种发生在公共财产上的问题，是指经济中某个体消费的资源超出他的公允份额，或其承担的生产成本少于他应承担的公允份额。指一些人需要某种公共财产，但事先宣称自己并不需要，在别人付出代价后再去取得，他们就可不劳而获享受成果，经济学中常指公共品的消费问题。[②]

义务教育的公共品属性及其生产和消费的非排他性和非竞争性，使"免费搭车"现象在义务教育资源配置中经常出现。最典型的"搭便车"体现在教师资源的配置和使用方面。调研发现，W县义务教育教师资源配置和使用，个别学校之所以存在师资配置不足、教师学科结构性差异很大的问题，是因

① 李彩虹. 义务教育阶段择校寻租的互动机制研究 [J]. 教育理论与实践，2015（4）：24—28.

② 第三章公共物品的供给.ppt 文档全文免费阅读、在线看 [DB/OL].[2018-2-23]. 互联网文档资源 https://max.book118.com/html/2015/1118/29795281.shtm.

为很多官员和学校领导认为，人力资源的工资投入和消费很大，所以在一所学校，尤其是小学，很多课程老师都可以胜任。因为他们认为，小学生的知识和技能需求不是很高，于是体育、音乐、美术、信息技术等学科的教师，通过"搭便车"的方式解决，这样可以节约经费投入。当前师范院校学生顶岗实习半年至一年的实践教学机制，为义务教育教师资源配置和使用"搭便车"提供了便利。另外，调研发现，随着国家"二胎"政策的实施，很多中小学女教师因生育问题不能上班，所以教育管理者就把目标指向师范生顶岗实习，以所谓"高校—中小学的战略合作同盟"的方式，大量吸收顶岗实习生，造成实质性的教师缺编问题难以解决。"免费搭车"行为往往导致公共物品供应不足。

（五）相关政策执行低效

按照公共选择学派的观点，政府的智慧和能力是有限的，这种"智慧和能力"的有限性决定了政府理性的有限性。政府不是万能的，不能充当万能角色。但是，政府往往却常常喜欢扮演万能的角色，这样难免造成政府失灵。政府失灵是指公众对公共品的需求在政府供给体制中得不到很好的满足，公共部门在提供公共物品时趋向于浪费或滥用资源，致使公共支出的规模过大或者效率降低，政府的活动或干预措施缺乏效率，或者说政府做出了不能改善经济效率的决策。[1]

政府失灵的主要表现：（1）政府政策的低效率。相对于市场决策而言，政府决策是一个十分复杂的过程，具有相当程度的不确定性，政府难以制定并实施好的或合理的公共政策，甚至导致公共政策失误。公共政策失误的主要表现在短缺或过剩、信息不足、官僚主义、缺乏市场激励、政府政策的频繁变化等方面。（2）政府工作机构低效率。政府低效率的原因在于缺乏竞争压力、没有降低成本的激励机制、监督信息不完备和政府垄断，监督者可能为被监督者所操纵。（3）政府的寻租。政府官员凭借手中的行政权力为利益集团谋取好处，并从中获得利益分享。寻租的前提是政府权力对市场交易活动的介入，导致资源的无效配置和分配格局的扭曲。经济寻租引起政治寻租，

---

① 朱来俊. 乡村旅游发展中的基层政府行为研究 [D]. 南昌：江西财经大学,2018年；刘凤琴. 新制度经济学 [M]. 北京：中国人民大学出版社，2015：183.

导致政府官员争夺权力，影响政府声誉并破坏政治秩序。（4）政府部门的扩张。包括政府部门组成人员的增加和政府部门支出水平的增长。

几乎所有国家的政府垄断行业都是低效率、服务差、分配不公的代名词。[①]虽然作为公共产品的义务教育具有非排他性、非竞争性和正外部性，为政府垄断义务教育提供了理论依据，同时，政府也是法定的义务教育的举办者和教育资源供给主体。义务教育是国家统一实施的所有适龄儿童、少年必须接受的教育，是国家必须予以保障的公益性事业。理应政府垄断经营义务教育。但是，如果政府不是一个高效政府，其制度设计和制度程序不公开、不公平，那么政府垄断经营的行业就可能出现比"市场失灵"更严重的后果。政府不是万能的，政府及其代理人（官员）是垄断者，具有垄断特权，具有强制执行权力，没有竞争压力，缺乏提高效率和改进服务的积极性。同时，政府与公民之间既存在权力不对称，也存在权利和信息不对称，二者之间的"交易"（民众纳税与政府服务之间也是一种交易关系）经常难以公正进行。不管是政府的教育政策低效，还是教育寻租和教育腐败的产生，都会对义务教育资源配置及其均衡发展带来很大的影响。

通过从公共选择理论视角，对 W 县农村义务教育资源配置的合理性困境的主观性原因进行分析，发现作为义务教育资源配置主体的政府官员的自利行为是主导性原因。理性经济人的利益最大化的价值取向，使义务教育资源配置中的其他利益相关者也难辞其咎。尤其是行政官员的自利行为所带来的义务教育不合理的资源配置，制度化的监督和问责难以落实是直接原因之一。特别是在公共行政管理部门，由于被监督的工作很难量化导致不是"交易"费用居高不下就是监督措施根本无法实施。[②]教育的工作绩效很难考核，而且实际上不可能让单独一个政府官员、校长或教师对教育工作绩效负责。公共教育的事务量大，在城市里处于显赫的地位，而在乡村却可能处于大众视野的边缘地带。即使在一个富裕而且数据齐全的国家（如美国），也很难为公共教育建立一套问责制。[③]

① 刘凤琴．新制度经济学 [M]．北京：中国人民大学出版社，2015：184．

② 弗朗西斯．福山．国家建构 [M]．黄胜强，许铭原译．北京：中国社会科学出版社，2007：51．

③ 同上书。

（六）不合理的地方教育政策与规制

不合理的地方教育政策与规制，也是影响义务教育资源合理配置的重要原因。义务教育资源配置的目的是为了改善办学条件，为培养全面发展的人才奠定基础。因此，教育资源配置必须合公平性、合教育性、合需要性和合责任性。但是，调查发现，W县义务教育资源配置存在一系列不合理的政策和规制。

首先，义务教育资源配置潜在规制的存在，影响了教育资源的合理配置。存在教育资源配置的"差序格局"，越靠近县城的学校，不仅资源配备较充足，而且资源的"更新换代"更迅速，每次有新的教学仪器和设施，都是优先配置给城区学校，更换下来的教学设备设施，又二次配置给农村边远地区的学校，这些二次配置的设备不能使用，或者需要更高的维修和维护费用。这种"城市优先"和"城市导向"的配置规制，只关心农村学校教育资源"有没有"，而不注重资源的"是否可用"，对于农村学校不仅不公平，而且加大了义务教育发展的不均衡，挫伤农村学校办学的积极性。

其次，不合理的教师招考和流动制度。教师资源是教育资源配置中最重要的一个方面，直接影响着学校其他教育资源的开发和合理使用。国家为此专门颁发了一系列保障教师资源配置的政策和制度。关于教师流动和招聘，长期采用选调的方式，面向全县农村学校，公开选调优秀教师进入城区学校。如2017年教师选调公告如下：

2017 年 W 县选调教师公告 [①]

为了加强教师队伍建设，统筹优化城乡教育资源，促进教师合理有序流动，提高教育教学质量，办人民满意的教育事业，根据市教育局、市财政局、市人社局《关于印发推行县区域内义务教育学校校长教师交流轮岗实施办法（试行）的通知》等文件精神，经县委、县政府同意，按照实际学科需求，2017年继续对 W 县二中、城关中学、GY 小学、县幼儿园等16所中小学、幼儿园所缺学科教师公开选调161名教师。现将有关事项公告

---

① 甘肃中公教育 .2017年 W 县选调教师161人公告 [DB/OL]. 2017–08–16.

如下：

一、选调范围

高中、初中教师在全县完全中学、初级中学和九年制学校现任在岗的高中、初中教师中选调；小学、幼儿园教师在全县九年制学校、中心小学及以下学校现任在岗的小学、幼儿园教师中选调。

二、选调原则

遵循按需设岗、公开选调、平等竞争、择优聘用的原则。

三、选调条件

1. 学历要求：竞聘 W 县二中教师岗位须具有全日制本科及以上学历，现任城镇高中教师可放宽到国民教育系列本科及以上学历；竞聘初中教师岗位须具有国民教育系列本科及以上学历；竞聘小学、幼儿园教师岗位须具有国民教育系列专科及以上学历。

3. 学科及专业要求：竞聘高中、初中、小学学科教师岗位的应与所学专业或所教学科一致，竞聘幼儿园教师的以幼儿（学前）教育、美术、音乐、舞蹈、体育专业为准。

4. 具备相应的教师资格证。

5. 中小学教师年龄在45周岁及以下（1972年8月31日以后出生），幼儿园教师年龄在35周岁及以下（1982年8月31日以后出生）。

6. 任教时间5年以上（2012年9月30日之前任教），且在现任教学校工作3年以上（2014年9月30日之前任教）。2011年以来公开招聘的幼儿园（学前教育）教师任教时间可放宽到3年（2014年9月30日之前任教）。

7. 近五年年度考核在合格及以上。

五、选调办法

本次教师选调按笔试成绩、面试成绩、加分项综合得分计算的办法进行。

（一）笔试、面试实行百分制，分别占选调成绩的50%。

（二）加分项包括教学成绩加分、近5年年度考核加分、个人奖项加分、工作年限加分、条件艰苦学校任教奖励加分。

1. 教学成绩加分。对高中各学科2015—2017年高考成绩和初中、小学各学科2017年统考成绩前5名的竞聘人员加分，加分分值为：第一名加5分，第二名加4分，依次类推计分。高中教师加分按最高名次加分，不累计加分。

2. 年度考核加分。2012—2016年度考核获得优秀一次加1分，可累计加分。

3. 个人奖项加分。2014年9月—2017年7月获得过优秀教师、优秀班主任、学科带头人、骨干教师、教学新秀等奖项的人员，国家级加5分、省级加4分、市级加3分、县级加2分、校级加1分。荣誉证书以国家、省、市、县级党委、政府及教育行政主管部门颁发的教育教学业绩奖项为准，其他部门颁发的与教育教学相关的奖项按低一级党委、政府的奖项标准加分。所获奖项不同级别的可累计加分，同级奖项一学年度两次以上的按一次计算。

4. 工作年限加分。报考人员任教10年以上的（不含10年），每增加1年加0.5分，满年满月计算。

5. 条件艰苦学校任教奖励加分。为鼓励青年教师在条件艰苦学校从教，对条件艰苦学校现任教师实行奖励加分。

六、选调程序

1. 发布公告。2017年8月14日在 W 县教育局微信公众号及教育局办公楼一楼大厅发布、张贴选调公告。

2. 资格审查及报名。应聘人员于8月17—18日持学校证明（含本校任教时间、教学成绩、年度考核、个人奖项、出勤等情况）、身份证、毕业证、教师资格证、获奖证书等证件的原件、复印件和《报名表》上粘贴的同一底版的电子照片（规格1140×1560像素），在教育局经资格审查合格后报名。学校必须为竞聘人员如实出具所需证明材料，提供虚假证明的，一经发现，取消竞聘人员报考资格，校长予以免职。

3. 选调成绩计算办法：选调成绩 = 笔试成绩 ×50%+ 面试成绩 ×50%+ 加分项。

4. 确定拟调人员。根据应聘人员所报学校和学科，在选调名额内，按选调成绩由高到低依次确定拟选调人员并公示，选调成绩并列的按面试成绩确定。

5. 到岗任教。对公示无异议的拟选调教师，经汇报县委、县政府同意后，教育局发文安排到竞聘学校任教。

七、组织机构

为加强本次教师选调工作的组织领导，成立 W 县2017年教师选调工作领导小组，领导小组成员名单如下：

L 市 W 县教育局

2017 年 8 月 14 日

这种一年一度的选调农村优秀教师进入城区学校的政策和制度，不仅不利于教师的合理流动和教师资源的合理配置，反而加大了城乡教育的不均衡程度。

此外，不合理的教育管理制度。调研发现，W 县存在66所"空校"，现有教育资源浪费严重。让人更为震惊的是，W 县还对这些"空校"配备专人守护，护校者一般是接近退休年龄，或者因身体或其他原因不能胜任教学任务的人员，或者是临时聘请的看护人员。正如 W 县教育局某管理人员所言："专人护校是为了保证校园、校舍安全和完好，以备有学生回校时再重新开校。再说如果没有老师守护学校，也害怕家长或其他人士向社会媒体或上级部门反映学校或教育管理部门'擅自'关闭学校的问题，我们也害怕承担责任啊！现在网络发达得很，信息报道快捷，甚至有个别捕风捉影和'搜寻'新闻题材者更是难缠，即便信息内容有时不一定符合实际情况，但是我们还是害怕牵扯，不得已而为之。况且，这也不是为了自己的事情，而是为公事"。

调查还发现，虽然 W 县通过县域内基础教育发展基本均衡达标验收，并且为了通过基本均衡达标评估验收，省、市、县政府和各级教育管理部门及各相关部门确实加大教育的各方面投入，学校也竭尽所能，尽可能按照义务教育基本均衡指标要求配置教育资源，但是很多学校的教育资源配置在很大程度上是为了迎合达标验收，如心理咨询室、卫生室、实验室、器材室等功能室几乎是零使用。如图4.3—图4.5所示，整洁、干净的功能教室，平时置之以锁，只有在接受各种评估、检查和达标验收时才会开放，很大程度上只满足于检查、评估、验收专家"调查"和参观。

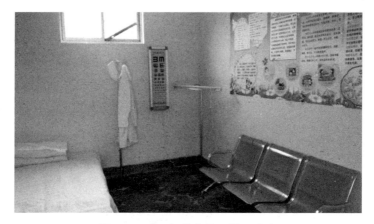

图 4.3　WN 小学未使用的卫生室

图 4.4　ZC 小学很少使用的计算机教室

图 4.5　GQ 小学科学实验室

　　另据笔者几次的调研观察发现，如图4.6所示，部分学校实验教室黑板的板书内容和字迹，竟然一直没有变化。部分学校的图书资料内容的文学性、知识性、教育性和技能性等根本不符合师生的阅读需求，很多图书都是社会人士或者作者捐赠的，而且同一本书的数量达数十册乃至上百册，完全是为了充数量。对偏远的农村学校配置的教学设备如电脑、多媒体设备很多都是城区学校淘汰品的下放，根本无法使用，即便勉强可以使用，也无专业老师的指导，仍然处于闲置状态。

图 4.6　WN 初中很少使用的生物实验室

　　综上分析，造成 W 县农村义务教育资源配置的不合理性问题有原因，除了该县作为国家级贫困县，经济发展滞后，义务教育发展的基础薄弱，地形、交通等自然环境因素影响之外，更重要的是各利益主体的自利行为和不合理的地方教育政策和规制。因此，规范官员及各利益相关者的行为，才有助于义务教育资源的合理配置和使用。

三、本章小结

　　义务教育资源配置的合理性，就其本质而言，是一种实质合理性、形式合理性与实践合理性的有效统一，是综合性的合理性。义务教育资源配置的主体是人，人的行为结果总是受其行为的需要、动机、目的、价值取向等层面的个体倾向性因素影响，是由其行为的实质合理性、形式合理性与实践合理性来体现的。因此，W 县农村义务教育资源配置和使用内在的或价值的不合理性表现在实质合理性、形式合理性与实践合理性三个层面。

W 县农村义务教育人力资源、物力资源和财力资源配置和使用的不合理性，无论在事实或表象层面，还是在实质合理性、形式合理性与实践合理性层面，都普遍存在。这种义务教育资源配置和使用的不合理性的产生与形成，与教育资源配置和使用的主体的观念、需要、价值取向和行为逻辑等都密切相关，并且有深刻而复杂的根源。

通过对 W 县义务教育资源配置和使用及其均衡发展现状的合理性分析，W 县义务教育资源配置和使用存在合理性悖论，即本来是一种合理性的行为，却表现出一系列不合理的结果和效应，陷入一种合理性困境。表现为实质合理性出现偏移、形式合理性无助、实践合理性低效在义务教育人力资源、物力资源和财力资源的配置和使用中普遍存在。

从西北农村地域性原因分析，W 县的自然条件、经济发展水平、农村人口文化素质、落后的思想观念和教育发展水平等对该县义务教育资源配置和均衡发展有很大影响。单独从客观原因及传统的思维方式难以完全解释这种义务教育资源配置的合理性困境的产生原因。研究认为，主观原因应该成为这一问题产生的分析重点。首先，在义务教育资源配置和使用中，涉及诸多行为者利益主体，包括政府及其官员、学校及其教职员工，学生及其家长等，不同的利益主体在其中的地位和职能不同，对教育资源配置价值和利益需求不同。政府官员的自利行为影响义务教育资源的合理配置；学校领导、教职工及家长的自利行为导致义务教育资源配置不均和使用低效。其次，政府各相关机构之间在各自利益问题上未必一直处于博弈中。随着利益指向和分配的变化，也会出现政绩共同体倾向。各利益相关官僚机构的利益博弈和政绩共同体的存在，致使教育资源配置和使用的各种不合理现象长期存在，影响了国家的义务教育均衡发展和教育公平。再次，义务教育资源配置和使用中各利益主体交互寻租关系，造成了义务教育资源配置在一定程度上的非正常化运作。最后，不合理的地方教育政策和规制，导致了各种义务教育资源配置及其均衡发展中不合理现象的发生，致使义务教育的城乡、校际差距长期存在。

第五章　西北农村义务教育资源合理
配置的合理性建议

　　通过对甘肃省 W 县义务教育资源配置及均衡发展的调研，发现 W 县义务教育资源配置具有一定的不合理性，无论是人力资源、物力资源和财力资源均表现出城乡和校际差异。该县在2016年6月通过县域义务教育均衡发展督导评估验收，其教育资源理应是合理配置并得到有效使用，借助合理性理论分析发现，该县义务教育资源配置陷入了实质合理性偏移、形式合理性无助和实践合理性低效的合理性困境。按照传统的主、客观原因分析其成因，很难完全解释清楚。自然条件、社会经济、人口素质、思想观念和教育基础等客观原因不可否认，但是从公共选择理论视角分析教育资源配置不合理性产生的主观原因更具决定性。片面的合理性和利益相关者的自利行为，以及不合理的地方教育政策和规制，是造成农村义务教育资源配置不合理性的重要原因。那么，应该采取何种策略和措施应该改变以 W 县为代表的西北农村义务教育资源配置的不合理性？在借鉴前人研究的基础上，结合本研究，作如下思考和建议。

一、正确理解义务教育资源配置和均衡发展的价值

　　价值，在哲学意义上是指"从主体的需要和客体能否满足及如何满足主

体需要的角度，考察和评价各种现象及行为的意义"①。义务教育资源配置和均衡发展本身就是一种价值选择和价值利益的分配过程。换言之，它决定了主体的何种需要应得以满足，以及客体应以何种方式来满足主体的需要。政府作为义务教育的供给主体，当然也是教育资源合理配置和推进其均衡发展的主体。教育活动的本质是一种培养人的社会实践活动，义务教育资源配置和均衡发展都是一种教育活动，也是为了人才培养的需要。②当然，义务教育资源配置和均衡发展需要满足的主体是义务教育培养的对象主体——未成年的少年儿童，其接受的是最基础的教育，更加需要政府、社会和学校提供充足和公平的教育服务。因此，不能混淆义务教育资源配置和均衡发展的价值主体和服务主体。

（一）促进人的全面自由发展是义务教育资源配置和均衡发展的核心价值

就形式而言，教育资源配置是为了满足和改善学校的办学条件，而实质上，是为人才得以有效培养和更好地发展提供充足和持续的保障条件，服务于全面发展的人才培养目标。义务教育均衡发展是为了保证学生在学习和发展过程中，享有均等的受教育机会和教育条件，在教育过程中得到公平的对待，以保证和实现人才的培养质量。因此，服务和受益于全面、自由发展的人才培养，是义务教育资源配置和均衡发展的核心价值。如果偏离人才培养这一核心价值，教育资源配置和均衡发展就变成"锦上添花"，成为教育中的"面子工程"或"形象工程"，就会导致教育资源配置和均衡发展价值的偏失和异化，就会产生利益相关者自利行为的扩张和对自身利益的不合理追逐。导致教育资源配置低效或无效，义务教育均衡发展难以实现。

（二）有质量的教育均衡是义务教育均衡发展的本质要求

义务教育均衡发展，并不是仅仅满足于教育机会均等、教育过程公平和学校办学条件的均衡，而是教育结果即教育质量的尽可能均衡，即每一个学龄儿童在义务教育过程中，通过对教育资源的合理利用，促使人尽其才，物

---

① 中国大百科全书编委会. 中国大百科全书：第11卷[M]. 北京：中国大百科全书出版社，2009：224.

② 吴遵民，邓璐. 新世纪十年中国教育政策价值基础的历史回顾与反思[J]. 杭州师范大学学报（社会科学版），2011（6）：34—39.

尽其用，财尽其效，培养未来社会所需人才必备的基本的道德、知识、技能、审美素养和身体素质以及社会适应能力。人才培养质量的提升是义务教育均衡发展的本质要求。因此，有质量的义务教育均衡发展，需要教育资源的合理配置和使用，需要各种教育资源配置及其使用效率的发挥，需要各种教育方式、途径和制度的保障。因此，教育资源配置应在保证公平、公正的基础上，做到质量达标和数量充足、内容丰富、方式多样和程序规范。

二、规范和约束政府行为，合理配置教育资源

詹姆斯·穆勒曾言，"毫无疑问，假若把权力授予一群称之为代表（政府官员）的人，如果可能的话，他们也会像其他人一样，运用他们手中的权力谋求自身利益，而不是谋求社会的利益"[①]。这正是对政府及其官员行为的一种评价。政府及其官员的自身效用最大化、官僚机构及其官吏的利益博弈以及政府寻租和政府失灵是导致义务教育资源配置不合理和使用低效，城乡和校际教育差距长期存在的重要原因，也影响和助长了其他利益群体自利行为。政府作为国家表达意志、发布命令和处理事务的机关，它是国家代理组织和官员的总称。政府及其官员的行为及其表现，不仅是国家公权力形象的代表，而且是社会及其公民的榜样。为了均衡和合理配置义务教育资源，提高教育资源的利用效率，必须严格规范和约束政府在义务教育资源配置中的行为，以提高其决策和行为的实效性。

（一）切实落实教育问责制，严格约束政府及其相关部门的行为

问责制，是指责任主体对其及下属各级组织和成员在承担职责和履行义务中出现的故意或过失行为承担否定性后果的一种责任追究制度。问责制对于促进我国责任型政府的建设，对于促进我国贯彻落实科学发展观、构建社会主义和谐社会以及丰富权力监督制约理论等都具有重大的理论意义和现实意义。问责制在我国很多领域都严格实行，在环境污染、食品医药和生产安

---

① 伍玉振，昌业云.流失与回归：政府购买公共服务公共性价值的创造 [J].中共天津市委党校学报,2018(5)：89—95；丹尼斯 C.穆勒.公共选择理论[M].杨春学等译.北京：中国社会科学出版社,1999：303.

全等方面都发挥了积极作用。

　　教育问责制就是相关部门在履行教育职责的过程中出现故意或过失行为承担否定性后果的一种责任追究制度。教育问责制（accountability in education）于19世纪70年代最早出现在美国，主要是以基础教育阶段学生的标准化考试成绩为问责的依据。后来由于实用主义思想的冲击而消沉了。20世纪70年代，针对中小学培养的学生不能满足家长和社会的要求的问题，考试问责制被重新提出。它让社会各界共同关注学校教育，从而让学校以更低的成本培养出更合格的学生。1988年，国会批准霍金斯（Augustus F. Hawkins）和斯特福德（Robert T. Stafford）提交的《初等与中等学校改进法修正案》，该修正案突出强调了学生考试成绩和学校问责的重要性，要求学区要对学生考试成绩进行年度考核，并对无法达成考核目标的学校采取改进措施。当然，以考试成绩作为问责学校及教师的教学质量依据的做法，在美国倍遭质疑，以致考试成绩问责制不断改革。

　　联合国教科文组织（UNESCO）在2017—2018年度的《全球教育监测报告》（Global Education Monitoring Report,GEM Report）中强调各国政府在提供全民素质教育方面的责任，为实现该目标，责任是必不可少的。UNESCO前总干事伊琳娜·博科娃（Irina Bokova）也指出："教育是我们所有人——政府、学校、教师、家长、个体的共同责任。对这些责任的问责制定义了教师的教学方式、学生的学习和政府的行为方式。它的设计必须小心谨慎，并且遵循公平、包容、优质的原则。""以学生考试成绩来评判教师和学校，他们就更有可能调整自己的行为来保护自己，这可能意味着让落后的学生更为落后。"GEM报告的负责人马诺斯·安东尼斯（Manos. Antoninis）解释道："问责制的实行必须从政府开始。如果一个政府过于迅速地将责任推给他人，那么他就是在转移人们的注意力，而不是建立一个强大的、支持性的教育体系。"[①]各种讨论的意见都指向教育问责应该重在追究政府及其相关部门对教育的责任，尤其是政府的教育资源的投入和配置责任，对于学校管理者和教师而言，其教育责任受制于政府责任的影响，因为政府是学校的直接管理者。

---

① 徐玲玲.联合国教科文组织2017—2018年＜全球教育监测报告＞关注教育问责制[J].世界教育信息，2017（12）：34.

我国的"问责"概念肇始于2003年"非典"时的行政问责。教育问责开始于《义务教育法》中的法律责任规定："国务院有关部门和地方各级人民政府违反经费保障规定及未履行对义务教育经费保障职责的，由国务院或者上级地方人民政府责令限期改正；情节严重的，对直接负责的主管人员和其他直接责任人员依法给予行政处分。"这是我国义务教育问责制的开始。但是，纵观我国教育问责制发展历程，虽然问责制在各种相关教育法规中都有规定，如2017年5月《国务院办公厅关于印发〈对省级人民政府履行教育职责的评价办法〉的通知》（国办发〔2017〕49号）规定，"对省级人民政府及其有关部门领导班子和领导干部履行教育职责不到位、整改不力、出现重特大教育安全事故、有弄虚作假行为的，国务院教育督导委员会将按照国务院有关规定，采取适当形式对有关责任人进行通报批评，并提出给予处分的建议"[1]。问责制通常只对教育中的特重大安全事故，经费使用中的侵占、挪用等极不规范行为发挥作用，很少有因为执行教育政策不力而被问责的案例。但是，教育问责制的执行不力，造成政府及其官员在义务教育资源配置中出现配置不合理、使用低效的问题。因此，必须重建和严格规范教育问责制，以规范政府及其官员行为，提供优质高效的义务教育公共教育服务，推进义务教育均衡发展。

首先，建立专门的义务教育问责监督检查机构。以中央政府委托法律、人大、纪检机构，结合非政府机构和社区人士，组建各级政府专门的、权威性的教育问责委员会，改变目前问责制流于形式的状态，严格执行义务教育问责制。

其次，建立多元和明确的教育问责方式和手段。改变目前我国义务教育中自上而下、听取工作汇报式的同体问责，以避免对问责主体的行为缺少有效的监督和问责。为此，在教育系统内部问责中，应加强对同级、对上级、对自身的平行型常态化问责。另外，还应引入异地和异体问责机制，通过异

---

① 国务院办公厅关于印发对省级人民政府履行教育职责的评价办法的通知（国办发〔2017〕49号）[DB/OL]. 中国政府网，2017-06-08.

地问责加强外部监督和压力，强化问责效果。[①]学生、家长、教师、社区人士、新闻和社会媒体等都可以成为教育问责主体，以书面或网络的方式进行教育问责，增强全社会的教育问责意识。当然，要加强对网络问责的监督和管理，以增强教育问责的实效性。

再次，建立规范的教育问责内容体系。建立规范的义务教育问责指标体系，以评估、监测义务教育资源配置和均衡发展的实现程度和发展差距。具体指标包括：学校基本办学条件标准、各级政府义务教育投入标准、课程开设标准、校长资格和教师编制标准、城乡教师交流标准、教师工资待遇标准、学生学业成绩考评标准、学校办学质量评估标准、政府官员的义务教育行为标准等。将考核结果纳入政府和相应官员绩效考核中，并依据这些标准进行教育问责。

最后，研究制定专门的义务教育问责法律法规，规范教育问责程序。虽然我国修订的《义务教育法》明确规定："国务院有关部门和地方各级人民政府违反本法第六章规定，未履行对义务教育经费保障职责的，由国务院或者上级地方人民政府责令限期改正；情节严重的，对直接负责的主管人员和其他直接责任人员依法给予行政处分。"但是，长期以来没有引起相关部门和个体的重视，使这一法规淹没在众多法律条文中而流于形式。为此，应建立专门的义务教育问责法，让政府及相关部门认识到教育履责的重要性和教育失责的严重性。同时，依据"教育问责法规"，规范义务教育问责程序。义务教育问责程序应包括以下四个环节：一是问责的启动程序，问责机关应于做出受理决定之日起三个工作日内，成立调查组；二是责任的调查认定程序，问责决定机关按照干部管理权限对事件进行调查，并由问责决定机关领导班子集体讨论、认定问责对象的责任归属，保证责任认定的正确性和科学性；三是问责的回应程序，要建立健全纪检、监察、组织和人事责任追究处理协调机制，会商处理意见，做到处理得当，避免畸轻畸重的现象发生，保证责任追究的公正；四是问责的申诉程序，"有权力，就必须有救济"，调查结果要与问责对象本人见面并听取其陈述申辩，当相关责任人对问责决定不服时，

---

① 张旺，李慧城.乡义务教育一体化进程中的教育问责制建构 [J].教育理论与实践，2016（13）：27.

有权在法定期限内提出申诉，请求复审。①

（二）建立义务教育投入的各级非政府监督组织，监督政府的教育投资行为

政府教育投资行为监督的缺失和监管的形式化，是政府及其官员自利行为衍生的重要原因。按照公共选择理论，政府是利益的最大化者。在市场中，人们一般会对自己的决定承担全部责任。在公共部门，由集体做出决策，很难保证决策人对其决策负完全责任。尼斯坎南从公共服务的总供给和总需求均衡出发，惊讶地发现政府总是倾向于从事比实际需要多两倍的活动，结果导致所谓的资源配置无效率。由于缺乏竞争，政府能够免受企业所遭遇的市场压力，因此单位成本或价格远远高于最小化所允许的限制。②政府既是政策的制定者，又是政策的执行者，还是政策实行效果的监管者。长期以来，政府及其官员的"教练员"和"裁判员"的双重身份，造成政府行为监督处于随意状态。制度执行不力或制度低效，是因为监督的缺失。政府作为义务教育资源供给和配置主体，若其权力的行使缺乏监督，教育资源配置的随意性或者不正当性就会产生。目前，我国督导教育评估主体多是各级政府教育主管部门及其督导机构，其机构设置、人员安排、经费划拨均没有和主管部门分立，不利于独立开展督导评估工作。从理论上讲，一个地方的教师联盟或联谊会应当比一个监督全国教育体系的国家机构更有能力保证当地的公立学校在更高程度上负责任。在这种情况下，无论是委托人可得到的信息，还是探明要求对代理人负责任的愿望，地方组织比全国性组织知道的要更多。③因此，随着我国公民社会的发展，建立义务教育投入的非政府监督组织是非常必要和可行的。这种义务教育投入非政府监督组织的成员，应由中央政府委托相关部门，面向社会公开招聘身体健康、不计报酬、富有爱心和奉献精神、富有责任心和敢于担当的离退休专业技术人员。他们受中央政府委托，按照《教育法》和《义务教育法》以及其他相关法规的规定，履行监督职能，直接对中央政府负责；他们怀着对国家教育的前途和命运高度负责的责任心和爱国

---

① 卢智增.欠发达地区义务教育问责制度重构研究 [J].教育理论与实践，2013（14）：20.

② 旷乾.教育资源配置中的政府与市场：基于中国现状的分析 [M].南宁：广西教育出版社，2007：34.

③ 弗朗西斯·福山.国家建构 [M].黄胜强，许铭原译.北京：中国社会科学出版社，2007：59.

心，义务感和自豪感开展工作；他们与各级政府部门无直接的利益关系。这是我国公民社会发展的需要，也是发挥离退休人员和爱心志愿者服务社会的作用和价值的需要，更有助于发挥对义务教育资源投入和使用的监督作用。

三、科学认识和实践，提高义务教育资源配置的合理性

农村义务教育资源的合理配置和使用，必须树立科学的教育资源配置和使用观念，从合理性的实质与内涵出发，使农村义务教育资源配置和使用体现合目的性与合规律性的统一、合价值性与合工具性的统一、合主体需要与合客体效应的统一、合情与合理的统一。

（一）义务教育资源配置和使用的合目的性与合规律性统一

义务教育是国家对每一位公民最基本的教育义务，是每一位公民最基本的教育权利。是国家统一实施的所有适龄儿童、少年必须接受的教育，是国家必须予以保障的公益性事业。推进城乡一体化义务教育资源配置，提高义务教育资源的使用效率，实现城乡义务教育均衡发展，是国家发展的战略决策，是一项政治任务。依照西蒙所言，"合理性是指一种方式，从规范的角度去研究合理性问题，是要指出在一定条件下为了达到一定目标，应该如何去做"①。根据西蒙的理解，合目的性是合理性的核心，目的的实现需要一定的条件，因此，明确义务教育资源合理配置的目的是关键和核心。就义务教育资源配置目的的选择和确定而言，是中国政府基于国家发展战略、义务教育发展的价值、国家和人民群众的利益及当前社会经济发展的现实条件而做出的历史性战略选择，是实现义务教育均衡发展，实现全民享有公平、公正的教育权利，为国家培养基本素养扎实和富有公平正义的全面发展的现代公民奠定基础。同时，教育资源配置既要适应教育对象身心发展规律，并促进受教育者的身心发展，又要符合社会发展规律，按照社会发展和人才培养的需要，合理配置教育资源，促进社会的发展。因此，国家对义务教育资源配置和均衡发展的目的是明确的，体现了教育、人和社会三者协调一致和共同发展相

---

① 王树松 . 论技术合理性 [D]. 长春：东北大学，2005.

统一的规律。

因此，在义务教育资源配置和使用过程中，首先，要从国家和公民未来发展需要的高度认识到，义务教育资源合理配置和使用的目的就是为国家培养全面发展的未来公民，这样才可以提高每一位利益相关者对义务教育资源配置的认识高度，使其增强使命感和责任感，而不仅仅是为满足自身的某些利益而从事义务教育工作。因此，在具体实践中，明确合理配置义务教育资源其目的是服务于每一位儿童和少年，服务于学校教育整体，为实现教育育人功能提供基础保障，而不是用来装备学校和点缀教育，更不能在配置和使用教育资源的过程中"谋一己之利，而成一世之罪"，受到道德谴责和法律制裁。其次，义务教育资源配置和使用要符合教育和社会发展规律。即教育资源配置和使用要既要能够促进儿童的身心发展、知识的丰富和技能的发展，促进教师专业发展，符合学校发展和教育教学的发展，又要与社会的人才培养目标和要求相一致，适时地更新教育资源。因此，教育资源配置是一个不断完善的动态过程。

（二）义务教育资源配置和使用的合价值性与合工具性的统一

行动的价值合理性关注的是行动本身是否符合目的实现后的极终价值，而行动的工具合理性重点考虑的是工具或手段对达成特定目的的能力或可能性，至于特定目的所针对的终极价值是否符合人们的心愿，则并不关注。由于工具合理性仅关注目的实现的工具、手段和程序的有效性，而不是关心目的达成的价值合理与否，因而易导致张扬工具、手段而遮蔽目的、意义的工具主义。价值合理性注重对目的本身的合理性的反思，其途径是从人的价值、利益等方面考虑目的合理与否，忽视了对达到目的的工具、手段的关注，易于脱离实际。义务教育资源配置和使用及义务教育的均衡发展是国家和中央政府对教育发展的战略目标，更是各级政府义务教育发展的战略任务和政治任务。这种服务于国家政治的、经济的和社会发展的价值信念，最终通过人才的培养来实现。教育资源配置的价值性即是教育资源配置对其使用主体需要满足的价值和意义，并真正为学校人才培养服务，通过合理地配置义务教育资源，促进城乡一体化的教育教学发展条件的达成和均衡发展。让每一位儿童和少年从起点到过程乃至到结果，都能公平地享受和使用教育资源，健康、快乐地学习和成长。教育资源配置和使用的合工具性是指教育资源配置的标准、方式、程序和手段是否是公平、有效。因此要制定科学的义务教育资源配置方案。就财力资源而言，对国家和省级统筹部分要按照生均经费标准直接配置给学校，对于县级财政支付部分，一定要按照国家和省级的规定，优先满足农村边远地区的补助；对于物力资源而言，避免城乡双重标准，或者优先城区、而后农村，或者用城区更新换代下来的设备配给向农村，一定要贯彻上级政府制定的配置标准，公平合理地分配；对人力资源而言，应该配齐专业教师，开足国家规定的课程，对个别农村学校师资年龄、职称和学历的不合理结构，要进行动态调整和政策倾斜，避免年龄偏高、知识和技能难以提高的老教师"扎推"现象导致的师资力量的隐性或内涵性不足，最终带来教师资配置的不足和校际差别。

另外，国家和各级政府及政府相关部门在制定义务教育资源配置相关政策标准时，要注意政策文本表述的前后一致性和内容表达的准确性，政策规定不能变化太快、太多，致使教育资源配置实践无所适从。政策规定的频繁变化，也是政府失灵的一个原因。

（三）义务教育资源配置和使用的合主体需要与合客体效应的统一

"价值是客体对主体的效应，主要是对主体的发展、完善的效应，从根本上说是对社会主体发展、完善的效应。"[1]如果主体的需要与主体的价值物没有对应关系，即客体不是主体所需要的价值物，那么客体的数量、质量及其他品行的多寡不会引起任何价值效应，反而会让主体觉得这种价值物多余。因此，主体价值物是否能真正与主体的需要契合，亦即是否对主体产生积极的、正面的效应，这是资源配置过程中首先要考虑的。在教育资源配置过程中，作为客体的教育物力资源，一定是与作为使用主体的学校师生相契合的，离开作为客体的教育资源对作为使用主体的师生效应，就难以实现教育资源配置和使用的价值。因此，合理配置和使用教育资源，必须立足于教育资源客体对使用主体的效应，做到主体需要与价值物的客体效应相统一。

义务教育资源的合理配置，要以主体需要的满足为出发点，同时也要发

---

① 王宇，张澍军. 民间舆论场中社会主义核心价值观的价值感召 [J]. 思想政治教育研究, 2017（6）：16—20；王玉梁. 价值哲学新探 [M]. 西安：陕西人民教育出版社，1992：158.

挥教育资源的利用效率。政府在义务教育资源配置之前，在基于公平和效率原则统一的基础上，要充分做好学校需求侧的调查和分析，真正考虑教育资源是否对学校师生产生需要性满足，是否真正实现使用主体对其的利用价值，是否达到"雪中送炭"的效果，不能盲目地、教条地以"标准"配置，致使配无所用，配非所需。比如，图书资料的配置，一定是为师生教育教学服务的，不能是粗制滥造的、无学习和参考价值的文字堆砌，要明确图书资料不是用来装饰图书资料室，更不是为了达到均衡配置"标准"的数量需要。同时，配置教育资源的目的也是为了使用，要充分发挥资源的使用价值。对教育资源的使用主体学校师生而言，也要主动地利用已配的教育资源，为己所用。学校对配置的教育资源也要充分利用，不能因为其昂贵或者易消耗而不去使用，以免使无法教育资源发挥其实际效用。对教学设备，如计算机和多媒体教学设备，理化生实验仪器及实验用品等，学校领导更应该通过各种方式鼓励师生使用既配的教育资源，剔除不正确的资源使用观，合理争取政府部门的设备消耗和维护经费，而不能将其束之高阁，以节约使用成本。通过教育资源的合理配置和使用，使人尽其才，物尽其用，才能促进人才的培养，再生产富有知识和技能及创造力的劳动力，实现主体需要和客体效应的统一。

（四）义务教育资源配置和使用的合理与合情统一

合理性的行为是行为主体在遵循客观规律的前提下，充分发挥理性能力的行为活动过程。没有行为主体的理性指导，很难保证行为的合理性。故此，在具体的主体实践活动中，要实现主体行为及其结果的合理性，主体必须具有主体理性。然而，作为主体的人，既是理性的存在物，又是受情绪、情感和意志等非理性因素影响和支配的存在物，主体理性总是受到情感、意志等非理性因素的制约和调控。人的理性因素和非理性因素的统一构成了人的完整的认知结构和人性结构，没有理性和非理性的人都不是现实的和完整的人，现实和完整的人都是理性和非理性、灵魂和肉体、理智和情感的统一体[①]。正是基于人性的这种规定，合理的实践活动要体现和符合人的理性要求和情绪、情感等非理性要求。

---

① 王炳书，刘勇. 决策理性简论 [J]. 东岳论丛，1999（1）：123—127.

义务教育资源配置的合情合理，是资源配置主体的配置行为、方式和价值理念等要体现理性和非理性的统一。如果教育资源配置只合乎理性而忽视人的情绪情感和现实要求，即仅仅从教育资源配置的目的、价值、标准和规律等层面考虑，不从教育资源使用主体的意愿和情绪情感的迫切需要方面考虑，忽视他们的需要和感受，甚至违反人的情感要求，这种合理性只是形式上的合理性。在义务教育资源配置中，这种形式上的合理性在理论层面上是指合乎资源配置的逻辑性和规律性；在实践层面上是指合乎某种形式化规则，并可以由理智去调控。因此，体现在教育资源配置中的合理性就是实现资源配置的标准化、程序化、模式化。当然，教育资源配置主体也具有非理性化的一面，若对教育资源进行非理性化配置，比如说城乡双重配置标准、城区优先等，这种行为忽视了同样是教书育人和求学上进的农村学校师生的个体情绪情感需要，资源配置不足或者是配置城区学校更新换代的陈旧资源，这是对人的平等性和人格尊严的忽视和践踏，缺乏"人性和人情味"，也不符合客观实际需要。义务教育资源配置的合理性必须克服形式合理性的弊端，达到合情合理。合乎教育资源使用主体的情绪和情感需求，合乎资源使用主体所处环境的情境性，尊重师生的各方面需求和愿望，使大多数师生能够理解和接受。因此，义务教育资源配置的合理性，应体现合乎人情与合乎理性的统一。

政府对义务教育资源配置是真正为义务教育及师生的发展而服务的，因此，在配置教育资源的过程中，一定要坚持标准，坚持公开、公平、公正和公心，对每一所学校要一视同仁，不能区别对待，不能进行二次分配，不能采用城乡二重标准，要既合心又合理、合法。

另外，在县域义务教育均衡发展战略实施的过程中，义务教育均衡发展的推进和实现，不能完全依循国家"普九"任务的推进和实现的路径。"普九"主要关注和解决的是所有适龄儿童和少年免费接受义务教育的程度问题，是"有学上"的问题，每一个适龄儿童和少年、每一所政府举办的学校都涵盖在内。根据国家当时国民经济、社会发展水平和能力决定，按照先"普初"再"普九"的路径和发展思路，这是客观理性指导下的行动逻辑，是"合情又合理的"，结合国家当时的经济、社会发展水平和能力，符合客观实际和发展规律。而均衡发展是基于公平、正义理念和伦理导向，是在国家现有经济发展水平下，义务教育阶段的政府办学理念和办学水平的体现，也是国家对所有适龄儿童和少年就学情况、对义务教育发展责任和义务的检验。均衡发展关注和解决的重点是每一个适龄儿童和少年"上好学"的问题，不能因为任何一所政府举办的学校条件不达标或者校际差异而影响学生就学，所以国家实行办学条件城乡一体化，即义务教育学校实行城乡一体（即城乡办学条件是一个标准）的教育资源配置。因此，实际落实时，需要注意以下几个方面。

第一，国家在实现县域义务教育均衡发展督导评估和验收时，制定的国家标准只是一个最低的底线标准，不同的地区（省、市、区）根据本地区的实际情况制定本地的均衡标准，但不能低于国家最低标准。这种规定有其合理性的一面，但是也存在一些值得探讨之处。不同地区的经济和社会发展水平和能力不同，教育和社会发展自然禀赋、历史文化禀赋、社会经济禀赋等不同，因而在义务教育资源配置和使用及其均衡发展方面的差异具有一定的天然性，这不是差异性公平原则的体现，实际上是一种鼓励差异和不公平，而且会引发不同省域和县域之间、城乡和学校之间义务教育办学条件的更大不均衡，会打压经济发展滞后地区发展义务教育的积极性和自尊心，产生新一轮的义务教育均衡发展"马太效应"。正如有些经济发展滞后地区学校校长在经济发达地区义务教育学校参观考察之后的感叹："办学条件差别如此之大，我们落后地区还能办好学吗？我们还有什么理由面对家长和师生？还有什么底气说我们现在的办学条件多么好，请家长放心送子女入我校学习……"这是一个两难问题，需要国家和政府部门思考解决方法。

第二，在"教育部关于印发《县域义务教育均衡发展督导评估暂行办法》的通知"及其"有关内容的说明"中，明确指出，县域义务教育均衡发展督导评估验收对象"不包括小学教学点，特殊教育学校和职业学校"[①]。这一规定也需要重新审视和进一步修订。特殊教育学校和职业学校，由于其学校性质、培养目标、教育教学内容和模式等特殊性，是可以单列的。但是，小学教学点和完全小学、中心小学的都是普通基础教育，培养目标是一致的。对于小

---

① 教育部关于印发《县域义务教育均衡发展督导评估暂行办法》的通知（教督〔2012〕3号）[DB/OL]. 中国政府网，2012-01-20.

学教学点而言，如果义务教育均衡发展评估将其排除在外，就是潜意识地默许了这些学校后发展，这又是一种极大的不公平和不均衡。在县域内义务教育基本均衡评估中，因其不纳入评估对象范围，故在资源配置和使用中的随意性或者说不公平性和不合理性表现得比较彻底。对更加弱势群体发展的放任或者说"差别对待"，使教学点教师的职业和专业自信受到了极大的打击，提高专业知识和技能的积极性受到打压，其中很多老师只能是暂时"以教谋生"而"推天混日"，或者"静候良机"而调离此校。教学点的学生当然也受到个别教师消极情绪和行为影响，自认自己是"后娘养的"，学习的积极性和主动性不高。如此，何以谈及教育公平和教育质量？这不仅仅是对小学教学点师生在教育过程中办学条件的不公平对待，也会影响家长和社会对国家教育公平政策和制度的怀疑，从而造成社会的不公平、不和谐。

第三，农村义务教育资源配置和使用及其均衡发展，不能急功近利和急于求成，一定要考虑不同地区和不同学校的发展实际，在确保教育资源配置的底线公平和均衡的基础上，追求教育质量均衡，避免"大跃进"式的"虚假均衡"，否则，不仅不能满足教育资源使用主体的需求，也可能造成教育资源的浪费，无法达成义务教育资源配置和使用的目的和价值，无法保证义务教育的真正均衡发展。

四、制度创新，规范义务教育教师配置质量和管理

教师资源是义务教育资源中最具活力和决定性的资源，是影响教育质量和教育公平的重要因素。在当前义务教育均衡发展的新形势下，贯彻执行国家已有的教师配置与管理制度的基础上，创新制度，更加合理地配置教师资源，使农村学校、薄弱学校师资队伍建设得到根本性好转是教师资源配置与管理政策功能调整的合理定位。

（一）完善"公费师范生"政策，合理配置教师资源

随着《教育部直属师范大学师范生公费教育实施办法》的颁布，"免费师范生"转称为"公费师范生"，"公费师范生"政策率先在六所教育部直属师范大学实施，这是国家培养高质量农村教师的重大举措。针对"公费师范生"

政策执行过程中的问题与困境，本研究认为，"公费师范生"政策不应该局限于六所教育部直属师范大学，而应该向地方师范院校开放。一方面，可以在这一政策实施中进行不同层次院校人才培养质量和政策执行效力的比较研究；另一方面，也是对农村家庭经济困难学生的一种有偿救助。因为在现实中，很多来自农村的大学生，因受农村教育条件及家庭经济困难等因素的影响，学习成绩普遍难以达到教育部直属师范大学的录取要求，而未能进入部属师范大学学习，直接报考地方师范院校，以享受更低的学费和更优厚的生活补助。并且，这些师范生对家乡及其教育更具有感情，对农村教育更具同情心和责任感。因此，相关部门应尽快调整和完善"公费师范生"的培养机制，扩大地方师范院校的"公费师范生"培养需要，以培养农村教师，合理地配置农村义务教育教师资源。

（二）设立"国家教师"制度，均衡配置农村学校教师资源

由于学校所处的地域环境、办学条件、工资待遇等的不同，教师资源配置难以均衡。尤其对农村偏远和贫困地区的学校而言，教师队伍建设更是学校发展的"瓶颈"问题。没有充足和优质的教师资源，物力资源和财力资源的使用效率会受到很大的影响。因此，为了鼓励优秀教师去农村学校任教，国家应当设立"国家教师"制度，即每年由教育部和地方教育厅为边远山区或农村学校招录一定数量的教师，这些教师的户籍和工资由教育部或地方教育厅直接负责解决，待遇优厚且工作稳定，并由教育部或地方教育厅统一管理和调配，以"国家教师"的身份和荣誉，服务于农村偏远和贫困地区学校，稳定农村学校教师队伍。

（三）建立"偏远贫困地区教师基金和荣誉证书"制度，稳定农村教师队伍

为了稳定偏远贫困地区和农村地区教师队伍，在继续落实现有乡村教师生活补贴制度的基础上，国家应当研究建立"偏远贫困地区教师基金和荣誉证书"制度。凡是在偏远贫困地区任教一定年限（起初为五年），无任何违反教育法规和学校常规管理记录，教学效果良好的教师，若继续留任偏远贫困地区学校五年（第二个五年），则获得"偏远贫困地区教师基金和荣誉证书"。此荣誉证书由各省（区）教育厅备案、教育部直接颁发，在全国享受景区门

票免费、乘坐公交工具优惠和电话费优惠等福利。此"基金和荣誉证书"随着教师服务农村偏远贫困地区学校教育年限的增加而增加，服务期每增加五年，证书优惠等级随之提升一级，以此类推。以此增强偏远贫困地区教师的获得感、荣誉感和自豪感。促进农村偏远贫困地区学校教师的稳定性，推动教师资源均衡配置。

五、本章小结

甘肃省 W 县义务教育资源配置和使用具有一定的不合理性，无论是人力资源、物力资源和财力资源均表现出城乡和校际差异。片面的合理性和利益相关者的自利行为以及不合理的地方教育制度是造成农村义务教育资源配置不合理性的重要原因。均衡和合理配置义务教育资源，提高教育资源的利用效率，必须正确理解义务教育资源配置和均衡发展的价值，严格规范和约束政府在义务教育资源配置中的行为，科学认识和实践，以提高义务教育资源配置的合理性以及决策和行为的实效性。

第一，正确理解义务教育资源配置和均衡发展的价值。明确促进人的全面自由发展是义务教育资源配置和均衡发展的核心价值，有质量的教育均衡是义务教育均衡发展的本质要求。

第二，规范和约束政府行为，通过建立专门的义务教育问责监督检查机构，建立多元和明确的教育问责方式和手段，建立规范的教育问责内容体系，研究制定专门的义务教育问责法律法规，规范教育问责程序，切实落实教育问责制。同时，建立义务教育投入的各级非政府监督组织，监督政府的教育投资行为，合理配置教育资源。

第三，科学认识和实践，提高义务教育资源配置的合理性。农村义务教育资源的合理配置，必须树立科学的教育资源配置和使用观念，从合理性的实质与内涵出发，使农村义务教育资源配置和使用体现合目的性与合规律性的统一、合价值性与合工具性的统一、合主体需要与合客体效应的统一、合情与合理的统一。因此，在义务教育资源配置和使用过程中，首先，要站在国家和公民未来发展需要的高度认识义务教育资源合理配置和使用的目的，使义务教育资源配置和使用符合教育和社会发展规律。其次，主体价值物是否能真正与主体的需要契合，亦即是否对主体产生积极的、正面的效应，这是资源配置过程中首先要考虑的。在教育资源配置过程中，作为客体的教育物力资源，一定是与作为使用主体的学校师生相契合的，必须立足于教育资源客体对资源使用主体的效应，主体需要与价值物的客体效应相统一。再次，合理的实践活动要体现和符合人的理性要求和情绪情感等非理性要求。义务教育资源合理配置的合情合理，合乎教育资源使用主体的情绪和情感需求，合乎资源使用主体所处的环境的情境性，尊重师生的各方面需求和愿望，使大多数师生能够理解和接受。最后，在县域义务教育均衡发展战略实施的过程中，义务教育均衡发展的推进和实现，不能完全依循国家"普九"任务的推进和实现的路径。在实现县域义务教育均衡发展督导评估和验收时，国家制定的标准只是一个最低的底线标准，不同的地区（省、市、区）根据本地区的实际情况制定本地的均衡标准，但不能低于国家最低标准。对于小学教学点而言，如果义务教育均衡发展评估将其排除在外，就是潜意识地默许了这些学校后发展，这又是一种极大的不公平和不均衡。农村义务教育资源配置和使用及其均衡发展，不能急功近利和急于求成，一定要考虑不同地区和不同学校的发展实际，在确保教育资源配置的底线公平和均衡的基础上，追求教育质量均衡，避免"大跃进"式的"虚假均衡"。因此，义务教育资源配置的合理性，应体现合乎人情与合乎理性的统一。

第四，制度创新，规范义务教育教师配置质量和管理，完善"公费师范生"政策，合理配置教师资源；设立"国家教师"制度，均衡配置教师资源；建立"偏远贫困地区教师基金和荣誉证书"制度。

西北农村义务教育资源的合理配置和使用及其在县域内的均衡发展，还需要中央和省级政府部门的大力支持和监督监管，需要 W 县政府和社会各界发扬务实精神，共同努力。

第六章　结论与展望

本研究意在考察县域均衡视域下西北农村义务教育资源配置的合理性。通过对样本县甘肃省 W 县农村义务教育资源配置的现状调查，发现该县虽然在2016年通过县域义务教育基本均衡评估达标验收，但是，样本学校的义务教育资源配置现状依旧堪忧，无论在人力资源、物力资源还是财力资源的配置方面，均存在一定的不合理性。

一、研究的基本观点

义务教育资源配置的合理与否，也是事实判断和价值判断的统一。研究发现，县域义务教育均衡发展评估达标后，西北农村义务教育资源配置仍然存在配置不均的不合理现象。就样本县甘肃省 W 县而言，虽然通过了教育部县域义务教育发展基本均衡达标验收，城乡义务教育均衡发展取得了一定成绩，城乡和校际等差距逐步缩小，农村学校办学条件得到进一步改善，办学质量在逐步提高，但是，已取得的成绩并不能粉饰农村义务教育资源配置的不合理性。其具体表现为：实质合理性偏移、形式合理性无助、实践合理性低效在义务教育人力资源、物力资源和财力资源的配置中普遍存在；县域义务教育基本均衡发展督导评估验收中的价值合理性窄化、程序（工具）合理性失当和实践合理性失真在一定程度上普遍存在。西北农村义务教育资源配置的城乡差异、校际差异、个体和群体差异等现状的存在，这是一种事实认定和表象呈现，同时，这种事实和表象背后隐含各利益相关者的主体观念、需要、目的、动机和利益标准及行为逻辑的价值判断，是依据一定的价值标准对这种教育和社会现象做出的评价性描述。由此看来，义务教育资源配置的合理性取决于各利益相关者利益追求的合理性，取决于评价的标准和尺度的合理性。因此，义务教育资源配置的不合理性既表现为事实的或表象的不合理性，也表现为教育资源配置过程中各利益相关者内在的或价值的不合理性。

以合理性理论分析发现，该县义务教育资源配置陷入了实质合理性偏移、形式合理性无助和实践合理性低效的合理性困境。在分析 W 县义务教育资源配置合理性困境产生的客观原因基础上，重点从公共选择理论视角分析其主观原因。研究认为，利益相关者的自利行为以及不合理的地方教育制度，是造成 W 县农村义务教育资源配置及其使用的不合理性的主要原因。因此，要正确理解义务教育资源配置和均衡发展的价值，明确促进人的全面自由发展是义务教育资源配置和均衡发展的核心价值，有质量的教育均衡是义务教育均衡发展的本质要求。

立足于合理性本质规范利益相关者行为，推进农村义务教育资源的合理配置。首先，必须规范和约束政府行为，通过建立专门的义务教育问责监督检查机构，建立多元和明确的教育问责方式和手段，建立规范的教育问责内容体系，研究制定专门的义务教育问责法律法规，规范教育问责程序，切实落实教育问责制。同时，建立由离退休人员和爱心人士组成的义务教育投入的各级非政府监督组织，监督政府的教育投资行为，直接对中央政府负责。其次，科学规划，提高义务教育资源配置和使用的合理性。力求义务教育资源配置和使用的合目的性与合规律性的统一、合价值性与合工具性的统一、合主体需要与合客体效应的统一、合情与合理统一。再次，通过制度创新，完善"公费师范生"政策，合理配置教师资源；设立"国家教师"制度，均衡配置教师资源；建立"偏远贫困地区教师基金和荣誉证书"制度。规范义务教育教师配置质量和管理。

县域义务教育均衡发展战略实施的过程中，义务教育均衡发展的推进和实现，不能完全依循国家"普九"任务的推进和实现的路径。国家在实施县域义务教育均衡发展督导评估和验收时，制定的标准只是一个最低的底线标准，不同的地区（省、市、区）根据本地区的实际情况制定本地的均衡标准，但不能低于国家最低标准。义务教育均衡发展评估将小规模学校排除在外，这又是一种极大的不公平和不均衡。

义务教育均衡发展，是承认差距、尊重差异基础上的长期的、系统的和动态的成长性均衡，是以发展而带动的均衡，不能急功近利和急于求成，不能"一刀切"。要充分考虑不同地区和不同学校的发展实际，在确保教育资源配置的底线公平的基础上，追求教育质量均衡，避免"大跃进"式的"虚假均衡"和"畸形均衡"。义务教育资源配置和使用及其均衡发展，是一个不断发展和完善的推进过程，需要中央和各级人民政府以及社会各界的共同努力，义务教育资源的合理配置和使用，需要全社会的监督、检查，需要每一位公民的责任心和奉献精神。

二、研究的可能创新

（一）研究视角有所创新

从多理论视角（教育公平理论、公共选择理论和合理性理论等）分析西北地区农村义务教育资源均衡配置标准、理念、行为逻辑等及其使用主体的需要、动机、价值取向、行为逻辑等的合理性。

（二）通过实地调研收集大量一手资料，研究数据创新

实地调研甘肃省 W 县农村义务教育资源配置的真实现状，获得一手数据资料，并将实证研究和理论分析相结合，有助于真实地再现样本县在县域义务教育基本均衡督导评估达标的情况下，农村义务教育资源配置的现状。

三、需要进一步研究的问题

本研究以国家级贫困县甘肃省 W 县为研究样本，从合理性理论及公共选择理论视角分析了该县义务教育资源配置的某些合理性问题及其成因，并从规范政府行为及合理配置和使用义务教育资源的合理性要求出发提出问题解决的对策。由于笔者的研究水平有限，研究时间仓促，仅仅以一个贫困县为

样本，研究县域均衡评估达标验收后西北农村义务教育资源配置和使用的合理性问题，难以较全面地反映西北地区县域义务教育均衡发展状况，而对甘肃省域内以及西北地区农村义务教育均衡发展的比较研究不足，需要进一步深入研究。另外，需进一步加强对义务教育均衡发展评估验收后，农村义务教育均衡发展现状和实效性的跟踪评估督导机制研究，以及对国家义务教育均衡评估政策及其运行机制的研究。

参考文献

一、中文类

（一）中文原著

[1] 安晓敏.义务教育公平指标体系研究：基于县域内义务教育校际差距的实证分析 [M].北京：教育科学出版社，2012.

[2] 鲍传友.教育公平与政府责任 [M].北京：北京师范大学出版社，2011.

[3] 白贵.当代公共财政理论与政策选择 [M].呼和浩特：内蒙古大学出版社，2004：60—61.

[4] 北京大学外国哲学史教研室编译.西方哲学原著选读：上卷 [M].北京：商务印书馆，1999：39—40.

[5] 陈传胜.马克思恩格斯的公平正义观研究 [M].合肥：合肥工业大学出版社，2011.

[6] 成刚.中国教育财政公平与效率的经验研究 [M].北京：知识产权出版社，2011.

[7] 慈继伟.正义的两面 [M].北京：生活·读书·新知出版社，2014.

[8] 杜育红.教育发展不平衡研究 [M].北京：北京师范大学出版社，2000.

[9] 樊勇，高筱梅.理性之光：论发展的合理性及西部地区合理性发展 [M].昆明：云南大学出版社，2011：26—30.

[10] 范先佐．中国中西部地区农村中小学合理布局结构研究 [M]．北京：中国社会科学出版社，2009．

[11] 傅禄建，汤林春，等．义务教育均衡发展程度测评：综合教育基尼系数方法 [M]．上海：华东师范大学出版社，2013．

[12] 高丽．教育公平与教育资源配置 [M]．北京：中国社会科学出版社，2009．

[13] 顾佳峰．中国教育资源非均衡配置研究 [M]．北京：光明日报出版社，2010．

[14] 何怀宏．公平的正义：解读罗尔斯《正义论》[M]．济南：山东人民出版社，2002．

[15] 胡辉华．合理性问题 [M]．广州：广东人民出版社，2000：9—145．

[16] 靳希斌．教育经济学：第四版 [M]．北京：人民教育出版社，2009．

[17] 旷乾．教育资源配置中的政府与市场：基于中国现状的分析 [M]．南宁：广西教育出版社，2007：34．

[18] 李鹏．公共管理学 [M]．北京：中共中央党校出版社，2010：38．

[19] 刘凤芹．新制度经济学 [M]．北京：人民大学出版社，2015．

[20] 刘莹珠．资本主义与现代人的命运——马克斯·韦伯合理性理论研究 [M]．北京：人民出版社，2014．

[21] 罗云峰，肖人彬．社会选择的理论与进展 [M]．北京：科学出版社，2003：7．

[22] 欧阳康．人文社会科学哲学 [M]．武汉：武汉大学出版社，2001：318—320．

[23] 裘指挥．早期儿童社会规范教育的合理性研究 [M]．南昌：江西人民出版社，2009：24．

[24] 曲福田．资源经济学 [M]．北京：中国农业出版社，2001：3—4．

[25] 王定华．全面推进义务教育均衡发展 [M]．北京：人民教育出版社，2012．

[26] 王磊．公共教育支出分析——基本框架与我国的实证研究 [M]．北京：北京师范大学出版社，2006．

[27] 王善迈．教育经济学概论 [M]．北京：北京师范大学出版社，1989：216．

[28] 王善博．科学合理性 [M]．济南：山东教育出版社，2005．

[29] 王树松．论技术合理性 [M]．沈阳：东北大学出版社,2006：2．

[30] 王玉梁．价值哲学新探 [M]．西安：陕西人民教育出版社，1992：158．

[31] 邬志辉，于胜刚．农村义务教育经费保障新机制 [M]．北京：北京大学出版社，2008．

[32] 吴畏．实践合理性 [M]．南宁：广西人民出版社，2003：141．

[33] 吴遵民．基础教育公平论：中国基础教育公平与均衡发展的政策研究 [M]．上海：上海教育出版社，2014：271—272，289．

[34] 谢维和．中国的教育公平与教育发展 [M]．北京：教育科学出版社，2008．

[35] 许云霄．公共选择理论 [M]．北京：北京大学出版社，2007：10—24．

[36] 杨东平．走向公共生活的教育理论 [M]．北京：北京师范大学出版社，2009：135．

[37] 杨秀芹．教育资源利用效率与教育制度安排：一种新制度经济学分析的视角 [M]．武汉：华中师范大学出版社，2009．

[38] 张跃庆，张念宏．经济大辞海 [M]．北京：海洋出版社，1992：77．

[39] 张志敏．合理性限度 [M]．哈尔滨：黑龙江人民出版社，2007：110—112．

[40] 张丽华，汪冲，杨树琪，等．西部农村义务教育投入保障制度研究 [M]．北京：经济科学出版社，2009．

[41] 翟博．基础教育均衡发展的理论与实践 [M]．北京：教育科学出版社，2013．

[42] 赵敦华．西方哲学简史 [M]．北京：北京大学出版社，2001：14．

[43] 赵苑达．西方主要公平与正义理论研究 [M]．北京：经济管理出版社，2010．

[44] 周洪宇，等．教育公平论 [M]．北京：人民教育出版社，2010．

（二）中文译著

[1] 阿马蒂亚·森. 理性与自由 [M]. 李凤华，译. 北京：中国人民大学出版社，2012.

[2] 阿马蒂亚·森. 资源、价值与发展：上、下 [M]. 杨茂林，郭婕，译. 长春：吉林人民出版社，2011.

[3] 阿拉斯代尔·麦金太尔. 谁之正义？何种合理性？[M]. 万俊人，吴海针，王今一，译. 北京：当代中国出版社，1996：12.

[4] 安东尼·吉登斯. 民族、国家与暴力 [M]. 胡宗泽，赵力涛，译. 北京：生活·读书·新知三联书店1998：7—8.

[5] 巴利. 社会正义论 [M]. 曹海军，译. 南京：江苏人民出版社，2007.

[6] 查尔斯·豪威尔. 教育，机会与公平分配 [M]// 卢昆，王越，译. 袁振国中国教育政策评论. 北京：教育科学出版社，2001：240—241.

[7] 查尔斯·沃尔夫. 市场或政府 [M]. 北京，中国发展出版社，1994.

[8] 丹尼斯 C. 穆勒. 公共选择理论 [M]. 杨春学，等，译. 北京：中国社会科学出版社，1999：4，303.

[9] 笛卡尔. 第一哲学沉思录 [M]. 北京：商务印书馆，1986：26.

[10] 菲利普·库姆斯. 世界教育危机 [M]. 赵宝恒，李环，等，译. 北京：人民教育出版社，2001：3，242.

[11] 弗朗西斯. 福山. 国家建构 [M]. 黄胜强，许铭原，译. 北京：中国社会科学出版社，2007：59.

[12] 哈贝马斯. 交往行动理论：第一卷 [M]. 洪佩郁，等，译. 重庆：重庆出版社，1994：34.

[13] 黑格尔. 法哲学原理 [M]. 范扬，等，译. 北京：商务印书馆，1979：11.

[14] 黑格尔. 历史哲学 [M]. 王造时，译. 北京：生活·读书·新知三联书店，1956：47.

[15] 赫·施奈德巴赫. 作为合理性之理论的哲学 [M].// 德国哲学：第7辑 [M]. 北京：北京大学出版社，1989：75.

[16] 胡森. 平等——学校和社会政策的目标 [M].// 张人杰. 国外教育社

会学基本文选.上海：华东师大出版社，1989：194—205.

[17] 杰夫·惠迪等.教育中的放权与择校：学校、政府和市场 [M].马忠虎，译.北京：教育科学出版社，2003：1.

[18] 康芒斯.制度经济学：上、下 [M].赵睿，译.北京：华夏出版社，2013.

[19] 康德.纯粹理性批判 [M].武汉：华中师范大学出版社，2000：668.

[20] 凯瑟琳·麦克德莫特.掌控公立学校教育：地方主义与公平 [M].周玲，杨旻，译.北京：教育科学出版社，2007.

[21] 理查德·R.金，奥斯汀·D.斯旺森，斯科特·R.斯威特兰.教育财政：效率、公平与绩效：第3版 [M].褚宏启，译.北京：中国人民大学出版社，2010.

[22] 里克曼.理性的探险 [M].姚休，译.北京：商务印书馆，1996.

[23] 罗蒂.R.协同性还是客观性，哲学和自然之境 [M].李幼蒸，译.上海：三联书店1987：410，418.

[24] 罗蒂.R.作为协同性的科学，后哲学文化 [M].黄勇，译.上海：上海译文出版社，1992：78.

[25] 雷蒙·阿隆.社会学主要思想 [M].葛智强，等，译.上海：上海译文出版社，1988.

[26]L.劳丹.进步及其问题 [M].刘新民，译.北京：华夏出版社，1990：116.

[27] 罗伯特·诺齐克.合理性的本质 [M].葛四友，陈昉，译.上海：上海译文出版社，2012：103.

[28] 拉瑞·劳丹.进步及其问题 [M].刘新民，译.北京：华夏出版社，1999：126.

[29] 马克斯·韦伯.经济与社会：上 [M].林荣远，译.北京：商务印书馆，1997：56.

[30] 米尔顿·弗里德曼.资本主义与自由 [M].张瑞玉，译.北京：商务印书馆，1986：83—95.

[31] 哈贝马斯.交往行动理论：第一卷 [M].洪佩郁，等，译.重庆：重

庆出版社，1994：15.

[32]约翰·罗尔斯.正义论[M].何怀宏，何包钢，廖申白，译.北京：中国社会科学出版社，1988.

[33]约翰·罗尔斯.作为公平的正义——正义新论[M].姚大志，译.北京：中国社会科学出版社，2011.

[34]约翰·E.丘伯，泰力·M·默.政治、市场和学校[M].蒋衡，译.北京：教育科学出版社，2003.

[35]威廉·巴雷特.非理性的人[M].段德智，译.上海：上海译文出版社，1992：92.

[36]詹姆斯·M·布坎南、戈登.塔洛克.同意的计算——立宪民主的逻辑基础[M].陈光金，译.北京：中国社会科学出版社，2000.

（三）期刊论文类

[1]鲍传友.义务教育均衡发展：内涵和原则[J].国家教育行政学院学报，2007（1）：63.

[2]鲍传友."以县为主"基础教育管理体制的公平与效率问题及思考[J].教育科学，2009（3）：6—9.

[3]芪景州.建立有利于义务教育均衡发展的资金保障体系[J].贵州社会科学,1994（2）：49—50.

[4]陈广山.管办评分离背景下政府在实践教育资源配置中的介入问题研究[J].牡丹江大学学报，2016（7）：163—164.

[5]陈亮，曾婧.义务教育均衡发展的困境、成因及对策研究：中日韩比较的视角[J].长春师范学院学报，2012（2）：114.

[6]陈世伟，徐自强.县域义务教育均衡发展指标体系构建研究[J].内蒙古农业大学学报（社会科学版）,2010（4）：226—227.

[7]陈丰.我国城乡义务教育非均衡发展的原因及对策[J].齐鲁学刊,2014（3）.

[8]陈娅.法治政府建设中的"法"建设问题研究[J].经济研究导刊,2018（10）：192—194.

[9]程细平、黄畅.公平优先，兼顾效率：和谐社会教育政策的价值追

求 [J]. 湖南师范大学教育科学学报，2007（7）：9—12.

[10] 褚宏启. 关于教育公平的几个基本理论问题 [J]. 中国教育学刊，2006（12）：3.

[11] 查尔斯·豪威尔，查尔斯·V·威利. 教育中的优异、公平和多样性 [J]. 教育展望（中文版）,2000（4）：35—43.

[12] 崔月琴. 合理性的凸显与传统理性主义批判 [J]. 长白学刊,2003(7).

[13] 邓凡茂，郭金波. 南京地区基础教育"寻租"现象的社会学透视 [J]. 教育理论与实践,2004（5）：12—16.

[14] 丁亚东，薛海平. 博弈论视角下义务教育均衡发展中公平与效率的关系 [J]. 教育导刊，2016（2）：27—30.

[15] 丁念金. 论中国高考改革的文化使命 [J]. 基础教育,2009（11）.

[16] 丁峰. 行政集权·官僚政治·腐败——兼对当前中国政治社会中腐败现象的再思考 [J]. 内蒙古社会科学,1998（6）：4—11.

[17] 董泽芳，张国强. 社会公平与教育机会均等 [J]. 教育与经济，2007（6）：3.

[18] 董世华，范先佐. 我国县域义务教育均衡发展监测指标体系的构建——基于教育学理论的视角 [J]. 教育发展研究，2011（9）：27—29.

[19] 杜育红. 论教育资源配置方式的选择 [J]. 教育与经济,1998（2）：39—41.

[20] 杜育红. 试析教育资源配置方式的转变 [J]. 辽宁高等教育研究，1997（9）：33—36.

[21] 段晓芳. 均衡发展视域下的义务教育资源配置 [J]. 基础教育,2009（1）：35—37.

[22] 段晓芳，慕彦瑾. 教育公平视域下的义务教育资源配置 [J]. 教育测量与评价（理论版）,2009（5）：20—22.

[23] 范先佐. 税费改革后农村义务教育面临的问题及对策 [J]. 华中师范大学学报（人文社会科学版），2004（12）：82—85.

[24] 费蔚. 从管理到治理：区域推进义务教育优质均衡发展的体制机制创新 [J]. 教育发展研究，2014（8）：13—16.

[25] 费建裕 . 义务教育的优质化必须以均衡化为前提 [J]. 教育发展研究，2003（11）：52.

[26] 冯建军 . 义务教育优质均衡发展的理论研究 [J]. 全球教育展望，2013（1）：84.

[27] 冯建军 . 优质均衡：义务教育均衡发展的新目标 [J]. 教育发展研究，2011（6）：1—5.

[28] 冯建军 . 内涵发展：推进义务教育优质均衡的路向选择 [J]. 南京社会科学，2012（1）：119—124.

[29] 冯向东 . 从资源配置看经济体制与高等教育 [J]. 上海高教研究，1993（4）：13.

[30] 傅永军 . 哈贝马斯交往行为合理化理论述评 [J]. 山东大学学报（哲学社会科学版），2003（3）：9—14.

[31] 高丽 . 论公共教育资源配置的合理性和有效性标准 [J]. 生产力研究，2008（12）：82—84.

[32] 郭进成，郭艳成 . 以科学发展观为指导促进我省义务教育优质均衡发展 [J]. 江苏政协，2006（7）：26.

[33] 郭彩琴，曹健 . 教育公平：配置教育资源的合理性原则 [J]. 江苏高教，2003（5）：23—26.

[34] П.П. 盖坚科 .20世纪末的合理性问题，余青译，哲学译丛，1992（4）：24.

[35] 韩宗礼 . 试论教育资源的效率 [J]. 河北大学学报（哲学社会科学版），1982（12）：60.

[36] 韩清林 . 基础教育均衡发展方略的政策分析 [J]. 国家高级教育行政学院学报，2002（8）：37.

[37] 何兵 . 司法职业化与民主化 [J]. 法学研究 ,2005（4）：100—113.

[38] 何春生，涂雪峰 . 江西省义务教育均衡发展的问题与对策 [J]. 经济与社会发展，2007（10）：202.

[39] 何克抗 . 推进义务教育优质均衡发展的新思路 [J]. 基础教育参考，2010（4）：1.

[40] 何克抗.教育信息化是实现义务教育优质、均衡发展的必由之路[J].现代远程教育研究，2011（7）：16.

[41] 胡友志.优质均衡视野下义务教育学区化管理探究[J].中国教育学刊，2012（4）：11.

[42] 黄孝东，加俊，刘慧."非遗"语境下的村落话语及文化表述——以洪洞"三月三"走亲习俗为例[J].中北大学学报（社会科学版），2018（2）.

[43] 贾炜.以中考改革为契机，进一步促进义务教育优质均衡发展[J].上海教育科研，2018（6）：1.

[44] 瞿瑛.论义务教育的优质化[J].辽宁教育研究，2005（3）：57—58.

[45] 蒋国华.还是要讲"效率优先，兼顾公平"[J].当代教育论坛，2005（7）：1.

[46] 江峰.善待历史——论新时期的历史教育[J].甘肃社会科学，2003（9）.

[47] 靳希斌.自学考试制度与终身教育和学习型社会[J].中国考试，2010（12）.

[48] 旷乾.窥视均衡——广西义务教育资源配置状况的实证研究[J].广西民族大学学报（哲学社会科学版）》，2009（4）：99—104.

[49] 康安峰.论义务教育阶段的教育选择权与教育公平[J].基础教育，2009（10）.

[50] 李彩虹.义务教育阶段择校寻租的互动机制研究[J].教育理论与实践，2015（4）：24—28.

[51] 李浩.政府与公众关系的经济学分析——基于交换权力的普遍视角[J].现代商业，2010（36）：189—190.

[52] 李稷，张沛.行为经济学视角下公众参与城市规划的动力机制优化[J].现代城市研究，2018（6）.

[53] 李东福.效率优先兼顾公平，全面推进我省教育系统事业单位人事制度改革[J].山西教育，2002（2）：23.

[54] 李芳.义务教育阶段择校合理性初探[J].中国教育学刊，2007（10）：37—40.

[55] 李怀义，冯习泽．引入市场机制，配置教育资源 [J].教育理论与实践，1993（6）：24.

[56] 李玲，陶蕾．我国义务教育资源配置效率评价及分析：基于 DEA—Tobit 模型 [J].中国教育学刊,2015（4）：53—58.

[57] 李楠．中美义务教育均衡的政策比较 [J].河北师范大学学报（教育科学版），2011（6）：12—15.

[58] 李醒东，李换．义务教育择校：质疑、归因及合理性辩护 [J].教育导刊，2011（2）：32—35.

[59] 李慧．教育公平与教育效率关系再探 [J].教育与经济，2000（3）：21—23.

[62] 厉以宁．关于教育产品的性质和对教育经营的若干思考 [J].教育科学研究，1999（6）：4—5.

[60] 梁广山．优化资源配置，提高办学效益 [J].安徽教育，1997（2）：15.

[61] 林慰曾．遗产税制度比较研究 [J].沈阳工业大学学报（社会科学版）,2017（7）.

[62] 林源民．国际航运中心之我见 [J].水运管理,2013（10）.

[63] 刘桂芳，杨公安．义务教育资源配置效率研究综述 [J].中小学校长,2011（10）：46—50.

[64] 刘周．高等教育资源分配公平问题的伦理分析 [J].苏州教育学院学报》,2012（6）.

[65] 刘新成，苏尚锋．义务教育均衡发展的三重意蕴及其超越性 [J].教育研究，2010（5）：30—32.

[66] 刘耀明，熊川武．论义务教育内涵性均衡发展的边界 [J].华东师范大学学报（教育科学版），2011（3）：36.

[67] 刘传广．简论合理 [J].现代哲学，1999（2）：52—53.

[68] 鹿茸，孙文祥．利用教育券实现义务教育公平与效率的探索 [J].山西师大学报（社会科学版），2008（5）：111—112.

[69] 卢育林．试论"教育产业化"和社会教育资源配置 [J].教育与经济，

2001（6）：15—18.

[70] 陆自荣 . 哈贝马斯与韦伯合理化理论之比较 [J]. 海南大学学报（哲社版），2004（1）：12.

[71] 罗军兵 . 人口流动背景下我国西部地区义务教育资源配置 [J]. 当代教育理论与实践，2017（3）：6—8.

[72] 吕寿伟，柴楠 . 效用、正义、承认：教育资源配置的合理性审视 [J]. 教育理论与实践，2010（11）：13—16.

[73] 吕蕾 . 义务教育均衡发展机制论析 [J]. 齐鲁学刊,2007（6）：146—149.

[74] 马国贤 . 公共支出的绩效管理与绩效监督研究（下）[J]. 财政监督，2005（2）：16—18.

[75] 马立武 . 试析义务教育均衡发展及其政府责任 [J]. 现代教育论丛，2006（6）：13—14.

[76] 马萍 . 学校布局调整中基础教育资源配置效率评价：基于 X 省2002—2013年数据的 DEA 分析 [J]. 中国人口资源与环境，2017（12）：252.

[77] 孟令熙 . 对义务教育阶段择校现象合理性的思考 [J]. 教育探索，2003（9）：26—27.

[78] 米俊绒 . 论现代政府与公民关系的嬗变及其匡正 [J]. 中国行政管理,2008（5）：59—62.

[79] 宁本涛 . 调整结构明晰产权：对我国教育资源配置效率与公平问题的制度分析 [J]. 教育与经济，2000（3）：1—5.

[80] 欧阳康 . 合理性与当代人文社会科学 [J]. 中国社会科学,2001（4）：23—25.

[81] 庞晶，毕鹏波，鲁瑞娟 . 义务教育均衡发展评价指标体系的评述与构建 [J]. 当代教育科学，2011（8）：23.

[82] 冉雪梅 . 提高农村义务教育资源配置的几点做法 [J]. 中小学管理，2008（10）：45.

[83] 任仕君 . 县域义务教育资源配置现状分析与对策研究 [J]. 当代教育科学，2005（12）：24—26.

[84] 沈有禄，憔欣怡．基础教育均衡发展：我们真的需要一个均衡发展指数 [J]．教育科学，2009（6）：9—15.

[85] 沈有禄．教育资源的配置效率与公平杠杆：教育券 [J]．外国中小学教育，2007（1）：6—9.

[86] 盛世明．义务教育的产品属性及其供给的博弈论分析 [J]．上饶师范学院学报（自然科学版），2003（6）：16.

[87] 宋乃庆，朱亚丽．统筹城乡背景下义务教育资源配置的差距分析——基于重庆和全国的数据比较 [J]．教育与经济，2014（4）：3—8.

[88] 孙家振．调整学校布局，优化资源配置——关于农村义务教育阶段学校布局调整的实践与思考 [J]．山东教育科研，1997（1）：73—75.

[89] 孙新．评效率优先：兼顾公平的教育发展观 [J]．成人教育，2011(3)：54—56.

[90] 谈松华．义务教育的均衡发展：从行政措施到制度建设 [J]．群言，2008（11）：6.

[91] 谈松华．"短缺教育"条件下的教育资源供给与配置：公平与效率 [J]．教育研究，2001（8）：3.

[92] 唐安国．实施义务教育："效率优先，兼顾公平" [J]．探索与争鸣，1996（10）：31.

[93] 王炳书，刘勇．决策理性简论 [J]．东岳论丛,1999（1）：123—127.

[94] 王刚．新时代社会主义公仆意识与国家权力观建设 [J]．学术探索,2018（4）：27—31.

[95] 王宏玉．刑事立法政策合理化涵义浅析 [J]．中国人民公安大学学报（社会科学版）,2005（10）.

[96] 王宇，张澍军．民间舆论场中社会主义核心价值观的价值感召 [J]．思想政治教育研究,2017（6）：16—20.

[97] 王斌泰．着力推进基础教育均衡发展 [J]．求是，2003（19）：50—52.

[98] 王广飞，符琳蓉．城乡教育一体化推进义务教育均衡发展的困境与对策 [J]．农村经济，2018（3）：116—117.

[99] 王红 . 论教育资源配置方式的基本内涵及决定因素 [J]. 教育与经济，1999（6）：15—16.

[100] 王建容，夏志强 . 我国义务教育均衡发展的内涵及其指标体系构建 [J]. 理论与改革，2010（4）：70—73.

[101] 王玲玲 . 教育公平与教育效率：侧重于经济学角度的探讨 [J]. 武汉冶金管理干部学院学报，2001（12）：56—58.

[102] 王璐 . 国际视野下的义务教育均衡发展研究：理论基础、对象层次与任务内容 [J]. 比较教育研究，2013（2）：33—34.

[103] 王强，杨连子 . 我国"就近入学"政策价值合理性缺失及改革思路 [J]. 中国教育学刊，2014（10）：5—9.

[104] 王嵘 . 贫困地区教育资源的开发利用 [J]. 教育研究，2001（9）：39—44.

[105] 王善迈，袁连生 . 建立规范的义务教育财政转移支付制度 [J]. 教育研究，2002（6）：3—7.

[106] 王善迈 . 社会主义市场经济条件下的教育资源配置方式 [J]. 教育与经济，1997（9）：3.

[107] 王维秋 . 国外义务教育均衡发展的经验和启示 [J]. 江苏教育学院学报（社会科学版），2011（7）：18—20.

[108] 王伟清 . 论基于需求的教育资源配置系统观 [J]. 教育与经济，2010（1）：46.

[109] 温涛，王小华，董文杰，等 . 政府教育资源配置的绩效评价与改进路径：以重庆市为例 [J]. 西南大学学报（社会科学版）,2013（3）：48—53.

[110] 吴宏超，胡玲 . 义务教育如何从基本均衡跨向优质均衡——基于广东省的数据分析 [J]. 教育与经济，2018（8）：51—52.

[111] 吴康宁 . 教育研究应研究什么样的"问题"——兼谈"真"问题的判断标准 [J]. 教育研究，2002（11）：8.

[112] 吴康宁 . 及早谋划省域义务教育基本均衡发展的国家战略 [J]. 教育研究与实验，2015（4）：3—5.

[113] 吴遵民，邓璐 . 新世纪十年中国教育政策价值基础的历史回顾与

反思 [J]. 杭州师范大学学报（社会科学版）,2011（06）：34—39.

[114] 伍玉振,昌业云. 流失与回归：政府购买公共服务公共性价值的创造 [J]. 中共天津市委党校学报,2018（05）：89—95.

[115] 西广明. 教育评估中"寻租"现象研究 [J]. 中国高教研究，2009（10）：26—28.

[116] 肖海翔，葛薇. 构建我国农村义务教育财政支出绩效评价指标体系 [J]. 经济导刊，2007（11）：144—145.

[117] 徐建平. 优质义务教育收费与乱收费的经济学分析 [J]. 教育科学，2004（6）：19.

[118] 许玲丽，周亚虹. 义务教育资源配置对初中升学机会的影响 [J]. 上海经济研究，2011（12）：25—35.

[119] 薛军，闻勇. 城乡义务教育均衡发展内涵、现状及实现路径 [J]. 学术探索，2017（1）：151.

[120] 杨东平. 对我国教育公平问题的认识和思考 [J]. 教育发展研究，2000（9）：15—17.

[121] 杨东平. 教育公平是一个独立的发展目标——辨析教育的公平与效率 [J]. 教育研究，2004（7）：25—29.

[122] 杨明. 论实现教育机会均等政策目标的理念和制度创新策略 [J]. 浙江大学学报（人文社会科学版），2009,（1）：166；

[123] 杨启亮. 底线均衡：义务教育优质均衡发展的解释 [J]. 教育理论与实践，2010（1）：3.

[124] 杨启亮. 转向"兜底"：义务教育优质均衡发展的重心 [J]. 教育研究，2011（3）：30—35.

[125] 杨小微. 以"多样优质均衡"回应"高端需求"：我国东部地区义务教育促进社会公平的新思路与新实践 [J]. 基础教育，2013（4）：5.

[126] 杨小微. 探寻区域义务教育优质均衡发展的新机制——以集团化办学为例 [J]. 教育发展研究，2014（12）：1—8.

[127] 杨进红. 教师资源配置标准的政策反思及标准重构 [J]. 现代教育科学,2018（3）.

[128] 姚永强.义务教育均衡发展的路径依赖及其突破 [J].当代教育科学,2018（4）：32.

[129] 逸公.论点 [J].职业教育研究,2006（3）.

[130] 袁祖社.真理及其意义的人学解读：合理性的视界 [J].合肥联合大学学报,1998（11）.

[131] 余晓菊.实践合理性：人类走出困境的现实途径 [J].湖南师范大学社会科学学报,2003（1）：6.

[132] 于月萍.义务教育区域内均衡发展的对策研究 [J].中国教育学刊,2003（3）：12.

[133] 余栋,唐林.评价义务教育均衡发展的两个维度 [J].统计与决策,2011（7）：172—173.

[134] 袁振国.建立教育发展均衡系数切实推进教育均衡发展 [J].人民教育,2003（3）：12.

[135] 袁振国.缩小差距：中国教育政策的重大命题 [J].北京师范大学学报（社会科学版）,2005（5）：5—10.

[136] 袁振国.缩小教育差距促进教育和谐发展 [J].教育研究,2005（7）：3—8.

[137] 于建嵘.破解"政绩共同体"的行为逻辑 [J].廉政文化研究,2011（3）：95.

[138] 张传萍.从追求效率到追求公平：我国义务教育资源配置政策的变化 [J].教育科学研究,2013（7）：26—29.

[139] 张德胜,金耀基.论中庸理性：工具理性、价值理性和沟通理性之外 [J].社会学研究,2001（3）：37.

[140] 张和平,张赟,程丽.教育均衡研究与政策的发展特征及未来走向——近三十年研究论文及政策文本的分析 [J].现代教育管理,2018（6）：47—52.

[141] 张侃.制度视角下的我国义务教育均衡发展 [J].教育科学,2011（6）：1.

[142] 张盛仁.农村人口数量变化对义务教育资源配置的影响分析 [J].

统计与决策，2008（11）：90—92.

[143] 张霞珍.免费义务教育政府需处理的三对关系 [J].教育发展研究，2008（7）：34.

[144] 张学敏.义务教育的融合产品属性 [J].西南师范大学学报（人文社会科学版），2003（7）：106.

[145] 张亚丽，徐辉.我国义务教育资源配置效率初探 [J].教育评论，2016（6）：8.

[146] 张亚楠，卢东宁.教育资源公平配置视阈下农村义务教育发展研究 [J].华北理工大学学报（社会科学版），2017（5）：64.

[147] 张光.公安机关警务机制改革的理论解读 [J].公安研究,2011（6）：80—83.

[148] 张丽，裘指挥，王云兰.大学章程合理性的理论分析 [J].高等教育研究,2013（10）.

[149] 张学东."结构"内外的"行动"——试比较韦伯与吉登斯关于"行动"的论述 [J].长春工业大学学报（社会科学版）,2008（7）.

[150] 张玉林.分级办学制度下的教育资源分配与城乡教育差距：教育机会均等问题的政治经济学探讨 [J].中国农村观察，2003（1）：10—11.

[151] 章也微.农村义务教育公共投资：责任与义务的不对称及矫正 [J].农业经济，2004（2）：48—50.

[152] 赵丹，陈遇春，Bilal Barakat.基于空间公正的县域义务教育质量均衡评估指标体系构建 [J].教育与经济，2018（4）：28—32.

[153] 赵琦.基于 DEA 的义务教育资源配置效率实证研究：以东部某市小学为例 [J].教育研究，2015（3）：88—90.

[154] 赵士发.关于合理性问题研究综述 [J].人文杂志，2000（2）：14.

[155] 郑先文.合理性问题讨论综述 [J].武汉大学学报（哲学社会科学版），1995（5）：56—60.

[156] 翟博.教育均衡发展：理论、指标及测算方法 [J].教育研究，2006（3）：24—26.

[157] 翟博.教育均衡发展：现代教育发展的新境界 [J].教育研究，2002

（2）：8.

[158] 周洪宇 . 教育公平：和谐社会的重要内容、基础和实现途径 [J]. 人民教育，2005（4）：8.

[159] 周洪新，杨克瑞 . 教育资源配置中政府的责任 [J]. 教育发展研究，2014（1）：1—4.

[160] 周环元，冯木香，刘伟，等 . 教育发展与人力资源配置——湖北省部分县（市、区）长座谈会发言摘要 [J]. 教育与经济，1990（12）：25—26.

[161] 周光启 . 沙坪坝区努力推进义务教育优质均衡发展 [J]. 科学咨询（教育科研），2006（8）：1.

[162] 周春燕 . 论社会主义核心价值观的培育 [J]. 江苏科技大学学报（社会科学版），2014（9）.

[163] 曾天山，邓友超，杨润勇，等 . 义务教育均衡发展是实现教育公平的基石 [J]. 教育研究，2007（2）：8—9.

[164] 朱葆伟 . 理性与合理性论纲 [J]. 湖北大学学报（哲社版），2011（6）：20—21.

[165] 朱家存，阮成武，刘宝根 . 区域义务教育均衡发展监测指标体系研究——基于安徽省义务教育政策实践 [J]. 教育研究，2010（11）：12—17，59.

（四）学位论文类

[1] 安晓敏 . 教育公平指标体系研究 [D]. 沈阳：东北师范大学，2008.

[2] 卜秋 . 论地方政府在义务教育资源配置中的作用 [D]. 苏州：苏州大学，2007.

[3] 陈丰 . 基于财政视角的城乡义务教育均衡发展研究 [D]. 青岛：中国海洋大学，2014.

[4] 崔伟宏 . 基于资源流成本会计的资源环境成本计量与控制研究 [D]. 哈尔滨：哈尔滨商业大学，2013.

[5] 段晓芳 . 西北民族地区农村中小学教育资源配置效率研究 [D]. 兰州：西北师范大学，2009.

[6] 费多益. 论科学的合理性 [D]. 北京：中国社会科学，2001.

[7] 郭雅娴. 中国教育资源配置效率研究 [D]. 长春：吉林大学，2008.

[8] 贾丽杰. 制度约束、土地财政与地方政府互动机制研究 [D]. 天津：天津大学，2012.

[9] 阮守武. 公共选择理论及其应用研究 [D]. 合肥：中国科学技术大学，2007.

[10] 王树松. 论技术合理性 [D]. 沈阳：东北大学，2005.

[11] 吴全华. 教育现代性的合理性研究 [D]. 广州：华南师范大学，2005.

[12] 许丽英. 教育资源配置理论研究——缩小教育差距的政策转向 [D]. 沈阳：东北师范大学，2007.

[13] 闫建璋. 我国延长义务教育年限的合理性研究 [D]. 武汉：华中科技大学，2009.

[14] 杨令平. 西北地区县域义务教育均衡发展进程中的政府行为研究 [D]. 西安：陕西师范大学，2012.

[15] 杨公安. 县域内义务教育资源配置低效率问题研究——基于公共选择理论视角 [D]. 重庆：西南大学，2012.

[16] 于发友. 县域义务教育均衡发展研究 [D]. 济南：山东师范大学，2005.

[17] 张婧媛. 区域义务教育均衡发展指标体系与数据仓库原型设计 [D]. 沈阳：东北师范大学，2017.

[18] 张盛仁. 基于人口流动的湖北省农村义务教育资源配置研究 [D]. 武汉：华中科技大学，2008.

[19] 张传萍. 义务教育资源配置标准研究 [D]. 武汉：华中科技大学，2012.

[20] 朱亚丽. 义务教育资源配置均衡发展测评模型的构建研究——基于重庆统筹城乡教育的调研 [D]. 重庆：西南大学，2015.

[21] 朱来俊. 乡村旅游发展中的基层政府行为研究 [D]. 南昌：江西财经大学，2018.

[22] 朱银辉.上海市薄弱学校委托管理实践探索 [D].上海：上海师范大学2012.

（五）工具类

[1] 辞海编辑委员会.辞海：第6版 [M].上海：上海辞书出版社，2009.

[2] 英国培生教育出版亚洲有限公司编.朗文当代高级英语辞典：英英·英汉双解（第4版）[M].北京：外语教学与研究出版社，2012：1892.

[3] 顾明远.教育大辞典：增订合编本（上）[M].上海：上海教育出版社，1997：799.

（六）网络文献类

统计公报类：

[1]2015—2017年全国教育事业发展统计公报发展统计公报 [DB/OL].教育部门户网站，2018-07-19.

[2]2015—2017年甘肃省教育事业发展统计公报[DB/OL]甘肃省教育厅，2018-02-01.

政策文件类：

[1] 国务院办公厅关于加快中西部教育发展的指导意见（国办发〔2016〕37号）[DB/OL].教育部门户网，2017-09-12.

[2] 国务院办公厅关于进一步加强控辍保学提高义务教育巩固水平的通知（国办发〔2017〕72号）[DB/OL].教育部门户网站，2017-09-05.

[3] 国务院关于深入推进义务教育均衡发展的意见（国发〔2012〕48号）[DB/OL].中国政府网，2012-09-07.

[4] 国务院关于统筹推进县域内城乡义务教育一体化改革发展的若干意见（国发〔2016〕40号）[DB/OL].教育部门户网站，2016-07-11.

[5] 国务院关于加强教师队伍建设的意见（国发〔2012〕41号）[DB/OL].教育部门户网站，2012-09-07.

[6] 国务院关于深入推进义务教育均衡发展的意见（国发〔2012〕48号）[DB/OL].中国政府网，2012-09-07.

[7] 国务院关于印发国家教育事业发展"十三五"规划的通知（国发〔2017〕4号）[DB/OL].中国政府网，2017-01-19.

[8] 国务院办公厅关于印发乡村教师支持计划（2015—2020年）的通知（国办发〔2015〕43号）[DB/OL]. 中国政府网，2018-3-12.

[9] 甘肃省人民政府办公厅关于转发省教育厅《甘肃省义务教育学校办学基本标准（试行）》的通知)（甘政办发〔2012〕233号）[DB/OL]. 甘肃省政府网，2018-3-12.

[10] 甘肃省14个县市区达到国家义务教育发展基本均衡县标准 [DB/OL]. 中国政府网，2017-10-02.

[11] 教育部，中央编办，国家发展改革委，财政部，人力资源社会保障部. 关于大力推进农村义务教育教师队伍建设的意见：教师 [2012]9号 [DB/OL]. 中国政府网，2012-09-20.

[12] 教育部关于印发《县域义务教育均衡发展督导评估暂行办法》的通知（教督〔2012〕3号）[DB/OL]. 教育部门户网站，2012-01-20.

[13] 教育部划定义务教育优质均衡"达标线"[DB/OL]. 中国教育2017-05-24.

[14] 教育部，国家统计局，财政部关于2016年全国教育经费执行情况统计公告（教财〔2017〕6号）[DB/OL]. 教育部门户网站，2017-10-25.

[15] 中共中央 国务院关于全面深化新时代教师队伍建设改革的意见[DB/OL]. 中国政府网，2018-01-31.

[16] 邬志辉. 中国农村教育发展报告2017[R/OL]. 中国教育新闻网，2017-12-23.

[17] 中央编办，教育部，财政部关于统一城乡中小学教职工编制准的通知 [DB/OL]. 中央机构编制网，2017-02-24.

[18] 国务院办公厅关于印发对省级人民政府履行教育职责的评价办法的通知（国办发〔2017〕49号）[DB/OL]. 中国政府网，2017-06-08.

新闻报道类：

[1]2017年全国教育经费统计快报发布 [EB/OL]. 中华人民共和国教育部网站，2018-05-08.

[2] 全国1824个县（市、区）实现义务教育发展基本均衡 [DB/OL]. 教育部门户网站，2017-02-22.

[3] 习总书记谈教育优先发展：教育强则国家强 [DB/OL]. 教育部政府门户网站，2017-10-09.

[4] 网易教育.《2010年全民教育全球监测报告》发布 [DB/OL]，2010-02-09.

研究报告类

[1] 杜育红. 中国政府——亚洲开发银行"中国义务教育财政研究"项目报告 [R]. 北京师范大学，2008（12）.

[2] 中国农村教育发展报告2017[DB/OL]. 中国教育新闻网，2017-12-23.

[3] 翟博，刘华蓉，等. 中国普及九年义务教育和扫除青壮年文盲的报告 [DB/OL]. 教育部门户网站，2012-09-14.

[4] 聂建江，程楠. 建好的学校为何成了"空校"？——甘肃陇南乡村教育建设现状调查 [DB/OL]. 新华网,2015-05-04.

其他类

[1] 陈至立出席完善新机制工作会议 [N]. 中国教育报，2007-11-30.

[2] 邬志辉. 中国农村教育发展报告2017[N]. 中国教师报,2017-12-27.

[3] 国务院教育督导委员会办公室.2017年全国义务教育均衡发展督导评估工作报告（摘编）[N]. 人民日报,2018-03-02.

二、英文类

[1]Alexander, Nicola A.；Jang, Sung Tae.Equity and Efficiency of Minnesota Educational Expenditures with a Focus on English Learners, 2003-2011：A Retrospective Look in a Time of Accountability[R]. Education Policy Analysis Archives, Arizona State University, 2017.

[2] Wilson J.D，Gordon R.H.Expenditure Competition[J].Journal of Public Econmic Theory，2003（5）.

[3]Anthony Giddens.The Constitutionof Society [M].Polity Press, Cambridge, 1984：258.

[4]American Education Reform Council.Fiscal and Enrollment Trends: Milwaukee Public Schoolsl990—2003[R].June, 2003.

[5]Arrow, Kenneth J. Social Choice and Individual Values [M].New York: Wiley, 1951.

[6]Baker, Bruce; Farrie, Danielle; Luhm, Theresa. Is School Funding Fair? A National Report Card (Fifth Edition) [R]. Education Law Center, 2016: 29.

[7]Black, Duncan. On the Rationale of Group Decision Making[J].Journal of Political Economy, 1948 (56): 23—24.

[8]Black, Duncan. The Theory of Committees and Elections[M].Cambridge: Cambridge Univ-ersity Press, 1958.

[9]Buchanan, James M. The Pure Theory of Government Finance: A suggested Approach [J].Journal of Political Economy, 1949 (57): 496—505.

[10] Bunge.M: Seven Desiderata for Rationality[C]. In J. Agassi & I. C. Jarvie (Eds.) , Rationality: The Critical View[M].Dordrecht, The Netherlands: Martinus Nijhoff. Publishers, Dordrecht, 1987: 5—6.

[11]Coleman, JamesS. and Others. Equality of Educational Opportunity[R]. National Center for Educational Statistics,U.S. Government Printing Office Washington: 1966.

[12] Cf.Feyerabent, P..Farewell to reason[M].Verso, 1987: 39—40,61.

[13]de Borda, J. C. Memorie sur les Elections au Scrutin[M].Paris: Historie de I'Academie Royale des Sciences, 1781.

[14]de Condorcet, Marquis. Essai sur l'Application de L'Analyse à la Probability des Decisions Rendues?[M].la Pluraliste des Voix. Paris, 1785.

[15]Dodgson, Charles L. A Method of Taking Votes on More than Two Issues.Reprinted in Black, "The Theory of Committees and Elections"[M]. Cambridge: Cambridge University Press, 1958.

[16]Francia, Guadalupe. The impacts of individualization on equity educational policies[J]. Journal of New Approaches in Educational Research, 2013, 2 (1) :17—22.

[17]Hilary Putnam.Realism with a Human Face[M].Harvard University Press,1992：147.

[18] James W. Gruthrie Walter I. Games，Lawrence C. Pierce，School Finance and Education Policy：Enhancing Educational Efficiency and Choice [M]. NJ：Prentice Hall，Englewood Cliffs，1998.

[19] Marc Blecher, Vivienne. Tethered Deer：Government and Economy in a Chinese County[M]. Stanford University Press，1996.

[20]M.Abbott，C.Doucouliagos.The efficiency of Australian university：a data envelopment analysis[R].Economics of Education Review,2003（22）.

[21] Levin, Henry M. "Educational Opportunity and Social Inequality in Western Europe" [J].Social Problems，1976，24（2）.

[22]Tullock,Gordon.The Politics of Bureaucracy[M].Washington DC：Public Affairs Press,1965.Buchanan,James M.,and Tollison,Robert D The Theory of Public Choice：Political Applications of Economic[M].Ann Abbor,MI：University Michigan Press,1972.

附录一

西北农村义务教育资源配置合理性研究调查问卷

（初中学校）

您好!

　　这是有关"西北农村义务教育资源配置合理性研究"的调查问卷，本课题属于2010年度教育部人文社会科学研究一般项目"免费背景下西部农村义务教育资源投入和使用效率研究"的后续研究，该问卷是用作教育科学研究的，在统计分析数据时，绝对保密本单位的情况，请不要有所顾虑。

　　衷心地感谢您的支持与合作!

　　_____ 省 _____ 市（县）_____ 学校

学校类型：[小学（中心小学、完全小学、教学点）、初中] _____

建校时间 _____，举办时间 _____

学校主管单位 _____

（一）人力资源基本情况

表 1　2017 年教职工基本情况（单位：人、%）

编制情况		专任教师情况																	非专任教师			
应有教职工数	现有教职工数	学历	研究生	本科	专科	高中阶段	高中阶段以下	年龄	24岁以下	25—34岁	35—44岁	45—54岁	55岁以上	**职称**	高级	一级	二级	三级及以下	行政人员	教辅人员	代课教师	工勤人员
		人数						人数						人数								
		比例						比例						比例								

表 2–1　小学学科教师配备情况（单位：人）

年份	语文	数学	英语	品德与生活（社会）	体育	科学	艺术	音乐	美术	信息技术	劳动技术	地方课程	心理健康教育
2015													
2016													
2017													

表 2–2　初中学科教师配备情况（单位：人）

年份	语文	数学	英语	思政	地理	历史	生物	物理	化学	音乐	体育	美术	信息技术	劳动技术	综合选修	心理健康教育
2015																
2016																
2017																

表3 师生情况

年份	学生总数	教师总数	生师比	流出教师	流入教师	班级数	平均班额	毛入学率	净入学率	辍学率	巩固率	转入学生	转出学生
2015													
2016													
2017													

表4 近三年内教师进修培训情况

年份	进修培训人数						进修培训经费开支（元）				其他
	学历进修（离职）	国家培训	省级培训	地市培训	县区培训	校本培训	上级教育行政承担	学校承担	个人承担	项目承担	
2015											
2016											
2017											
合计											

表5 近三年内教师需求和学生扩招预测

年份	学生扩招数	教师需求数
2018		
2019		
2020		

表 6 近三年学生发展情况

年份	升学重点率	升学率	会考合格率	会考优秀率	《健康标准》合格率	体育运动会获奖			学科竞赛获奖			科技创新奖		
						省级	市级	县级	省级	市级	县级	省级	市级	县级
2015														
2016														
2017														

表 7 近三年教师城乡交流及优秀情况

	校长城乡交流（人）		教师城乡交流（人）		优秀教师人数（人）		
	半年	一年	半年	一年	省级	地市级	县级
2015							
2016							
2017							

表 8 近三年来教辅和工勤人员配备（人）

年份	医务人员	保健人员	炊事人员	保洁人员	安保人员	宿管人员
2015						
2016						
2017						

（二）物力资源基本情况

表 9 2017 年校园校舍基本情况（单位：m²、%）

学校总面积	绿化面积		校舍总面积	生均校舍面积	学生宿舍建筑总面积	生均宿舍建筑面积	体育场		
	面积	比例					面积	环行道 m	直道 m

教室总面积	图书室面积	教工食堂面积	学生食堂面积	教工宿舍总面积	教工宿舍人均建筑面积	网络多媒体教室总面积	实验室总面积	危房情况	
								面积	比例

表 10　2017 年图书馆设施及图书数字资源配备及使用情况（m²、册）

项目	图书室设施						图书量						
	教师阅览室	师均阅览室	学生阅览室	生均阅览室	电子阅览室	生均电子阅览室	纸质藏书量	生均纸质藏书量	电子图书（册）	电子期刊（种）	音像资料（种）	电子工具书	报刊种类
数量													
周使用率													

注：1. 电子图书：是指学校图书馆及资料室拥有的正版电子出版物。

2. 电子期刊：主要包括中国知网 CAJ 格式、维普期刊 WWP 格式、龙源期刊等电子期刊格式。

表 11　2017 年教学及辅助用房（单位：m²、间）

	专用教室								公共教学用房					
	理化生实验室	仪器保管室	仪器准备室	美术教室及器材室	音乐教室及乐器室	史地教具室	劳技教室及器材室	计算机教室	合班教室	电教器材室	图书室	心理咨询室	科技活动室	体育活动及器材室
间数														
总面积														
生均面积														
周使用次数														

表 12 2017 年办公用房配备情况（单位：间）

教师办公室	团、队活动室	门卫传达室	党政办公室	卫生保健室	总务仓库	会议室	文印档案室

表 13 2017 年校园信息化环境建设及使用情况

计算机台数	计算机生机比	班级多媒体比例	多媒体教室间数	计算机室间数	校园网开通情况	多功能教室	多功能准备室（电教器材）	远程教育教室
每班周使用次数	计算机	–	多媒体教室	计算机教室	校园网	多功能教室	多功能准备室（电教器材）	远程教育教室
		–						

注：1. 校园网是指在校园内为教学、管理等实现宽带互联，为学校教学、管理与服务等教育活动提供资源共享、信息交流和协同工作的计算机网络。

2. "–"表示缺值。

表 14 2016-2017 年理化生和体音美教学仪器配备及应用（单位：%）

教学仪器配备	实验设备配备标准（类别）	达标率	实验（或练习）课开出率
物理			
化学			
生物			
音乐			
体育			
美术			

（三）学校财力基本情况：

表 15　学校近三年教育经费基本投入情况

年度	财政总拨款（万元）	年增长率%	生均财政预算事业费（元）	年增长率%	生均财政预算公用经费（元）	年增长率%	基建项目投资（万元）	社会捐资、集资（万元）	勤工俭学（万元）	其他（万元）	教师年人均工资（元）
2015											
2016											
2017											

西北农村义务教育资源配置合理性研究调查问卷
（小学学校）

您好！

　　这是有关"西北农村义务教育资源配置合理性研究"的调查问卷，本课题属于2010年度教育部人文社会科学研究一般项目"免费背景下西部农村义务教育资源投入和使用效率研究"的后续研究，该问卷是用作教育科学研究的，在统计分析数据时，绝对保密本单位的情况，请不要有所顾虑。

　　_____ 省 _____ 市（县）_____ 学校

　　学校类型：[小学（中心小学、完全小学、教学点）、初中] _____

　　建校时间 _____，举办时间 _____

　　学校主管单位 _____

一、人力资源基本情况

表1　2017年教职工基本情况（单位：人、%）

编制情况						
应有教职工数						
现有教职工数						

专任教师情况

学历	研究生	本科	专科	高中阶段	高中阶段以下	
人数						
比例						

年龄	24岁以下	25—34岁	35—44岁	45—54岁	55岁以上	
人数						
比例						

职称	高级	一级	二级	三级及以下
人数				
比例				

非专任教师

行政人员	教辅人员	代课教师	工勤人员

表2　小学学科教师配备情况（单位：人）

年份	语文	数学	英语	品德与生活（社会）	体育	科学	艺术	音乐	美术	信息技术	劳动技术	地方课程	心理健康教育
2015													
2016													
2017													

表3 师生情况（单位：人、%）

年份	学生总数	教师总数	生师比	流出教师	流入教师	班级数	平均班额	毛入学率	净入学率	辍学率	巩固率	转入学生	转出学生
2015													
2016													
2017													

表4 近三年内教师进修培训情况（单位：人、元）

年份	进修培训人数						进修培训经费开支				
	学历进修（离职）	国家培训	省级培训	地市培训	县区培训	校本培训	上级教育行政承担	学校承担	个人承担	项目承担	其他
2015											
2016											
2017											
合计											

表5　近三年内教师需求和学生扩招情况及预测（单位：人）

年份	学生扩招数	教师需求数
2017		
2018		
2019		

表6　近三年学生发展情况（单位：%、个）

年份	《健康标准》合格率	体育运动会获奖			学科竞赛获奖			科技创新奖		
		省级	市级	县级	省级	市级	县级	省级	市级	县级
2015										
2016										
2017										

表7　近三年教师城乡交流及优秀情况（单位：人）

	校长城乡交流		教师城乡交流		优秀教师人数		
	半年	一年	半年	一年	省级	地市级	县级
2015							
2016							
2017							

表8　近三年来教辅和工勤人员配备（单位：人）

年份	医务人员	保健人员	炊事人员	保洁人员	安保人员	宿管人员
2015						
2016						
2017						

二、物力资源基本情况

表 9 2017 年校园校舍基本情况（单位：m²、%）

学校总面积	绿化面积		校舍总面积	生均校舍面积	学生宿舍建筑总面积	生均宿舍建筑面积	体育场	
	面积	比例					环行道（m）	直道（m）

教室总面积	图书室面积	教工食堂面积	学生食堂面积	教工宿舍总面积	教工人均建筑面积	网络多媒体教室总面积	实验室总面积	危房情况	
								面积	比例

表 10 2017 年图书馆设施及图书数字资源配备及使用情况（单位：m²、册）

项目	图书室设施						图书量						
	教师阅览室	师均阅览室	学生阅览室	生均阅览室	电子阅览室	生均电子阅览室	纸质藏书量	生均纸质藏书量	电子图书（册）	电子期刊（种）	音像资料（种）	电子工具书	报刊种类
数量													
周使用率													

注：1. 电子图书是指学校图书馆及资料室拥有的正版电子出版物。

2. 电子期刊：主要包括中国知网 CAJ 格式、维普期刊 WWP 格式、龙源期刊等电子期刊格式。

表 11　2017 年教学及辅助用房（单位：m²、间）

	专用教室									公共教学用房				
	科学实验室	仪器保管室	仪器准备室	美术教室及器材室	音乐教室及乐器室	史地教具室	劳技教室及器材室	计算机教室	合班教室	电教器材室	图书室	心理咨询室	科技活动室	体育活动及器材室
间数														
总面积														
生均面积														
周使用次数														

表 12　2017 年办公用房配备情况（单位：间）

教师办公室	团、队活动室	门卫传达室	党政办公室	卫生保健室	总务仓库	会议室	文印档案室

表 13 2016 年校园信息化环境建设及使用情况

计算机 台数	计算机 生机比	班级多媒体 比例	多媒体 教室间数	计算机 室间数	校园网开通 情况	多功能教室	多功能准备室 （电教器材）	远程教育 教室
	计算机	－	多媒体教室	计算机教室	校园网	多功能教室	多功能准备室 （电教器材）	远程教育 教室
每班 周使用次数		－						

注：1. 校园网是指在校园内为教学、管理等实现宽带互联，为学校教学、管理与服务等教育活动提供资源共享、信息交流和协同工作的计算机网络。

2. "—"表示缺值。

表 14 理化生和音美教学仪器配备及应用（单位：%）

教学仪器配备	实验设备配备标准（类别）	达标率	实验（或练习）课开出率
音乐			
体育			
美术			
数学自然实验			

三、学校财力基本情况：

表 15　学校近三年教育经费基本投入情况

年度	财政总拨款(万元)	年增长率%	生均财政预算事业费(元)	年增长率%	生均财政预算公用经费(元)	年增长率%	基建项目投资(万元)	社会捐资、集资(万元)	勤工俭学(万元)	其他(万元)	教师年人均工资(元)
2015											
2016											
2017											

附录三

教育行政部门人员访谈提纲

尊敬的领导，您好！

这是关于"西北农村义务教育资源配置合理性研究"的调研，本课题属于2010年度教育部人文社会科学研究一般项目"免费背景下西部农村义务教育资源投入和使用效率研究"的后续研究，该问卷是用作教育科学研究，在统计分析数据时，绝对保密本单位和您个人的信息情况，请您不要有所顾虑，畅所欲言。

占用您的宝贵时间，衷心感谢您的支持和配合！

一、基本信息

（一）您的工作部门:（   ）

（二）您的职务:（   ） 学历:（   ）

（三）您的职称:（   ） 工龄:（   ）

二、访谈内容

（一）您认为目前全市、县（区）义务教师教育资源投入（数量、质量）如何？还存在问题吗？如果有，请简要列举。您认为应当如何解决？

（二）您认为目前全市、县（区）初中、小学办学条件如何？还存在问题吗？如果有，请简要列举，您认为解决的措施有哪些？

（三）您认为目前全县初中、小学教育经费投入如何？还存在问题吗？如果有，请简要列举。您认为解决的措施有哪些？

（四）您对县域义务教育基本均衡评估验收的看法？请做简要评价。

附录四

校长访谈提纲

尊敬的校长，您好！

这是关于"西北农村义务教育资源配置合理性研究"的调研，本课题属于2010年度教育部人文社会科学研究一般项目"免费背景下西部农村义务教育资源投入和使用效率研究"的后续研究，该问卷是用作教育科学研究，在统计分析数据时，绝对保密本单位和您个人的信息情况，请您不要有所顾虑，畅所欲言。

占用您的宝贵时间，衷心感谢您的支持和配合！

一、基本信息

（一）您所在学校名称 _____

（二）您任现职务、时间：（　　）教龄：（　　）学历：（　　）职称：（　　）

（三）您的月平均工资收入 _____ 元

二、访谈内容

（一）您认为目前本校教师资源投入情况（数量、质量）如何？还存在问题吗？如果有，请简要列举。您认为解决的措施有哪些？

（二）您认为目前学校办学条件如何？还存在问题吗？如果有，请简要列举。您认为解决的措施有哪些？

（三）您认为目前各级部门对学校教育经费投入如何？还存在问题吗？如果有，请简要列举。您认为解决的措施有哪些？

（四）您对县域义务教育基本均衡评估验收的看法？请做简要评价。

（五）您认为学校现在发展面临的困境是什么？

（六）您认为推动义务教育均衡发展和提高义务教育质量的关键有哪些？

附录五

教师访谈提纲

尊敬的老师，您好！

这是关于"西北农村义务教育资源配置合理性研究"的调研，本课题属于2010年度教育部人文社会科学研究一般项目"免费背景下西部农村义务教育资源投入和使用效率研究"的后续研究，该问卷是用作教育科学研究，在统计分析数据时，绝对保密本单位和您个人的信息情况，请您不要有所顾虑，畅所欲言。

占用您的宝贵时间，衷心感谢您的支持和配合！

一、基本信息

（一）您所在学校名称 _____

（二）您的教龄：（   ）学历：（   ）职称：（   ）

（三）您的月平均工资收入 _____ 元

二、访谈内容

（一）您每周的周课时是多少？您认为目前您的教学负担重吗？除了教学外您还承担哪些任务？

（二）您所学的专业是？您目前任教的科目是？

（三）您所在学校音、体、美、信息技术、劳动技术课程开设情况如何？是否存在相关教师短缺情况？如果是您认为原因是什么？

（四）最近三年您参加过哪种类型、哪种方式的培训？您认为培训对于提高教师素质有帮助吗？您怎样看待教师培训？

（五）您在教学中经常使用多媒体吗？您所在的学校是否定期举办多媒体教学竞赛？

（六）您经常能够熟练地使用 Word、Excel、PPt 等常用办公软件开展工作和学习吗？您经常使用网络信息检索工具查阅资料吗？

（七）您认为您所在的学校的办学条件是否能够满足教师的教育教学需求？您对目前学校的办学条件是否满意？

（八）您所在学校的图书资料是否丰富，能否满足师生最基本的学习需要？

（九）您觉得实验室、计算机室里的设备是否充足和及时更新？

（十）您认为在学校教育投入方面（人力、财力、物力等）还存在哪些问题？

（十一）您认为城乡义务教育均衡发展的困境有哪些？

附录六

家长访谈提纲

尊敬的家长，您好！

这是关于"西北农村义务教育资源配置合理性研究"的调研，本课题属于2010年度教育部人文社会科学研究一般项目"免费背景下西部农村义务教育资源投入和使用效率研究"的后续研究，该问卷是用作教育科学研究，在统计分析数据时，绝对保密您及您家庭的信息情况，并对您的观点严格保密，请不要有所顾虑，畅所欲言。

占用您的宝贵时间，衷心感谢您的支持和配合！

一、基本信息

（一）您孩子所在学校名称 ＿＿＿＿＿＿＿＿＿＿

（二）您的性别:（ ）年龄:（ ）职业:（ ）学历:（ ）

（三）您的家庭年人均收入 ＿＿＿＿＿＿＿ 元。

二、访谈内容

（一）您认为您孩子的任课老师素质如何？您对孩子的老师是否满意?

（二）您认为孩子在学校学习哪些科目对孩子有好处？

（三）您认为学校开设体、音、美、劳动技能课对孩子学习文化课有帮助吗？

（四）您对学校开设的计算机信息技术课程满意吗？

（五）您对学校的办学条件是否满意？如果不满意，原因是？

附录七

学生访谈提纲

（针对小学三—五年级及初中二年级学生）

亲爱的同学，您好！

这是关于"西北农村义务教育资源配置合理性研究"的调研，本课题属于2010年度教育部人文社会科学研究一般项目"免费背景下西部农村义务教育资源投入和使用效率研究"的后续研究，该问卷是用作教育科学研究。在统计分析数据时，绝对保密个人信息，对您的意见和观点也严格保密，请不要有所顾虑，畅所欲言。

占用您的宝贵时间，衷心感谢您的支持和配合！

一、基本信息

（一）您所在学校名称 _____

（二）您的年级:（　　）性别:（　　）

（三）是否住校（　　）？若住校，住宿环境是否很好（　　）？

二、访谈提纲

（一）您所在学校是否开设了音、体、美、信息技术和劳动技术课程？您对这些课程感兴趣吗？

（二）教师在教学中经常使用多媒体吗？

（三）您每周在微机室上课几次？微机室上课一般是几人一台电脑？微机课上您是否有上机操作的机会？

（四）通过信息技术课程您是否掌握了信息技术知识、提高了操作应用能力？

（五）您所在的学校的办学条件是否能够满足学习需求？您对目前学校的办学条件是否满意？

（六）您所在学校的图书资料是否丰富？您经常去图书室看书或借阅书报吗？

（七）您觉得实验室、计算机室里的设备是否充足？

（八）学校有营养餐吗？如果有，您觉得满意吗？

后 记

在博士学位论文完成之际，蓦然惊觉，我已经在四川师范大学走过了生命中最充实、最艰辛的四年半时间，我的求学生涯也许行将画上一个句号！虽然满面倦容，但内心依旧有点自我宽慰！经历过博士论文的写作，我才真正体会到博士求学实属不易。进入不惑之年才读博士，是对本人学术研究的一次综合磨练，是对个人意志的锤炼，更是一份难忘的经历。或许，没写过博士论文的人，难以真正理解这份难忘的经历与蕴含在求学路上的种种艰辛。

不记得有多少个日日夜夜，忍受着冬天的严寒，夏天的酷热和蚊虫的叮咬，苦思冥想，趴在电脑旁边码字；不记得有多少个深夜，因论文写作过程中陷入"山重水复疑无路"的死胡同而焦虑与忐忑。与原单位工作任务的冲突，使我的博士论文写作只能在节假日得以进行。学位论文写作过程中最后一个春节，室外浓浓的节庆气氛与我无关，我只给自己强行放假两天与家人共度新春。尤其是在完成博士论文最后几部分内容时，为了排除一切干扰，在三伏酷暑、"上蒸下煮"之际，我不得不远离家人，在成都龙泉驿区找了间没有网络和空调的房间，关掉手机，将自己封闭起来，做最后的冲刺。然而，博士论文的成稿，也使我觉得苦即尽而甘将至，内心又添一丝窃喜。

常常在想，能读到博士，真正有点不敢奢想。我出生农村，小时候，家里兄弟姐妹多，生活条件艰苦，常常吃不饱饭，也从来不敢奢想走上读书的道路。后来经过本人高中阶段的外出打工与不懈奋斗，兄弟姐妹七人中，只有我上了大学。工作之后再读硕士，如今，又浪得"博览群书"的博士生虚名。一直以来，我都在想，为什么像我这样一个家境普通、智力平平的人能读到博士？我想，无非是求学过程中，家人始终不渝的支持、理解与付出与良师益友的鞭策、教导与启迪才成就了今天的我。此刻的我，除了感恩，再无其他！

自从求学以来，得到太多老师、同学、朋友和亲人的默默帮助和鼓励。此刻汇集在我胸中的是无限的感激之情，浮现在我眼前的是无数个曾经帮助过我成长的人。

在这里我要特别感谢给予了我人生最宝贵的指导和扶持的我的博士生导师——吴定初教授。幸得机会师从吴老师是我人生的一大转折点，正是吴老师的鼓励，让我鼓起勇气一路前行，开启我的博士研究生求学生涯。四年来，吴老师于我亦师亦友亦父。以师之严教会我求学之道，他专业之道。吴老师渊博的学识、严谨的治学态度、缜密的逻辑思维，令我学之不尽，并将我一步一步引入学术的殿堂。以友之诚教会我做人之道，他为人处事之真诚和谦逊，面对大局之严谨和冷静，时时感染着我。吴老师不仅教我为学和为人之道，更教我如何从更长远的未来去规划自己的人生，而且以父之慈，关心我的工作和生活，每当我遇到困惑、困难，吴老师总能以一个长者、一个父辈的身份给予我我悉心、无私的指导和扶助，帮我排忧解难，对此我只有满怀感激。四年来，感谢吴老师对我这样才疏学浅的"老"学生之不弃，并不断给予我宽慰和厚望。师恩难忘，在此我唯有万分感激，同时深感能遇到这样一位人生导师，实乃此生之大幸！

除此之外，还要衷心地感谢四川师范大学教科院院长巴登尼玛教授，巴老师严谨的治学态度、广博的学术知识、深邃的学术涵养，还有严厉的教育教学要求，让我敬畏但受用终生。感谢教科院刘世民教授、傅林教授、鄢超云教授、郑富兴教授、曹正善教授、李松林教授、张建琼教授、张烨教授、朱晟利教授、卢德生教授等，他们精彩的课堂教学使我的专业知识面得以扩展。感谢教师教育与心理学院的郭英教授和雷云教授，给予我博士论文写作的诸多建议和学习生活中的无私关照。感谢老师们四年来的谆谆教诲与悉心栽培，感谢你们在我的博士论文选题、开题、写作过程中给予的悉心指导，使我不再迷茫，不再彷徨。没有你们的辛勤付出，我的博士论文难以完成，衷心地感谢你们！

同时，还要感谢吴康宁教授、柳海民教授、褚宏启教授、朱旭东教授、邬志辉教授、邓友超教授、李正涛教授、范国睿教授，项贤明教授、金生鈜教授、冯建军教授、刘旭东教授、么加利教授、孙振东教授、倪胜利教授、杨晓萍教授、李珊泽教授、刘铁芳教授、秦玉友教授等老师，无论在我的学位论文选题、开题还是论文写作过程中，都给了我无私和真诚的指导。他们从不同角度和层面的指导，不仅使我的博士论文写作受益匪浅，而且让我对今后的学术之路也充满了信心。

感谢内江师范学院教科院院长陈理宣教授和岭南师范学院教科院范兆雄教授，对我求学给予大力帮助和照顾。当然，还要感谢和我同甘共苦，陪我度过艰辛而又美好的四年博士时光的同学和朋友，舍友博士生刘雄为人谦虚诚挚低调，孜孜以求上进，经常为我的论文写作无私建言。感谢师门硕士研究生池莹慧、刘先玉，协助我远赴甘肃W县实地调研，收集数据。感谢W县教育局黄局长、赵局长及教育局工作人员，以及样本学校的各位校长和老师们，是他们的热情、真诚和无私帮助，让我得到了研究的第一手资料。

感谢家人四年来对我默默地付出和奉献，积极地鼓励和支持。尤其感谢我的爱人兼同事段晓芳女士，她不仅默默承担家务，照顾小孩，帮我分担单位工作中的一些教育教学任务，而且是我论文调研、收集数据、建立和整理数据库的得力助手，没有她的协助，我的博士论文还要完成得晚一些。感谢我的儿子慕新逸，在学校认真读书，自立自强，使我可以安心地读博。我博士论文的完成背后凝结着他们长期的默默理解、支持、奉献和鼓励。

此外，在论文研究和书稿撰写过程中，借鉴了国内外专家学者的相关研究成果，并在文稿的相关部分一一做了注明，在此表示诚挚的感谢！

写完博士学位论文的这一刻，内心既平静又惶恐。论文肯定还有很多不足和需要改进之处，但至少在写论文的过程中，我可以问心无愧地说，我在尽力。不敢说有多少创新，但我还是尽力以问题为导向，以逻辑分析为原则，并通过实地调研、数据分析、理论阐释完成论文。从论文选题、收集材料到开题以及成稿的过程中，我真正发现了我的研究兴趣所在。通过博士论文的写作，发现自我的研究兴趣，这也许比完成博士论文还重要，博士论文写作

只是研究生涯的一个起点而已！因本人的研究水平有限，故而必然存在一些
不足和问题，敬请各位同仁和读者多多指正，以帮助我在今后的科研道路上
不断成长。

慕彦瑾

2018年12月28日